基礎コース［経済学］−6

基礎コース

公共経済学
第2版

Public Economics

井堀 利宏

新世社

第 2 版へのはしがき

　初版の公刊以来 17 年が経過し，日本の公共部門を取り巻く状況もますます厳しくなっている。2012 年に「社会保障と税の一体改革」として，消費税率を引き上げることが決まったが，2014 年 12 月に消費税率の 8% から 10% への引き上げが延期されたように，財政運営は政治的な要因を考慮しないで議論できなくなっている。こうした現実に対して，公共経済学も研究成果を発信しているが，まだ有効な処方箋は描き切れていない。政府の経済行動を分析する公共経済学の重要性は，ますます高まっている。

　公共経済学を学ぶには，抽象度の高い理論を習得するとともに，現実の公共部門の制度や問題にも幅広く関心をもって理解するというバランス感覚が大切である。本書の改訂にあたっては，公共経済理論を具体的な数値例でコンパクトに説明するという基本をふまえて，そうした理論が現実の政治経済問題にも有効に適用できることを示すことに，重点を置いた。

　改訂のポイントは以下の 2 点である。第 1 に，最近の日本の公共部門（財政変数や制度改正など）の変化についてデータを更新するとともに，選挙制度改革，社会保障改革，財政再建の政治経済学など，今日的なトピックスについて新しく説明を加えた。第 2 に，公共経済学を学ぶ上で重要と思われる理論的な概念について，コラムを新設して，新たに説明した。

　一方で，全体の分量をそれほど拡大させずに，よりわかりやすくするように内容を見直した。こうした改訂により，公共経済学の基本概念をきちんと説明するとともに，現実の政治経済問題を考える際の判断材料を提供するという本書の特徴が，初版にもまして明快になったことを，著者は期待している。

　最後に，改訂作業における新世社編集部の御園生晴彦，谷口雅彦，彦田孝輔氏の暖かいご尽力に，厚くお礼の言葉を述べたい。

　　2015 年 5 月

井堀　利宏

初版へのはしがき

　本書は，はじめて公共経済学を学ぶ人のための教科書である。基礎コースの他のテキストと同様に，本書の内容を理解するには，経済学の知識は一切前提としていない。経済学がどんな学問であるのかまったく予備知識のない読者を想定して，政府の経済活動に関する説明をしている。現実の政府の経済政策に関心のある読者，あるいは，政府の経済政策や政治家の行動に不信感をもっている読者であれば，本書の内容を十分に興味をもって理解できるし，また，そうした問題に対して有益な判断材料が得られるはずである。

　公共経済学は，政府の経済行動を理論的に分析する応用経済学の一分野である。公共経済学と類似するアプローチは，財政学の分野でもおこなわれている。それら2つの学問分野がどのように異なるのか，また，本書では具体的にどのような立場から，どんなトピックスを取り上げているのかは，巻頭の「公共経済学とは」という見出しの独立した箇所で説明してあるので，そちらを参照していただきたい。ここでは，より形式的な観点から，本書の特徴を紹介しておきたい。

　公共経済学のテキスト，とくに，入門書レベルでのテキストは，最近いくつか有益なものが公刊されている。詳しい紹介は，「文献案内」で取り上げているので，そちらを参照されたい。そうした類書と比較して，本書の大きな特徴は次の3点である。

　まず第一に，本書の特徴は，数式や抽象的な経済学の概念を極力排除して，具体的な数値例を用いることで，さまざまな議論をわかりやすく説明している点にある。公共経済学は，市場の失敗を前提にしているだけに，理論的な厳密性を重視すれば，高度に抽象的なモデル分析を必要とする。これが，いままでの優れた公共経済学のテキストにおいて，入門書という建前ではあっても，かなり難解な議論がおこなわれてきた理由でもある。本書は，具体的な数値例という手法を用いることで，ある程度の理論的な水準を維持しつつ，わかりやすく説明している。したがって，類書と比較すると，より少ない知的努力でより大きな成果が得られ

るはずである。また，読者の整理を助けるために，重要な概念は表の形でまとめてある。それを確認することで，順を追って内容が理解できるように配慮されている。

　第二に，各章ごとではなくて，各節ごとに，キーワードと練習問題を配置している。読者は，1つの節ごとに内容の理解を自ら確認することができる。

　第三に，現実の日本の政治状況や政府の経済状況の大きな変化を背景として，選挙制度，棄権行動，連立政権，財政構造改革，年金改革，地方分権など，今日的な政治経済問題を考える際の判断材料を提供している点も，本書の特徴である。経済学の体系よりも，現実の政治経済問題の大きな動きに関心のある読者も多いだろう。そうした今日的な問題に関心のある読者も，本書を読み終わるころには，公共経済学の理論的な体系についても，十分な理解ができているはずである。

　その意味で，比較的コンパクトな分量の中で，文字どおり基礎コースにふさわしい（あるいはそれ以上の内容のある）テキストに仕上がっているのではないかと，著者は考えている。不十分な点は，今後とも改善を加えていきたい。

　最後に，このテキストの企画から校正に至るまで多大の努力を惜しまれなかった新世社編集部の小関清，御園生晴彦，稲田久美子氏に厚く御礼申し上げたい。

　1998年6月

井堀　利宏

目　次

公共経済学とは　1

1　市場と政府　5
- 1-1　市場の機能 …… 6
- 1-2　政府の役割 …… 14

2　国民と投票　21
- 2-1　選挙と投票 …… 22
- 2-2　選挙と棄権 …… 29
- 2-3　望ましい投票制度 …… 35
- 2-4　有権者の政治行動 …… 42

3　政党と政策　49
- 3-1　政党の行動 …… 50
- 3-2　政権交代 …… 58
- 3-3　政党の数と大きさ …… 61
- 3-4　連立政権 …… 65

4　規　制　71
- 4-1　参入規制 …… 72
- 4-2　価格規制 …… 76
- 4-3　独占と公的規制 …… 81

目 次

5 外部性 89
- 5–1 外部性とは何か ……………………………………… 90
- 5–2 ピグー課税 …………………………………………… 93
- 5–3 コースの定理 ………………………………………… 97
- 5–4 外部性対策の経済的手段 …………………………… 100

6 公共財 109
- 6–1 公共財の概念とただ乗りの問題 …………………… 110
- 6–2 公共財の公的供給と私的供給 ……………………… 119
- 6–3 準公共財 ……………………………………………… 125

7 公共支出の評価 133
- 7–1 費用便益分析 ………………………………………… 134
- 7–2 最適な公共投資 ……………………………………… 140
- 7–3 費用便益分析に代わる方法 ………………………… 146
- 7–4 業績評価と政策決定 ………………………………… 152

8 課　税 155
- 8–1 直接税と間接税 ……………………………………… 156
- 8–2 課税体系の考え方 …………………………………… 162
- 8–3 最適課税の理論 ……………………………………… 170
- 8–4 消費税増税の政治経済学 …………………………… 177

9 財政赤字と公債 181
- 9–1 財政運営の考え方 …………………………………… 182
- 9–2 財政赤字の負担 ……………………………………… 188
- 9–3 予算編成と政治 ……………………………………… 196

目 次

10 年 金　207
- 10–1　公的年金制度　……………………………………………208
- 10–2　世代間の再分配政策　………………………………………214
- 10–3　高齢化・少子化社会の年金改革　…………………………217

11 再分配政策　225
- 11–1　個人間の再分配政策　………………………………………226
- 11–2　地域間の再分配政策　………………………………………233

文献案内　247
練習問題解答　248
索　引　253

公共経済学とは

　経済学には，ミクロ経済学やマクロ経済学のように，基本的な理論的な枠組みを前提として一般的な経済分析をおこなう理論経済学と，さまざまな経済現象のうちの1つの側面を中心にして，特定の分野の経済分析をおこなう応用経済学がある。公共経済学は，公共部門の経済分析をおこなう応用経済学の1つの分野である。

　ところで，政府の財政活動を分析の対象とする経済学に，財政学という分野がある。財政学と公共経済学とは親戚関係にあり，相互に関連した内容をもっている。財政学は，租税，政府支出，公債などの政府の財政活動を研究対象としているが，その理論的な枠組みは，公共経済学とほとんど同じである。国際的にみても，公共経済学（Public Economics）と財政学（Public Finance）のテキストで取り扱っているトピックスに，それほどの相違はみられない。現在では，Public Economics という名前のタイトルをつけたテキストが，欧米の大学での標準的な財政学の理論的な分析をほとんどすべてカバーしているといえるだろう。

　しかし，わが国では，公共経済学と財政学とはかなり明確に区別される傾向にある。これまで何冊か公刊されている標準的な公共経済学のテキストでは，マクロの財政政策や財政赤字，公債発行についてほとんど触れられていないし，ミクロの財政理論もそれほど扱われていない。むしろ，公共選択論などの政治的なアプローチや公共料金および公益企業に対する規制などの公共政策を主として扱っているものが多い。これは，わが国の財政学が，ドイツなどの制度的な財政論の流れを受けて発展してきたという歴史的な経緯にもよるだろう。それに対抗する形で，わが国の公共経済学は政治の経済分析という分野に，大きな関心をもつようになっている。その結果，新古典派の

経済分析を中心として理論的な枠組みを展開する，アメリカやヨーロッパにおける標準的な公共経済学は，日本では，それほど標準的なものとはみなされていないようである．

　本書は，わが国でのこれまでのテキストと比較すると，財政理論と公共経済理論の中間的な内容となっている．政府の経済行動が選挙などの政治的な意思決定プロセスを経る以上，政党や圧力団体の政治的な行動を分析することは重要である．しかし，同時に，経済分析に基づく以上，標準的な経済理論の応用として，全体の議論を組み立てることが有益である．そうした考え方に立って，本書ではマクロ，ミクロの基本的な経済理論を公共部門に適用して，政府の経済行動を支出，収入の両面から分析するとともに，公共部門にかかわる経済主体の経済行動を，政治的な側面も合わせて，理論的に説明している．こうしたアプローチは国際的には標準的な内容であるが，日本語のテキストとしては，新しい試みといえるかもしれない．それがどこまで成功しているかは，以下の各章を読み進んで，読者が自分の頭で判断していただきたい．

　以下，簡単に本書の内容を紹介しておこう．第1, 2, 3章では，この本で登場する基本的な経済主体である政府，有権者（＝国民），政党の行動を取り上げている．また，政府の経済活動を評価する際には，市場メカニズムの意義を理解することが重要である．したがって，第1章では市場の機能と対比させる形で，政府の役割を整理している．第2章では，有権者＝国民がその意思を表示する重要な機会である投票について議論している．第3章では，政党の経済政策がどのようなメカニズムで決定されるのかを，与党と野党の立場から分析している．

　第4, 5, 6, 7章は，公共経済学の理論的分析における基本的な諸概念を説明している．第4章では，参入規制，価格規制などの規制の経済的な効果を議論し，その政治的な影響を考える．第5章では，市場の失敗の代表的な例である公害などの外部性を取り上げて，政策的な介入の方法を検討している．第6章では，公共財の特徴について説明し，私的財との比較を通じて，

公共サービスを適切に供給する際の問題点を議論している。第7章では，公共支出を適切におこなう際にもっとも重要な観点である，評価の問題を検討している。また，最適な公共投資の基準についても考える。

最後に，第8, 9, 10, 11章では，政府支出の財源調達とそれに関連する政策を扱っている。第8章では，課税の経済的効果について理論的に検討し，望ましい課税体系についてまとめている。第9章では，財政赤字と公債発行を取り上げ，財政赤字の経済的な意味を整理するとともに，予算編成に政治的な要因が与える影響を検討している。第10章では，世代間の再分配政策である公的年金を取り上げ，わが国が直面する年金改革の課題と問題点を整理している。最後に，第11章では，個人間と地域間の所得再分配政策を取り上げ，それぞれの再分配政策のメリットとデメリットをまとめている。

第 1 章

市場と政府

　公共経済学は，政府の経済的役割について検討することを目的としている。市場が失敗するときに，政府による公的な介入が正当化される。しかし，市場は失敗ばかりしているのではない。むしろ，市場の機能とメリットを最初に理解しておくことが，公共経済学の全体の理解にとってきわめて有益である。第1節では，市場の経済的な機能について考える。そのうえで，第2節で，市場経済における政府の役割を説明する。政府の機能としては，資源配分機能，所得再分配機能，安定化機能，将来世代への配慮の4つが重要である。また，政府に対する代表的な見方についても紹介する。

1　市場と政府

□ 1-1　市場の機能 □

■**政府の存在**

「公共経済学とは」でも説明したように，公共経済学は，政府の経済的役割について検討することを目的としている。今日の経済では，政府の存在はきわめて大きい。ここで，わが国の国民経済全体の中での政府部門の位置づけをみるため，実際の政府に関するデータを示す際によく用いられるものとして，もっとも代表的な政府の概念である一般政府の概念から説明しよう。図1-1で示してあるように，わが国における<u>一般政府</u>とは，中央政府（国），地方政府（地方公共団体）＝（都道府県，市町村）と社会保障基金（公的年金など）の各部門を合わせ，その相互の重複関係を調整したものである。これにさらに公的企業（公社・公団等の非金融機関，公庫，特殊銀行等の金融機関）を合わせたのが公共部門である。

いうまでもなく，中央政府＝国は公共部門の中心的な位置にある。中央政府は，直接税，間接税等の税金や公債発行などの手段で収入を得る一方，自らさまざまな行政サービスをしたり，民間の財・サービスを購入するという形で，政府支出活動をおこなっている。また，地方公共団体＝地方政府に対して法律面や行政面でさまざまな指導，監督したり，財政的にも地方交付税交付金，各種補助金などを用いて財源の補助や移転している。社会保障基金に対しては社会保障特別会計等への繰入れ（公的年金や医療保険に対する国庫補助等）などをおこなっている。

さらに，国は国債の一種である財投債の発行などにより調達した資金を財源として，政策的な必要性があるものの，民間では対応が困難な長期・低利の資金供給や大規模・超長期プロジェクトの実施を可能とするために<u>財政投融資</u>活動（資金の融資，出資）もおこなっている。

財政的な活動以外にも，法律・政令や行政指導などで民間の経済活動を規

図1-1　政府の中身

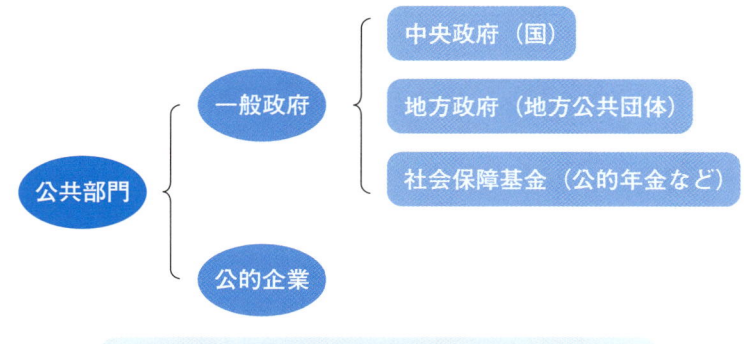

一般政府（中央政府，地方政府，社会保障基金）と公的企業を合わせたものが，公共部門である。

制，誘導，保護，監視している分野は多い。

■政府と政治

　また，政府の経済行動は政治的活動の結果でもある。政府の経済政策は，与党が最終的な決定権と責任をもっている。とくに，予算案の編成は財政当局（＝財務省）の仕事ではあるが，実際の編成作業では与党の意向が最大限に尊重される。そして，予算案は与党が過半数の議席をもっている国会で可決されてはじめて，効力をもつ。このように，予算の編成から成立までのプロセスで，与党を中心とする政党や政治家の果たす役割は大きい。

　では，政党や政治家の行動は誰が動かしているのだろうか。民主主義の意思決定では，選挙を通じてもっとも適切と有権者が判断する政党，政治家が選出されるから，国民の意向（＝選好）が政治の場に反映されるはずである。最終的には，われわれ有権者である国民が，政府の経済政策を決定している。

■市場での需要と供給

　政府が大きな経済的役割をもっているのは，わが国のみならず，アメリカやヨーロッパの先進諸国，アジア・アフリカなどの途上国でも同様である。

1　市場と政府

　自由主義経済を基本としながらも，なぜ政府は民間の経済活動をそのままにしておかないで，経済的な活動，介入をするのだろうか。たとえば，どうして税金をとって，公共サービスを提供するのだろうか。また，法律や行政指導で民間経済活動を監視，規制しているのだろうか。

　公共経済学では，政府を市場の補完と位置づけている。政府が何らかの直接的な経済活動をしたり，民間の経済活動に間接的に介入するメリットは，(民間)市場での失敗を調整するためである。市場に任せておくと，独占企業が価格をつり上げたり，生産量を抑制したりして，競争妨害行動をとるかもしれない。ある企業の生産活動によって，公害が発生して，周りの企業や消費者が迷惑を被るかもしれない。あるいは，社会的にみて必要とされる財・サービスが，採算に合わないという理由で，適切に供給されないかもしれない。このように市場が失敗するときには，政府による公的な介入が正当化される。

　しかし，市場は失敗ばかりしているのではない。むしろ，市場の機能とメリットを最初に理解しておくことが，公共経済学の全体の理解にとってきわめて有益である。市場がうまく機能しているときには，市場で財の需給を一致させるように価格が自動的に調整され，社会的にみて必要なものが必要な量だけ供給される。市場メカニズムに任せておけば，市場は望ましい財を自らつくり出してくれる。政府が提供する財が民間で提供する財と同じものであれば，政府が提供しなくても，民間の企業に任せておけばよい。

　そこで，最初に市場の経済的な機能について考えてみよう。図1-2に示すように，ある財・サービスの市場とは，その財に関心をもつ人々が出会う場であり，その財を手に入れたい人（需要する主体：消費者など）とその財を売りたい人（供給する主体：企業など）とが財と貨幣を交換する場である。交換する条件は市場での価格であり，市場価格でその財が供給者から需要者へ移転される見返りに，貨幣が需要者から供給者へ渡される。市場価格が適切に形成されることで，その財に対する需要と供給が調整され，その財を供給する経済主体からその財を需要する経済主体へ，その財が取引されて，両

図1-2 財・サービスの市場

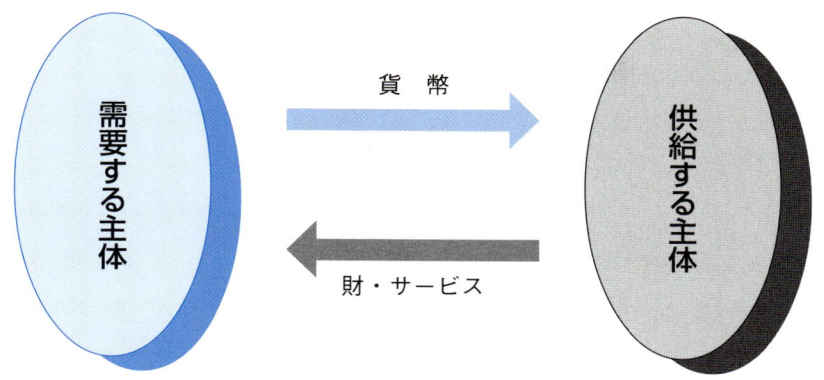

財・サービスの市場では，需要する主体と供給する主体のあいだで貨幣を媒介とした取引がおこなわれる。

者ともに利益を得る。

　市場といっても，株式市場や外国為替市場，あるいは魚や野菜の卸売市場のように，供給量と需要量とが集計されて，1つの場所で需給を調節するように価格が決まる例は，現実にはまれである。通常の多くの財では，TVやパンの市場のように，無数の経済行為が無数の場所でおこなわれ，そこでの需給が市場価格で調整されている。そうした無数の場所で登場する需要を合計したものが，その財の家計全体の需要からなる市場での需要であり，無数の経済主体の供給量を合計したものが，その財の企業全体の供給からなる市場での供給である。それらの需要と供給が一致するところが，市場均衡である。

　ある産業の需要曲線と供給曲線を図1-3に描いてみよう。縦軸にある財の価格，横軸にその財の需要量，供給量をとると，需要曲線は右下がりであり，供給曲線は右上がりである。価格が下落すれば，需要者はいままでよりも多くの財を需要したいと思うし，価格が上昇すれば，供給者はいままでよりも多くの財を供給したいと思うだろう。この図で2つの曲線の交わった点 E の価格では，需給が一致している。この価格（＝市場価格）で需要者と供給

1 市場と政府

図1-3 市場均衡

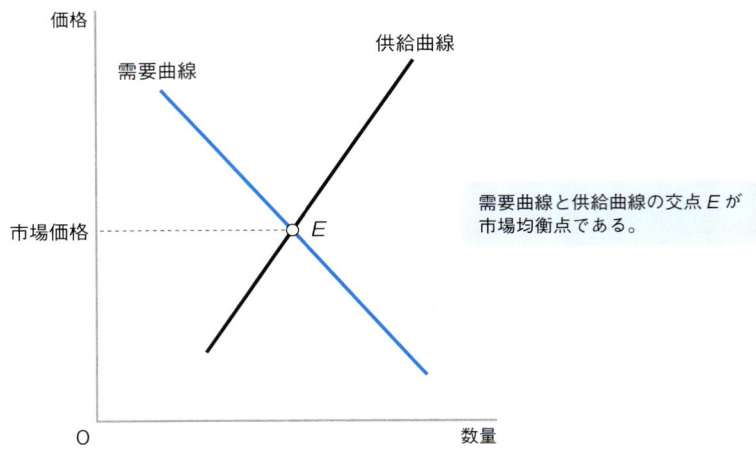

需要曲線と供給曲線の交点 E が市場均衡点である。

者とがその財を貨幣と交換する。すなわち，需要曲線と供給曲線の交点で市場価格が決定される。

■社会的な必要性

　需要曲線の位置は，その財に対する社会的な評価＝社会的な必要性の大きさを示している。図 1-4 のように，他の財の需要曲線と比較して，あるいは，他の時期のその財の需要曲線と比較して，ある財の需要曲線が右上方に位置するのは，社会的にその財・サービスに対する評価が大きいことを意味する。その結果，価格は高水準に決まるから，他の産業から新しい企業が参入する。市場価格が高いことは企業にとってみれば，採算上有利な条件だからである。より多くの企業がその財を生産するようになると，その財の供給全体が刺激される。このようにして，社会的な必要性の高い財・サービスの生産に多くの資源が投入される。

　逆に，図 1-5 のように，他の財の需要曲線と比較して，あるいは，他の時期のその財の需要曲線と比較して，その財の需要曲線が左下方に位置して，その財の社会的な必要性が小さいと，価格は低水準に決まる。企業にとって

図 1-4　社会的必要性の大きい財

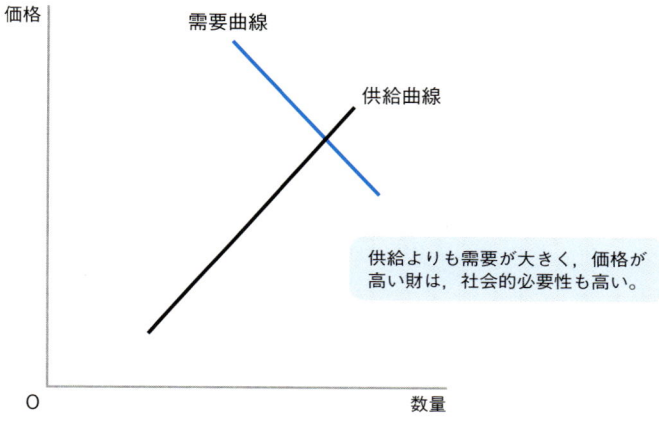

価格
需要曲線
供給曲線
供給よりも需要が大きく，価格が
高い財は，社会的必要性も高い。
O
数量

図 1-5　社会的必要性の小さい財

価格
供給曲線
需要よりも供給が大きく，価格が
低い財は，社会的必要性も低い。
需要曲線
O
数量

その財を生産することがあまり有利ではなくなるから，その財の生産を止める企業が出てくるだろう。企業は価格のより高い財の生産へと，資源の転換をはかることになる。需要曲線が右上方にあれば，ある程度のコストがかかっても，その財を生産することが社会的に望ましい。しかし，需要曲線が左下方にあれば，高いコストをかけてまで，その財を生産しても社会的にはあまり意味がないのである。

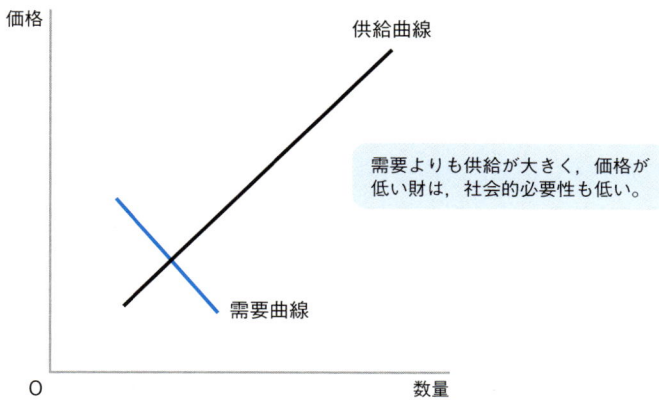

1　市場と政府

　また，供給曲線の位置も同様な社会的必要性を反映している。供給曲線が左上方に位置している場合，その財を生産することがコスト的に割高になることを意味する。そうした高い生産コストを払ってまで，その財を生産するのが社会的に望ましいのは，そうした財に対する需要サイドでの評価が高い場合に限定される。逆に，供給曲線が右下方に位置するときには，より安いコストで生産が可能になるから，その財の生産により資源を投入することが望ましい。

■市場メカニズム

　このような価格による調整がおこなわれることで，社会的に必要性の高い財に多くの資源が投入され，逆に，社会的に必要性の低い財にあまり資源が投入されないという，資源配分からみて望ましい状態が実現する。これが，市場での価格変動を通じて各財の生産に資源が適切に配分されるという市場機能のもつ資源配分機能である。

　市場メカニズムがうまく機能するためには，需要曲線と供給曲線の交点（＝市場均衡点）で価格が決まる必要がある。図 1-6 に示すように，需要よりも供給の方が多い状態（＝超過供給の状態）で価格が下方に調整され，また，供給よりも需要の方が多い状態（＝超過需要の状態）で価格が上方に調整されれば，やがて均衡価格が市場で実現するだろう。このように市場では価格の調整機能によって，社会的に必要な財が必要な量だけ供給され，それを生産するために資源が適切に配分されていることになる。以上が，市場メカニズムのメリット＝光の部分である。

1-1 市場の機能

図 1-6 価格の調整

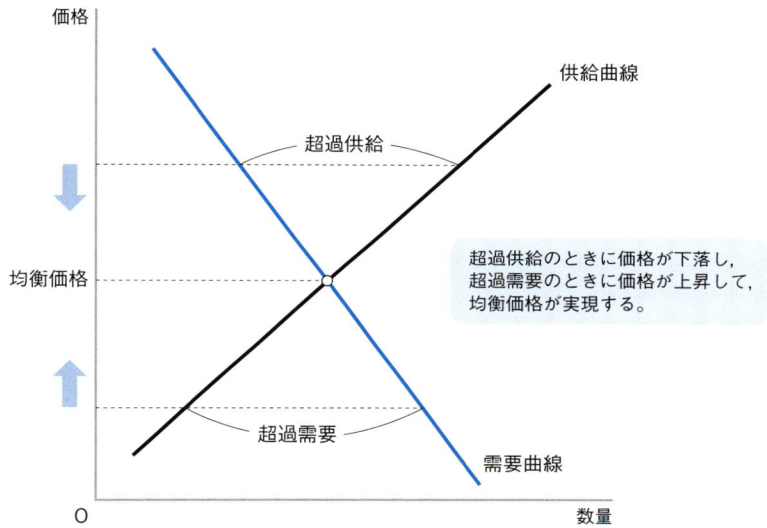

---

check point 1.1

● キーワード

| 一般政府 | 公共部門 | 市場 | 市場メカニズム | 資源配分機能 |

● 1-1節 練習問題

次の文章の（ ）内に適当な言葉を入れよ。

1. わが国における（ ）は，中央政府，地方政府，（ ）から成り立っている。これに公的企業を追加したものが（ ）である。
2. 市場では，需要曲線が右上方に位置している財の価格が（ ）く，左下方に位置している財の価格が（ ）くなる。その結果，社会的に必要な財の生産に資源が適切に配分されることを，市場メカニズムのもつ（ ）機能という。

1　市場と政府

1-2　政府の役割

■**資源配分機能**

　本来，個人主義，自己責任の市場メカニズムを前提としている資本主義経済では，政府の経済活動は必要ないはずである。しかし，現実の経済では市場メカニズムはデメリット（＝影）の部分ももっており，それに対応して，政府には大きな役割が期待されている。公共経済学では，一般的に政府のあるべき姿として，**表 1-1** にまとめている 4 つの機能を想定している。

　第 1 は資源配分機能である。市場メカニズムのもとでも，すべての財・サービスが適切に供給されるわけではない。第 6 章でも説明するように，社会資本や公共サービスは，民間で提供される普通の財とは異なる性質をもっている。便益が特定の経済主体に限定されずに，広く国民経済全体に拡散するケースである。このような財・サービス（＝公共財）については，政府が適切に供給しないと，資源配分上の非効率な状態が生じる。民間に任せておいたのでは，その財・サービスは採算がとれる水準までしか供給されなくなるため，社会的に望ましい水準まで供給されない。政府の介入によって，生産活動に投入される資源を，通常の財・サービスの分野からそのような公共的な財・サービスの分野に，少し移転させることで，すべての国民の経済的な満足度を増加させることが可能になる。逆にいえば，そうした生産資源の私的部門と公共部門間での適切な配分が市場でなされていないという意味で，市場メカニズムには資源配分上の非効率があるという。

　このように民間経済において資源配分上の非効率性があるときに，政府が積極的に経済活動をすることが正当化される。政府の役割を，市場経済で十分には供給されない公共サービスの供給，市場メカニズムがうまく働かない**市場の失敗**に対する是正等，ミクロ・レベルでの政策に限定する考え方は，**安価な政府**＝「**夜警国家**」と呼ばれ，現在でも効率性を重視する人々に受け

14

▶ 表1-1　政府の機能

資源配分機能	市場経済における資源配分上の非効率を是正するために，介入する：公共財の供給，公害の是正
所得再分配機能	所得や資産の格差を是正するために，介入する：社会保障，累進的な税
安定化機能	経済全体の安定化のために，介入する：マクロの総需要管理政策
将来世代への配慮	望ましい経済成長の実現のために，介入する：公共投資，公債の発行

入れられている。

■所得再分配機能

　資源配分機能と並んで公共部門の役割として重要な機能が，所得再分配機能である。社会全体の治安や秩序を維持し，経済活動を円滑に発展させるためにも，ある程度の所得の再分配政策は政府の望ましい政策目標である。第11章でも説明するように，市場メカニズムが完全に機能して，資源が効率的に利用されていても，かならずしも社会全体として理想の状態が実現できるとはかぎらない。人々の経済的満足度は，その人々の当初の資産保有状態にも依存するからである。

　ある経済活動をする以前に，資産をどのくらいもっているか，あるいは，どのような質の労働サービスをどのくらい供給できるか，これらは親からの遺産や贈与，あるいは運・不運に依存するところが大きく，その人個人の経済活動の以前にすでに決まっている場合が多い。とすれば，いかに市場メカニズムが完全であったとしても，結果として人々のあいだでの不平等，不公平な状態は避けられないであろう。競争の機会が均等でなければ，不平等感，不公平感は避けられない。また，たとえ機会が均等であっても，病気や災害などのために，結果として経済状態の恵まれない人々もいる。20世紀に入

って経済全体の規模が拡大すると共に，人々のあいだでの所得格差も次第に拡大していった。

政府が，経済状態の恵まれた人から所得をある程度取り上げ，それを何らかの形で，恵まれない人に再分配するのは，多くの人の価値判断として，もっともらしいところであろう。生活保護，雇用保険，医療保険や年金などの社会保障は，こうした考え方に基づいている。失業の防止を政府の義務の1つに掲げたケインズ主義は，失業を非自発的失業とみなすことによって，失業者を自らの責任でないにもかかわらず苦痛を背負わされた存在とみなした。したがって，そうした失業者を救済しても，それに安住して勤労意欲が減退するという悪影響（モラル・ハザード）は生じないと考える。これは，市場メカニズムを前提とする個人主義＝自主自責・自助努力の原則に修正をもたらすものであり，政府主導の社会保障の思想＝「福祉国家」の思想に理論的根拠を与えるものである。

■安定化機能

公共部門の3つめの機能は，経済全体の安定化のための役割である。市場メカニズムが完全であったとしても，短期的には，予想できないショックのために，失業や資本の遊休は避けられない。まして，現実には，価格の硬直性や独占などさまざまな理由のために完全競争で想定している市場メカニズムがうまく機能しておらず，予想外のショックによって大きな悪影響が出てくる。

石油ショック，金融不安などの外生的なショックのために，経済活動が不況に見舞われたとしよう。このような場合，政府がそのショックのもたらす悪影響を緩和するために経済的に介入するのは，望ましい。とくに，マクロ経済学の発展に大きな影響を与えたケインズ経済学では，経済が不完全雇用の状態にとどまり，有効需要の不足が解消されないときに，政府が有効需要を刺激すべきであると主張している。すなわち，マクロ経済の安定化を政府の重要な課題と考えたのである。

マクロ的な経済全体の不安定性をどうすれば回避できるのか，そのための有効な手段は何か，これらは，公共部門が担う安定化のための役割という観点から，重要な分析課題である。

■将来世代への配慮

市場メカニズムだけでは，かならずしも最適な経済成長は達成されない。なぜなら，将来世代のことをかならずしもきちんと考慮して，現在の消費，貯蓄が決定されないからである。現在生きている人が自らの利害のみを考慮して行動する場合に，長期的な視点からみた最適な経済成長は市場では実現しない。その場合，将来世代の利害を適切に配慮できる主体が政府である。望ましい経済成長を実現するために，政府が果たすべき役割についても，古くから研究されてきた。

もちろん，経済成長は高ければ高いほどいいものではない。どの程度の成長が望ましいのか，そして，どのような経済政策によって経済成長を操作できるのか，この点は，将来世代の経済状態をどの程度配慮するかの問題でもある。こうした問題は，公債の負担や公共投資の生産性，環境，資源の問題とも関連しており，盛んに研究がおこなわれている。

■ハーベイ・ロード

市場の陰（デメリット）の部分が大きく，光（メリット）の部分が小さくなれば，それだけ市場の機能だけでは経済的な問題の解決はおぼつかなくなる。そこで，政府が大きな役割を演じる必要がある。標準的な公共経済学では，市場メカニズムの光と陰を分析することで，政府の望ましい役割を考えてきた。

政府は，国民全体の経済厚生を最大にするように行動している。あるいは，行動すべきであり，そのための指針として経済分析が有効であるというのが，経済政策を議論する際の基本的な立場である。これは，ハーベイ・ロードの立場とも呼ばれている。ケインズ的なマクロ経済政策の背後にある政策当局

は，国民経済全体の経済厚生（＝経済的満足度）を考慮している良識の府であり，民間部門よりも賢い存在であるとみなされている。これは，ミクロ的な視点で最適な経済政策を分析する際も同様である。

■政治の経済理論

しかし，市場が失敗しているからといって，政府が代わりにもっと適切な役割を演じることができるとはかぎらない。むしろ，市場の失敗以上に政府のパフォーマンスは悪いのではないかという見方もある。政府が適切な経済政策を実行しようとしても，現実の経済環境は複雑である。予想できないショックも数多く生じている。適切なタイミングで適切な政策を実行することは，きわめて困難であろう。現実の政府が多少とも失敗しているという実感は，多くの人々が共有している。

さらに，このような見方を背景として，政府が失敗するのは，政府の経済政策を遂行する上での能力や政策決定のメカニズムに問題があるばかりでなく，政府の目的それ自体が，ハーベイ・ロードの立場で想定していた社会厚生の最大化とは異なるからだという議論が生じてきた。すなわち，政府は，公共のためにその社会の構成員の経済厚生を最大にするという理想主義的なものではなく，現実には，利害の異なる各経済主体の対立を反映したり，政府を構成する政党＝政治家，官僚などのそれぞれ異なった集団の自らの利益の追求の産物であるという考え方である。このような現実主義的な立場で政府の行動を説明しようとするのが，公共選択論などを中心とする「政治の経済理論」である。この立場では当然政府の行動は理想的なものではなく，市場メカニズムが完全であっても，政府の失敗による非効率や不公平は避けられない。

予算編成は，与党のもっとも重要な経済政策の実現行動である。どのような予算を編成するかで，国民のあいだでの利害も異なるし，国民経済全体の活動にも影響を与える。その結果，与党が次の選挙で再び政権を維持できるかどうかにも，影響を与える。民主主義的な政治プロセスが選挙民や納税者

表1-2 政府に対する見方

夜警国家	純粋公共財の供給など必要最小限の役割を果たす
福祉国家	経済的な弱者の救済に積極的に対応する
ハーベイ・ロード	国民全体の経済厚生の最大化のために政策を実行する
政治の経済理論	政府を構成する政党，官僚などの利害で政府行動を説明する

の意向を反映しているとすれば，政府・与党の行動は，結局は選挙民の意向を政治プロセスを通して反映することになる。

政治の経済理論（政治経済学）の中でも有力な理論である「公共選択の理論」がその独自性を発揮するには，この点に関してである。標準的な公共経済学のアプローチが理想主義的な経済政策を追求しているのに対し，現実の政治過程を説明しようとする政治経済学は，最近では，政府の経済行動を説明する有力な1つの研究方法となっている。表1-2は，政府に対する見方をまとめている。本書では，これら2つのアプローチを比較することで，それぞれの分析の有効性についても，わかりやすく紹介していきたい。

check point 1.2

● キーワード

4つの機能　　夜警国家　　福祉国家　　ハーベイ・ロード
政治の経済理論　　公共選択の理論

● 1-2節　練習問題
次の文章の正誤を判断せよ。

1. 民間の市場ではかならずしも適切に供給されない財・サービスがあるので，政府の経済活動は必要である。
2. 市場がうまく機能していれば，所得再分配政策は必要がなくなる。
3. 公共選択の理論では，政府が社会厚生を最大にするように適切に行動すべきであると考える。

■ *Column 1*　公共経済学の守備範囲 ■

　公共経済学が主要な対象とする政府の行動は，かならずしも経済学だけが分析するものではない。政治学，行政学や法学でも政府の政策や規制は重要な関心事である。経済学のアプローチは，それらの考え方とどのように異なるのだろうか。行政学，法学の論理では，形式的な合法性や厳格性，平等性を重視する。また，実際に利害をもつ人の意向を尊重する。これに対して，経済学の論理では，実質的な内容，弾力的な運用，潜在的な利害関係者を含めた効率性と公平性を重視する。

　経済学で想定する個人，グループや組織は，家計，企業など消費や貯蓄，生産や投資などの経済行動に従事している主体である。このような経済活動に携わって意思決定をする主体，すなわち，経済主体の特徴は，経済的に合理的な行動をしている点にある。

　合理的行動とは，それぞれの経済的な目的を達成するために，与えられた制約の中でもっとも望ましい行為を選択する行動である。したがって，合理的行動は制約条件のもとで目的を最大限実現することとして定式化できる。これが，経済学が「制約付きの最大化問題を用いて分析する学問である」といわれる理由でもある。たとえば，家計であれば予算制約のもとで効用を最大にするように行動し，企業であれば生産制約のもとで利潤を最大にするように行動すると考える。

　これに対して，行政学や法学の論理では，単に政府が法律などで規制すれば，その通り人々が従うべきだ（あるいは，従わせる）と考える傾向がある。しかし，人々が経済的な意味で合理的に行動するとすれば，法律などで規制してもそれに反応して素直に従うとは限らない。また，無理に従わせるために罰則を強化しても，実効性が乏しい場合もあるし，（地下にもぐってしまうなど）副作用の弊害が大きい場合もある。また，現状を与件として政府が何らかの行政，規制，介入をしようとしても，場合によってはその行政目的を相殺にするように，人々は行動する。たとえば，失業者を救済する行政サービスが，かえって失業することの有利さを高めて，失業者の数を増やす結果になることもある。

　もちろん，人間はかならずしも経済的動機のみで行動しないかもしれない。また，経済的意思決定をしている場合でも，かならずしも合理的な行動ばかりでもない。たとえば，いままでの経験から何となく同じような行動をすることもあるだろう。つねに最適な意思決定をしようとすれば時間も労力もかかるし，また，現実の世界では，自分の目的や制約が何であるのか不明確なことも多い。最近注目されている行動経済学では，こうした点を重視している。それでも，大多数の標準的な経済主体の長期間に及ぶ経済活動を分析して，公共経済のあり方を議論しようとすれば，合理的行動を前提とするのがもっとも有益である。これが，応用経済学の1分野である公共経済学の基本的発想である。

第 2 章

国民と投票

　この章では，有権者である国民が政治的な意思決定をおこなうもっとも代表的な手段である選挙について，公共経済学の立場から検討する。第1節では，直接民主制と間接民主制それぞれの特徴を説明するとともに，有権者の意向がかならずしも適切に反映されない可能性を指摘する。第2節では，棄権のもつ意味を考察し，棄権には良い棄権と悪い棄権があることを示す。第3節では，投票の回数を少なくしながら，有権者の意向をより適切に反映できる投票制度について，簡単な数値例を用いて説明する。第4節では，選挙以外の有権者の政治的な行動を取り上げる。

2 国民と投票

2-1 選挙と投票

■政治的意思決定

民主主義国家において，有権者（国民）による政治的意思決定は最終的には投票によっておこなわれる。その選挙には，代議制をとらず有権者による直接投票の結果で最終的な政治的意思決定をおこなう直接民主制と，第1段階の投票で代理人（＝政治家）を選出し，その代理人が第2段階の投票をおこなって最終的な意思決定をおこなう間接民主制（代議制民主主義）の2つがある。わが国では，市町村議会議員や都道府県議会議員や国会議員の選挙などは間接民主制，都道府県知事や市町村長の選挙などは広義の意味での直接民主制に属する。わが国の地方政治でしばしば話題となる住民投票は狭義の意味での直接民主制である。

■中位投票者定理

直接民主制の代表例として，まず最初に，民主主義の基本ルールである多数決原理による投票で政策を決定する方法を考える。直接民主制のもとでの投票による意思決定について，公共経済学では，公共支出の決定メカニズムの理論的分析などで，これまで数多くの研究がなされてきた。

多数決原理における投票者の行動を分析したものとして，ボーエンとブラックの中位投票者定理がある。表2-1（24頁）にもまとめてあるように，中位投票者定理とは，以下の3つの条件
(1) 投票対象となる財・サービスが1つにかぎられ，それをどの量まで供給するかのみが争点となる
(2) すべての投票者の選好が単峰型（図2-1のように選択対象に大小関係がつけられ，各個人にとって効用（＝満足度）最大化点から離れるほど効用が単調に低下するという選好）である

図 2-1 中位投票者定理

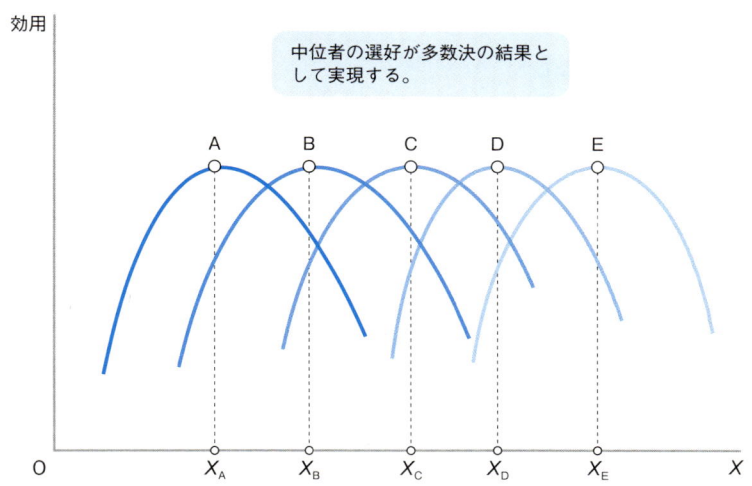

中位者の選好が多数決の結果として実現する。

(3) どの投票者もある 2 つの選択肢について投票する

が成り立つとき，

「多数決投票によって中位投票者の効用最大化点が安定的，支配的な社会的決定として選択される」

ことを主張している。なお，中位投票者とは，全投票者について各投票者の最適点を小さい方から大きい方に順に並べたときの中位数となる投票者のことである。たとえば，投票者が 5 人いれば，中位投票者は選好の順位を並び替えたときの 3 番目の投票者である。

中位投票者定理を図を用いて説明しよう。ある政策対象 X に関して，それぞれの個人にとってもっとも効用の高い水準が一意的に存在するとしよう。さらに，図 2-1 のように個人 A，B，C，D，E と並んでいて，個人 A～E はその争点 X に関する自分の効用最大化点が $X_A < X_B < X_C < X_D < X_E$ であるとする。このとき，各個人は多数決投票において，自分の効用最大化点により近い X の水準に投票するのが合理的である。いま，個人 A～E は自分の効用最大化点 X_A～X_E をそれぞれ提案する。$(X_A と X_B)$ について多数決投票

2 国民と投票

▶ 表 2-1 中位投票者定理

前提条件	(1) 投票する公共財・サービスの種類が1つ (2) 投票者の選好が単峰形 (3) 2つの選択肢のうち1つを選ぶ
結　果	中位投票者の選好が社会的な決定となって実現する
注　意	選好が単峰形でなければ，投票のパラドックスが生じる可能性がある

をすると，個人 A が X_A，個人 B〜E が X_B に投票し，X_B が採択される。同様に，(X_D と X_E) では個人 A〜D が X_D，個人 E が X_E に投票し，X_D が採択される。次に (X_B と X_C) では，個人 A，B が X_B に，個人 C〜E が X_C に投票し，X_C が採択され，(X_C と X_D) では個人 A〜C が X_C に，個人 D，E が X_D に投票し，X_C が採択される。結局多数決投票の結果，中位投票者である C の効用最大化点 (X_C) が採択される。各個人の選好が図 2-1 のように単峰型であれば，この結果は成り立つ。

■投票のパラドックス

　投票者の選好が単峰型であることは，中位投票者定理の重要な前提条件である。もし単峰型でなければ，投票のパラドックスが生じ得る。いま，個人 A，B，C の 3 人で構成される社会を考える。各個人は 3 つの選択対象 X (低水準)，Y (中水準)，Z (高水準) について，選好順序をもっており，個人 A は $Y>Z>X$，個人 B は $Z>X>Y$，個人 C は $X>Y>Z$ の順で望ましいと考えているものとする。これらを縦軸に順位，横軸に選択対象をとって図示すると，図 2-2 のようになる。図 2-2 で個人 A と C の選好は峰が 1 つしかない単峰型の形の一部とみなせるが，個人 B の選好は X と Z のところで峰があり，単峰型でない。

　各個人は選好順位が高い方に投票する。ここで (X と Y) について多数決投票をすると，個人 B と C が X に，個人 A が Y に投票するから，X が採択される。同様に (X と Z) について多数決投票をすると，Z が採択され

図2-2 投票のパラドックス

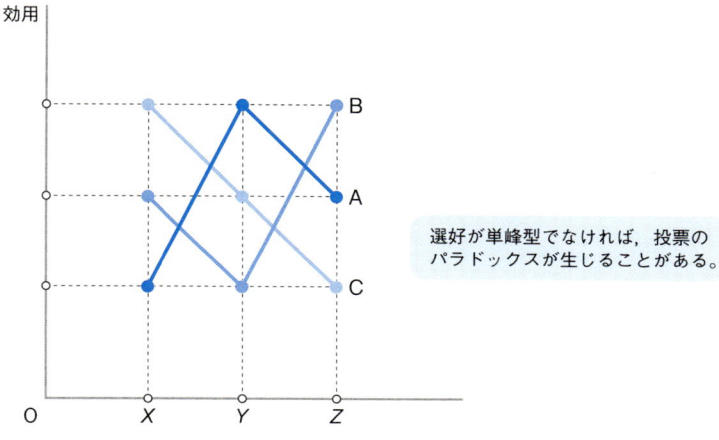

選好が単峰型でなければ，投票のパラドックスが生じることがある。

る。この時点では多数決投票の結果，社会的な選好順序は$Z>X>Y$の順となる。しかし，（YとZ）について多数決投票をすると，Yが採択されてしまう。つまり，X，Y，Zの選好順序を社会的に決定しようとしても，先の社会的な選好順序が覆されて多数決原理では決定できないという状態に陥る。これが，投票のパラドックスである。このように選好が単峰型でないときには，投票のパラドックスが生じ得る。

たとえば，政府支出として公的教育に対する需要を考えてみよう。公的教育がある水準に達しないときには，家計は公的教育よりも私的教育を評価し，そちらを選択すると仮定しよう。しかし，公的教育の増加のための税負担は増加しているから，私的教育を選択した家計の効用は減少する。やがて公的教育がある水準を越えると，公的教育を選択するから，その受益の増加が税負担の増加を上回るかぎり，その家計の効用は今度は上昇に転じることになる。このような場合には，投票のパラドックスが生じ得る。

表2-2では，公的教育の水準1から5に対する家計の税負担が10から50まであると想定している。この家計の公的教育の評価は，10から75まで，公的教育の水準に応じて高くなる。しかし，同時に，私的教育が35のネッ

2　国民と投票

▶ 表2-2　公的教育選択の問題

公的教育の水準	1	2	3	4	5
家計の税負担	10	20	30	40	50
家計の公的教育の評価	10	30	50	70	75
家計の公的教育の純評価（効用）	0	10	20	30	25
私的教育の純評価	35	35	35	35	35
税負担も考慮した私的教育の純評価（効用）	25	15	5	−5	−15
家計の効用と選択	20 私的教育	15 私的教育	20 公的教育	30 公的教育	25 公的教育

トの便益で利用可能であるとしよう。この数値例では，公的教育が2までは私的教育を選択し，公的教育が3以上になってはじめて公的教育を選択する。したがって，最初は公的教育の負担のみがかかるので，家計の効用は−10，−20と減少するが，公的教育が3以上では，家計の効用が20，30，25と単峰型になる。そのため公的教育全体についての選好は単峰型にならない。

　投票のパラドックスが示すように，多数決原理による投票も，市場メカニズムと同様に万能ではない。投票のパラドックスをさらに一般化して経済学の概念と結びつけたのが，アローの一般不可能性定理である。それによると，社会的な選好順序は直接民主主義のもとで理想的な形では決められない。このように，直接民主制はかならずしも理想の意思決定メカニズムとはいえない。

■間接民主制における選挙区

　次に、間接民主制を取り上げよう。間接民主制による政策決定過程は、第1段階として、各選挙区（＝地域）で多数決投票をおこない代理人を選出し、第2段階として、議会においてその代理人のあいだで多数決投票をおこない政策を決定する。このとき、選挙区内における有権者のタイプの構成比が重要な問題となる。次の具体的な数値例で考えてみよう。

　各選挙区の有権者数は同じとする。次に、全人口（＝有権者）が15で、個人のタイプが2つ（タイプAとタイプB）に分かれるとする。このタイプとは、具体的なイメージとして、タイプAが高所得者層、タイプBが低所得者層、あるいはタイプAが保守支持者層、タイプBが革新支持者層と解釈してもよい。そのうち、タイプAの人口が経済全体でわずかに多いとする。たとえば、タイプAの人口が8、タイプBの人口が7とする。さしあたって、棄権する有権者はおらず、全員投票するものとする。ここで、直接民主制による投票では、タイプAが過半数を占めるから、タイプAが望む政策が選択される。

　他方、間接民主制の小選挙区下で、まず第1段階の各選挙区での選挙において、タイプAの有権者に支持された候補者とタイプBの有権者に支持された候補者が立候補して、多数決投票の結果1人の当選者を決定する選挙を考える。いま、各選挙区の人口構成が以下のようになっていたとする。

　　　　選挙区Ⅰ　　　　タイプA：5
　　　　選挙区Ⅱ　　　　タイプA：3，タイプB：2
　　　　選挙区Ⅲ　　　　タイプB：5

　この状態を表したのが図2–3の（1）である。斜線のある部分がタイプAの有権者、斜線のない部分がタイプBの有権者を表している。このとき、選挙区ⅠとⅡではタイプAの代議士、選挙区ⅢではタイプBの代議士が選出される。そして、第2段階の議会における代議士による多数決投票で、タイプAの選好する政策が選択されることとなる。

　また別の状況を考え、経済全体の人口構成は先と同じだが、各選挙区の人

2 国民と投票

図 2-3 選挙区の区切り

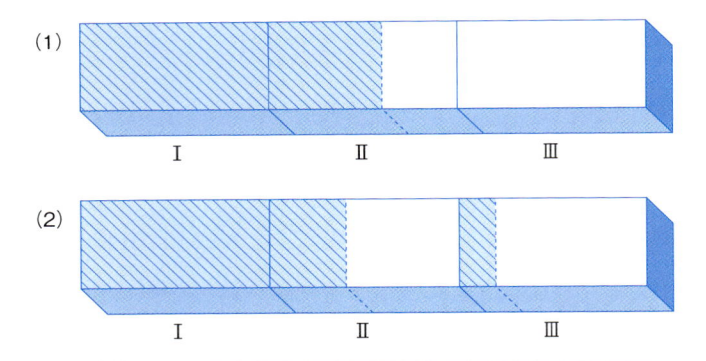

(1)

　　　Ⅰ　　　　Ⅱ　　　　Ⅲ

(2)

　　　Ⅰ　　　　Ⅱ　　　　Ⅲ

選挙区の区割りによっては,有権者の選好が適切には反映されない。

口構成が以下のようになっていたとしよう。

　　選挙区Ⅰ　　　タイプA：5
　　選挙区Ⅱ　　　タイプA：2, タイプB：3
　　選挙区Ⅲ　　　タイプA：1, タイプB：4

　この状態を表したのが図2-3の（2）である。このとき，選挙区Ⅰではタイプ A の代議士，選挙区ⅡとⅢではタイプ B の代議士が選出される。そして，議会における代議士による多数決投票でタイプ B の選好する政策が選択されることとなる。この結果は，先の（1）の結果とも異なるし，直接民主制の結果とも異なる。

　このように，同じ経済でも選挙区内の人口構成によって，間接民主制による政策決定では選択される政策が（選挙制度が同じであっても）異なり得ることが示された。ここでの例は極端なケースのみを扱ったが，間接民主制による政策決定が直接民主制による政策決定と異なり得ることと，その差異が選挙区内の人口分布によって生じることは，一般性を失わない。

　以上の議論から，同一の選挙区になるべく同じタイプの有権者が多く存在するような選挙区の区割りが望ましいことがわかるだろう。有権者の選好を正確に反映させるためには，同じ選好をもつ有権者から代理人を選出するの

28

が望ましい。ところで、現実の選挙区では地域割りが一般的である。これは、同一地域に居住する有権者が同じ利害を共有する運命共同体の仲間である、という理解を反映している。しかし、今日のように居住地と勤務地の異なる人々が多数存在して、情報が地域を超えて伝達されるような時代には、同一地域内でも有権者のタイプはさまざまであり、地域による区割りはかならずしも望ましいとはかぎらない。むしろ、年齢による選好の格差の方が大きいだろう。そうだとすれば、地域に加えて、年齢による区割りを検討することも有益であろう（本章末のコラム参照）。

———————————————————————————— check point 2.1

● キーワード

| 中位投票者定理　　有権者　　投票　　投票のパラドックス　　直接民主制 |
| 間接民主制　　選挙区 |

● 2–1節　練習問題

　ある公共サービスの3つの水準 X（低水準），Y（中水準），Z（高水準）について、個人 A，B，C の選好順位が次のようになっているとしよう。

$$A : X > Z > Y$$
$$B : X > Z > Y$$
$$C : Y > X > Z$$

1．単峰形でない選好をもつ個人は誰か。
2．投票のパラドックスは生じるか。

2-2　選挙と棄権

■棄権する要因

　かつての社会主義諸国や独裁的な発展途上国では投票率がほとんど100％

2 国民と投票

と公表される選挙も珍しくない。そうした国々では投票が事実上強制されたり，棄権することに制裁が加えられている。このように投票を義務づける国もある。が，他方で，わが国では投票は権利であるが，義務ではない。そのような国では，有権者が棄権する可能性は排除できない。わが国のみならず民主主義が定着している多くの先進諸国で，投票率は近年低下傾向にある。

投票率が低い，すなわち棄権する有権者が多いことは，「民主主義の危機」とも表現されている。この原因としては，政治に対する期待の低下や争点のあいまいさなど，現在の政治の環境，政治家の資質，政党政治のあり方といった要因が指摘されている。しかし，経済的な要因や制度的な要因も重要である。この節では，経済的な観点から，選挙における棄権行動について考えてみよう。

投票率が低い，すなわち有権者が投票しない理由について，公共経済学では次のように説明している。投票は有権者が自らの選好を政治的に表明する唯一の手段であり，有権者は自らの選好に一番近い候補者に投票しようとする。有権者にとって，選挙の結果，自らが望む候補者（政党）が当選して，自らの選好に合致した政策が実施されれば，それによって大きな便益を受ける。また，自らの望むものに近い政策が実施されるほど，より大きな便益を受ける。しかし，投票するためには，候補者についての情報（掲げている公約，候補者本人の資質など）を収集しなければならないし，投票所に足を運ばなければならない。そのように投票には（金銭的・非金銭的）費用がかかる。この便益と費用を勘案して，投票するネットの便益が高いと考えた有権者が投票所に足を運ぶのである。

投票するときに，とくに問題となるコストが，時間の機会費用である。棄権すれば，投票に要する時間の分だけ，投票日＝日曜日にレジャーを楽しんだり，買い物に出かけたりできるだろう。投票することでそうした別の活動が犠牲になる。その金銭的な評価が，投票の機会費用である。これは，その有権者の時間あたりの所得と投票に要する時間の積に等しい。一般的に都市部の住民や若者ほど所得（あるいはレジャーの金銭的評価）が大きいから，

投票の機会費用は高い。

　有権者にとっていずれの候補者も無差別である場合や，いずれの候補者の公約も有権者が望むものとかけ離れすぎていて，投票の費用に見合うだけの便益が受けられない場合には，その有権者は棄権する。また，ある候補者を他の候補者よりも勝たせたいという欲求が有権者にとって強い場合や，候補者同士が接戦しており，自らの1票が候補者の当落により重要になってくる場合には，その有権者は投票する。

■選挙の公約と棄権

　また，選挙制度自体にかかわる要因も重要であろう。この制度的な要因としてまず挙げられるのが，わが国での国会議員選挙のような間接民主制である。現行の民主主義制度である間接民主制（代議制民主主義）では，直接民主制の投票よりも投票率が低くなる。なぜなら，議員を有権者が選択することと，選ばれた議員がさまざまな政策決定において行動することには，大きな乖離幅があるからである。

　政党や政治家はかならずしも選挙での公約をそのまま実現する誘因はないし，場合によっては，選挙での公約を意図的にあいまいにすることもある。政権を担当してからの経済状況が悪くなったとしても，それが与党の経済政策のせいか，やむを得ない外生的なショックのせいか，有権者にとって区別しにくくするためである。そうすれば，経済政策の失敗の責任を追及されて，与党が選挙で敗北する可能性は小さくなる。したがって，有権者にとっては，誰に投票しても明確な投票のメリットが認識されにくい。その結果，投票の機会費用の上昇とともに，棄権する有権者が多くなってしまう。

　また，有権者は候補者の公約（政策）が自らのもっとも望ましい点と一致したときには投票するだろうが，一致しなかったときには棄権する可能性がある。候補者の公約に失望して，有権者は棄権するかもしれない。なぜならば，その候補者が当選することで実施される政策が自分の好みから離れていれば，有権者はそれだけ疎外感を感じて，その候補者に投票したくなくなる。

2 国民と投票

▶ 表 2-3 棄権する要因

便益面	(1) いずれの候補者も無差別である (2) いずれの候補者も公約がかけ離れている (3) 当落の結果がはっきり予想できる
費用面	(1) 候補者の公約の情報収集にコストがかかる (2) 投票に行く機会費用がかかる
制度面	(1) 直接民主主義ではなく，間接民主主義である (2) 同一選挙区内での有権者の数が多い

したがって，自分の好みと候補者の公約とが離れるほど，棄権する可能性は高くなる。さらに，有権者の総数が大きくなれば，個々の有権者にとっては，全体の投票結果を自分の投票が左右する可能性が小さくなるので，投票のメリットは小さくなる。したがって，有権者の数が大きくなれば，棄権する可能性は高くなる。このような棄権に対する考え方は，**表 2-3** にまとめられている。

■棄権の意味

ところで，棄権はつねに良くない行動であろうか。棄権の是非を考える際に重要なポイントは，投票率の低いこと自体がかならずしも民主主義の危機とはいえない点である。投票行動は有権者にとってコストであり，社会全体としても直接目にみえる選挙実施費用以上の大きなコストを生むものである。たとえば，わが国で最近実施されたように，投票時間を延長したり，期日前投票を利用したりすることで，ある程度投票率が上昇するとしても，そのためには，投票所の維持管理に要する人的・物理的なコストも増加する。仮に棄権行為に対して重い罰則を適用して，すべての有権者が投票した（強制的に投票させられた）としても，そこでは大きな経済的コストが生じている。そうしたコストを上回るだけのメリットが何であるのかを明確にしてはじめて，投票率の向上が望ましい政策目標となり得る。

棄権はかならずしも政治不信の反映であるとはかぎらない。仮に棄権が政

治不信の表明であれば，これまでの政治に対する有権者の不満を吸収する新しい政党，政治家が登場するのが，民主主義国家の意思決定として，本来予想される事態のはずである。しかし，実際には，過去の棄権によって，そうした政治環境の変化がかならずしも生じているわけではない。むしろ，時系列的にみれば，逆に棄権が増えているのが現状である。

　もし棄権が政治不信を理由としないならば，有権者にとっていずれの候補者も無差別である場合か，あるいは自分の選好が他の有権者の大多数の選好と一致しており，あえて自分が投票する必要を感じないか，いずれかの可能性が高いだろう。このケースでの棄権は，現状多数派への無条件委任を意味する。

■良い棄権

　投票にコストがかかる以上，棄権の可能性は避けられない。では，棄権をゼロにするためには，いかなる人的・物理的資源を投入することが，政策目標として望ましいのだろうか。あるいは，棄権はどの程度の水準であれば望ましいのだろうか。

　いま，単純化の想定として，100人の有権者がある政策の採否に関する直接選挙をおこなうとする。投票総数の過半数が賛成すれば，その政策が実行されるとする。このとき，もしすべての有権者が投票するときに，そのうちの過半数がその政策の実施を支持する投票をおこなうとしよう。また，99人が棄権して，ある特定の1人のみが投票するとして，その有権者がその政策の実施に賛成するとしよう。どちらも結果は同じであり，その政策は実施される。しかし，投票の社会的なコストは，前者の場合の方が後者の場合よりもはるかに大きい。したがって，同じ政策決定にコストが少なくて済むという意味で，この場合は99人の人が棄権する方が，社会的に望ましい。

　一般的に，すべての人が強制的に投票させられる場合に実現する結果と同じことが，多くの有権者が棄権するときにも生じるとすれば，そうした棄権は良い棄権である。

2 国民と投票

■**悪い棄権**

しかし，棄権がつねに望ましいとはかぎらない。民主主義を前提とする以上，過半数の有権者の意向が投票結果に反映される必要がある。投票のコストが特定の有権者層に偏った形で生じていれば，そこで生まれる棄権によって，有権者の選好が偏った形で投票結果に反映することになり，問題である。

投票の機会費用はそれぞれの有権者の時間の機会費用に対応しているから，農村部よりは都市部で，また老人よりは若者の方が投票の機会費用は高い。そのため同じ選挙区内では，機会費用の低い有権者が多く投票するために，彼らの意向が必要以上に反映される可能性が高くなる。その意味では，異なるタイプの人々を同じ選挙区に含む大選挙区，たとえば全国を1つの選挙区とする選挙は，問題である。なぜなら，結果として農村部や老人の意向がより強く反映されるからである。したがって，その中の有権者の投票コストが同じになるように区分けされた小選挙区が望ましいといえる。この点でも，年齢別選挙区（本章末のコラム参照）はメリットがある。

■**小選挙区のメリット**

ところで，棄権する可能性を考えると，タイプ別に区分された小選挙区のメリットが明確になる。いま，図2–3と同じ数値例を用いて，タイプの異なる有権者にとって投票の機会費用も異なると想定し，所得の高いタイプAの有権者は30%が棄権し，70%が投票するとしよう。また，単純化のために，所得の低いタイプBの有権者は棄権しないとしよう。

直接民主制，あるいは比例代表制では，タイプAの投票者が5.6，タイプBの投票者が7となるから，タイプBの意向に沿った政策が実施されてしまう。しかし，図2–3の(1)の区分けの小選挙区制のもとでは，

   選挙区Ⅰ タイプA：3.5
   選挙区Ⅱ タイプA：2.1，タイプB：2
   選挙区Ⅲ タイプB：5

となるから，棄権のない場合と同様に，選挙区Ⅰ，ⅡからタイプAの代議

士が選出され，タイプAの選好を反映した政策が実施される。したがって，棄権の可能性を考慮すれば，同じタイプの有権者が存在するような選挙区割りのメリットは，ますます大きくなる。

これは，良い棄権の具体例である。一部の有権者（タイプAのうちの30%）は棄権することで投票コストを支払わずに済み，かつその投票結果は（タイプAの有権者が）全員投票するときと変わらない。したがって，社会全体でみて投票コストが節約できる点で，より望ましいといえる。

check point 2.2

● キーワード

| 投票の機会費用 | 投票の便益 | 選挙の公約 | 良い棄権 | 悪い棄権 |

● 2-2節　練習問題
次の状況は投票率を高めるか，あるいは低めるか，判断せよ。

1．経済成長の結果，所得が増加した。
2．すべての候補者が同じような公約を掲げている。
3．候補者の公約の中身がわかりにくい。
4．有権者が現在の政権に満足している。
5．同じ選挙区内での有権者の数が増加した。

□ 2-3　望ましい投票制度 □

■さまざまな多数決投票制度

次に，あるもっともらしい価値判断を導入して，望ましい投票制度を検討してみよう。現在，各国で主に用いられている多数決投票制度は，相対多数決投票，決選投票，単記委譲投票などに分類できる。

相対多数決投票は，もっとも一般的に用いられている小選挙区制度で，候

2　国民と投票

補者のうち最多数の有権者が投票した（第1位にランクづけた）候補者を選出する制度である。決選投票は，候補者のうち過半数の有権者が投票した（第1位にランクづけた）候補者を選出するが，どの候補者も過半数を得られなかった場合は，第1回投票の上位2名によって第2回投票をおこない，そこでもっとも多く得票した候補者を選出する制度である。単記委譲投票では，有権者がM人の候補者の中からもっとも望む（第1位にランクづけた）候補者に投票し，候補者のうちもっとも支持が少なかった候補者を排除する。続いて，残りの$M-1$人の候補者の中から有権者はもっとも望む候補者に投票し，候補者のうちもっとも支持が少なかった候補者を排除する。これを繰り返して，最後に残った候補者を選出する。

■望ましい判断基準

　どのような多数決投票の方法が望ましいかを判断する基準として，コンドルセ効率と功利主義的効率がある。コンドルセ効率とは，次のようなものである。候補者をそれぞれ1対1で投票にかけ，多数決投票による勝ち抜き戦によってすべての他の候補者に勝った候補者を，コンドルセ勝者と呼ぶ。このコンドルセ勝者が存在するときに，ある選挙制度によって選出される候補者がコンドルセ勝者になる確率を，コンドルセ効率という。決選投票，単記委譲投票は相対多数決投票よりも高いコンドルセ効率をもたらす。

　また，功利主義的効率とは，各候補者の評価について各有権者の満足度＝効用の和が最大になる候補者が選択される確率のことである。決選投票，単記委譲投票は，相対多数決投票よりも高い功利主義的効率をもたらす。

　ここで，表2-4のような例を想定してみよう。4人の候補者（A，B，C，D）に対する5人の有権者（Ⅰ，Ⅱ，Ⅲ，Ⅳ，Ⅴ）の評価がそれぞれ5，4，2，1で表されている。功利主義的効率の基準では，各有権者の評価のポイントの合計のもっとも高い候補者を選出するのが，望ましい。表2-4の例では，21ポイントの評価合計となる候補者Bがもっとも望ましい候補者である。

▶ 表2-4 多数決投票の判断基準

		候補者 A	候補者 B	候補者 C	候補者 D
有権者	I	5	4	2	1
	II	5	4	2	1
	III	1	4	5	2
	IV	1	4	2	5
	V	1	5	4	2
	総得点	13	21	15	11

　しかし，相対多数決投票では候補者Aが2票を獲得して，選出されてしまう。これに対して，上位2名の決選投票ではB，C，Dのうちで仮にBが決選投票に進むとすれば，A，Bのあいだでの選択となるため，AよりBが選出される。単記委譲投票でも最初の投票でB，C，DのうちC，Dのいずれかが排除されれば，結果としてAよりはBが選出される。

　決選投票，単記委譲投票の方が相対多数決投票よりも，上で説明した2つの基準において望ましいことからもわかるように，各有権者の選好についての情報を投票によって表明させる際には，もっとも望む候補者だけでなく，それ以外の候補者間の優劣をも表明させる方が望ましい。同時に，以上の議論は，投票回数を多くすれば，それだけ有権者の選好がより適切に反映される可能性が高くなり，望ましいことも示している。しかし，投票の回数を多くすると，投票行動，開票作業などにかかるコストも大きくなる。1回の投票のみで，相対多数決よりも有権者の選好をより適切に反映する選挙の方法は考えられないだろうか。そのような投票制度が，これまでに数多く提案されてきた。

■望ましい投票制度

　1回の投票という制約で望ましい投票制度としてまず挙げられるのが，ボ

2　国民と投票

▶ 表2-5　有権者の戦略的行動

		候補者 A	候補者 B	候補者 C	候補者 D
有権者	I	4	1	2	3
有権者	II	4	1	2	3
有権者	III	3	1	4	2
有権者	IV	3	1	2	4
有権者	V	3	4	1	2
総得点		17	8	11	14

ルダ投票である。この投票は，M人の候補者に対して各有権者が順位（第1位〜第M位）をつけ，第1位の候補者にはM点，第2位の候補者には$M-1$点，第3位の候補者には$M-2$点，というように点を与えていき，第M位の候補者には1点を与え，すべての有権者の得点を集計して最高得点を得た候補者を選出する制度である。**表2-4**の数値例でも，ボルダ投票では候補者Bが選出されるのは，明らかだろう。ここでは有権者は選好を正直に表明することが仮定されている。しかし，この投票システムにも大きな欠点がある。それは，有権者の戦略的な行動によって投票結果が変化する可能性である。

表2-4の数値例で，対立候補（評価4の候補）に1の評価を与えて，自らの支持する候補（評価5の候補）をより有利にするような戦略的な行動を考えてみよう。このとき，**表2-5**のような評価が投票によって表明されるだろう。

表2-5は，**表2-4**をもとに，新しく（4, 3, 2, 1）の序列化をしたものである（5→4, 4→1, 1→3となっている）。総得点は候補者Aがもっとも高く，候補者Bがもっとも低い。しかし，**表2-4**に示すように，有権者の本当の評価は候補者Bがもっとも高い。これは，戦略的な行動の結果，ボルダ投票が望ましくない候補者を選出する可能性を示している。

たとえば，より現実的な例として，A党とB党の候補者が争っているとして，もう1人C党の候補者もいるとしよう。有権者が正直に選好を表示すれば，A党支持者はB党の候補者にもある程度の評価をし，逆に，B党支持者はA党の候補者にもある程度の評価をしている。しかし，争っている対立候補者（A党支持者であればB党候補，B党支持者であればA党候補）にある程度高い評価をつけてしまうと，結果として，自分の候補者ではなく，対立している候補者の方が当選してしまうかもしれない。そうであれば，あえて当選の見込みのないと予想するC党の候補者に相対的に高い評価をつけて，対立候補の相対的評価を下げるような戦略的行動をとる。その結果，場合によっては，C党の候補者が当選してしまうという意外な結果もあり得る。

そこで望ましいのが，是認投票である。是認投票とは，各有権者が候補者の中から選出されてもよい（是認する）と考える候補者を（複数でも）任意に選んで投票し，最多得票を得た候補者を選出する制度である。各有権者が候補者の中から選出されてもよい（是認する）と考える候補者を任意に選んで投票できるため，何人の候補者を是認するかによって投票結果が変わってくる。是認投票はたとえ有権者が戦略的に行動しても，有権者が正直に選好を表明する誘因をもつ可能性がある投票制度である。表2-4の例では，5か4の評価は是認できて，1か2であれば是認できないとすると，候補者Bが是認投票によって選出される。

わが国の小選挙区では，複数の政党による選挙協力がおこなわれることが多い。しかし，候補者を一本化するのは難しい。似たような政党がともに候補者を擁立すると，小選挙区ではどちらも当選しにくいし，有権者も選択に戸惑う。是認投票が認められると，複数の候補者に投票できるので，あえて選挙協力で候補者を1人に絞る必要はなくなる。是認投票は，小党乱立しやすい野党にとってメリットがあり，死票が多くなるという小選挙区の弊害を小さくできる利点もある。表2-6は，投票制度についてまとめている。

2　国民と投票

▶ 表 2-6　投票制度

相対多数決投票	最多数の得票者が当選する
決選投票	過半数の得票者が当選する そうでなければ，上位2名で第2回投票をする
単記委譲投票	もっとも得票の少ない候補者を落選させて，投票を繰り返して1人に絞り込む
ボルダ投票	M人の候補者1人1人に順位（第1位から第M位）をつけ，最高得点者が当選する
是認投票	是認する候補者を任意に記名して，最多得票者が当選する

■小選挙区制と比例代表制

　小選挙区制と比例代表制は，2つの代表的な選挙制度である。ここで，これら2つの制度のメリットとデメリットを比較してみよう。小選挙区制のメリットは，良い棄権を生じさせやすくするとともに，安定的な与党体制を確立しやすいことである。デメリットは，対立候補への投票がすべて死票となるため，民意を正確に反映しないという点である。このデメリットは，区割りを有権者のタイプ別に適切に分類することで，ある程度は解決可能であろう。また，長期的には政権交代が容易になるから，多くの有権者の意向は反映されるだろう。

　比例代表制の最大の欠点は，決定性（勝者をかならず選ぶ）の保証がないことである。そのため，比例代表制を導入している国では，しばしばいくつかの政党による連立政権になっている。勝者が決まらないことによって，連立政権を組閣する際に政策協定と称して各政党間で妥協をした結果，支持者が望まないような政策の組合せを選択したり，連立政権をうまく組閣できなかったりすること（いわば協調の失敗）があり得る。これらによって，有権者の効用が低下することは十分に考えられる。第3章で説明する連立政権のデメリットは，比例代表のデメリットにもなっている。

　比例代表制のもう1つの問題点は，悪い棄権を誘発することである。とく

2–3 望ましい投票制度

▶ 表 2–7　小選挙区制と比例代表制のメリット・デメリット

	特　徴	メリット	デメリット
小選挙区制	1選挙区ごとに1人の当選者を決める	安定多数の政権が実現良い棄権が生じやすい	死票が多くなる
比例代表制	得票率に応じて候補者の当選順位が決まる	死票が少ない	決定性の保証がなく、政権が不安定 悪い棄権が生じやすい

に，全国レベルの比例代表制では，有権者の投票の機会費用が都市部と農村部で異なるために，農村部の意向が投票結果に過大に反映されるという問題点がある。表 2–7 は，2 つの選挙制度のメリットとデメリットを比較している。

―――――― check point 2.3

● キーワード

| 相対多数投票 | 決選投票 | 単記委譲投票 | コンドルセ効率 |
| 功利主義的効率 | ボルダ投票 | 是認投票 | 小選挙区制 | 比例代表制 |

● 2–3 節　練習問題

3 人の候補者 A，B，C について 4 人の有権者 I，II，III，IV の評価が以下のようであるとする。相対多数投票，是認投票を実施するとして，以下の問いに答えよ。なお，是認投票では評価の数字で 1 以下が否認，2 以上が是認とする。

	A	B	C
I	2	3	1
II	2	3	1
III	0	1	3
IV	4	0	1

1．このとき，相対多数投票，是認投票ではそれぞれ誰が当選するか。
2．功利主義的効率をみたしているのはどちらの投票か。

2 国民と投票

□ 2-4　有権者の政治行動 □

■投票以外の政治行動

　この節では，有権者の投票以外の政治行動について考える。表 2-8 にまとめているように，有権者の政治的な活動は，投票以外にもさまざまな形でおこなわれている。たとえば，有権者が，労働組合，経営者団体，農協などの生産者団体，あるいは生協などの消費者団体などに属する形で，あるいは自発的な組織をつくることで，陳情，デモ，マスコミへのアピールなどによる政治的な要求をおこなうこともある。また，地方自治体に対して，首長のリコールや条例の制定などでの直接請求を求める場合もある。さらには，そのような積極的な政治活動（＝声による投票）をおこなわない場合でも，ある地方自治体の政策が不満であるという理由で，別の自治体に移住するという「足による投票活動」も考えられる。

　そうした本来の選挙による投票以外の有権者の政治的な活動も，現実の政治の決定において重要な役割を果たしている。選挙は，ある一定の時間的な間隔をおいて離散的にしか実施されず，また選挙での争点もかならずしも明確ではないからである。

■住民投票

　地方政治では「住民投票」が利用可能になっている。直接民主制である住

▶ 表 2-8　有権者の政治行動

住民投票	特定の政策の是非を有権者の直接投票で決定する
声による投票	圧力団体などが自らの要求を行動で表現する
足による投票	複数の地方の中で自らが良いと思う地域を選択する

民投票によって，有権者の選好についてのより細かい情報を明確に入手できる点は，メリットである。複数の争点がある場合，それぞれの争点ごとに住民投票で選択を決定すれば，有権者の意向がもっとも正確に反映される制度となる。こうした住民投票は，有権者の選好をより適切に反映させる有益な手段である。アメリカでは州レベルでの政策については，大統領選挙などの通常の選挙に合わせて，いくつかの政策に関する複数の住民投票が同時に実施されることも多い。投票のコストを考慮すれば，現在日本でおこなわれているように何か具体的な問題が生じたときに限定して，住民投票のみを独自に実施するよりは，選挙時に同時に実施する方が望ましい。

　ただし，住民投票には問題点もある。個別の政策ごとに意思決定を表示する場合，住民の意思決定に全体としての首尾一貫性を欠く可能性がある。住民は負担増には反対し，受益増には賛成する。負担と受益とが分離されている財政制度では，それぞれがまったく別の制度，政策として決定されている。そうした状況では，つねに，負担増となる政策は反対され，受益増となる政策は賛成される傾向にある。その結果，国民全体として受益と負担それぞれの合計が均等せず，そのつけが，財政赤字となって将来世代に転嫁されたり，あるいは，他の地方自治体の住民に転嫁されるようになる。

　こうしたただ乗り状況を回避するには，受益と負担をセットで住民投票にかける必要がある。その場合でも，長期間にわたる政策の際には，当初想定していなかった経済的なショックによって，事前に予想した受益と負担の均等がかならずしも事後的に成立しない場合も十分予想される。そうした不確実性も考慮すれば，住民投票は，より限定的に利用すべきであろう。

■声による投票

　「声による投票」は，一般的に圧力団体の行動を通じておこなわれている。保守，革新問わず有権者がさまざまな圧力団体を結成して，自らの望む政策を実現させるべく政治的圧力（＝声）をかけている。これは，選挙の際にも，いわゆる組織票という形になって現れている。有権者1人だけの力では自ら

2　国民と投票

が望む政策を与党に実行させることはきわめて困難だが，同じ要求をもつ有権者が組織して圧力団体を結成することで，要求が通りやすくなる。

　また，その圧力団体の活動が，民主主義における政治過程で大きな役割を果たしている。具体的には，予算編成の時期における予算要求の陳情や，与党の政策に異議を訴える（議会前の）デモ行進などがある。さらに，表だった活動だけでなく，有権者を集めた小集会など地道な活動もある。

　圧力団体の効果を公共経済学的に分析してみよう。小規模の有権者の利害を代弁する圧力団体は，その少数性ゆえに「特殊利益」を享受できる可能性がある。第 6 章で説明するように，相対的に少数あるいは小規模な集団にしか享受できない準公共財（＝非競合性のみをもち，非排除性をもたない公共財）が，実際の公共サービスの中で重要になっている。政府（ないしは大規模な集団）がこのような公共財を供給するとき，政治的な圧力の大きな圧力団体は「声の投票」という政治過程を通じて，自らに有利な公共サービスを供給することに成功してしまう。そして，多数の納税者から財源を徴収して，そのような公共サービスが供給される。このような現象が生じると，圧力団体の存在は社会的に公共部門の非効率を助長する結果になる。

■圧力団体のモデル

　ここで，圧力団体が納税者側の圧力団体（納税者団体）と，補助金受給側の圧力団体（受益者団体）とに二分されて対立している状況を考える。前者は租税負担を軽減しようと，縮小の政治的圧力をかけ，後者は補助金の増額をめざして，拡大の政治的圧力をかけるとする。そして，両圧力団体の政治的圧力の相対的な大きさによって，実際の納税額ないし補助金額が決まると想定する。ところで，政府は均衡予算原則を守り，納税総額＝補助金総額の制約があるとしよう。

　こうして決まった税金や補助金は，それぞれ行政コストを生じさせるため，どちらの団体にも得にならない資源配分の損失を生み出すだろう。資源配分の損失は，納税総額＝補助金総額が大きくなるほど大きくなって，両団体と

も効用がその分だけ低下する。したがって，納税者団体にとっては，租税負担は小さいほど望ましい。受益者団体にとっては，補助金額を増やせば効用が上がるが，その分だけ資源配分の損失も大きくなって，効用が低下するというジレンマに陥る。

ところで，各圧力団体は，その団体に属する人数と政治活動への金銭的支出によって，その**ロビー活動**（声による政治的圧力）の大きさが決まる。ただし，ロビー活動は，団体に属する構成員数が増えると，相手団体よりも人数が相対的に多くなり，数の力で自らに有利な政策が実行されやすくなってプラスに働く面と，ある構成員が，自分が頑張らなくても他の構成員が頑張ってくれると予想することで，団体内で**ただ乗り**の誘惑が働くため，逆にマイナスに働く面がある。また，政治活動への金銭的，人的支出が増えると，他の財の消費に回す所得が低下する。つまり，ロビー活動（政治活動）への支出はその分だけ効用を低下させる。

そのもとで，各圧力団体は，相手の政治的圧力に応じて，自らの最適な政治的圧力をどの水準に決めるかを考える。自らの政治的圧力がそれなりの結果をもたらすためには，相手の圧力が高ければ，自らの圧力も高くしなければならない。そうしなければ，自らの政治的圧力が実際の政策に反映されにくくなる。しかも，少しの政治活動への金銭的支出でより大きい政治的圧力を生み出せる団体ほど，自らの圧力が実際の政策決定に反映される。つまり，政治的圧力をより効率的に生み出すことのできる集団は，税金を減額したり補助金を増額することができやすくなる。

以上をまとめると，大きな政府をめざす受益者団体が政治的圧力をかけるときに，補助金から得る効用よりも，資源配分の損失と金銭的支出で失う効用が大きくなれば，そのような政治的圧力をかけることはしない。逆に，小さな政府をめざす納税者団体は，補助金額が多くなり資源配分の損失が大きくなれば，これを減らすように，つねに政治的圧力を増大させる。したがって，納税者団体の政治的圧力が相対的に大きくなるから，どちらかといえば補助金減額と減税が実現しやすい。こうして資源配分の損失が低下し，圧力

2　国民と投票

団体間の競争は課税の効率化をもたらす可能性がある。つまり，圧力団体によるロビー活動は，かならずしも政府の非効率な政策決定を助長するとはいえない。

■足による投票

　人々が各地方政府間を自由に移動することで，各地方政府が公共サービスの供給をめぐって競争し，結果として，資源の最適な配分が達成可能となるメカニズムは，「足による投票」と呼ばれている。こうした研究は，以下のような仮定を想定している。
(1)　人々は，地方政府間を自由に移動できる。
(2)　人々は，すべての地方政府の公共サービスの供給やその財源負担の方式について，完全な情報をもっている。
(3)　地方公共サービスの便益は，他の地方には波及効果をもたらさない。そこに居住している人だけが，その地方政府の供給する公共サービスを享受することができる。
(4)　居住地方とその人の働く地方とは一致しなくてもいい。人々がどこで所得を稼ぐかは，あまり重要な問題にはならない。
(5)　人々の選択対象となる地方政府は十分に存在する。

　これらの仮定のもとで，次の2つの結果が導出されることが主張されている。すなわち，(1) 住民の選好にもっとも適した地方が，足による投票で選ばれて，地方公共サービスは最適に供給される。(2) 選好や所得において差のある異質的な住民はグループ化されて，それぞれ同質的な住民が同一の地方政府を形成する。

　2つのデパートA，Bが競争をしているケースを想定しよう。商品として，高級なブランド品と安価な日用品の2つの選択があるとする。ブランド品を重視する消費者は，日用品が多いデパートには不満をもつ。直接，店員に対してもっとブランド品を置いて欲しいと発言するか（声による投票），あるいは，黙って別のデパートに移ってしまうだろう（足による投票）。お互い

のデパートが競争していると，最終的に，ブランド品を重視するデパートAと日用品を重視するデパートBとで，デパート間での特徴が明確になる。消費者も，ブランド品を重視する人はデパートAに行き，日用品を重視する人はデパートBに行く。足による投票の結果，それぞれのタイプの消費者の利益も増加する。

　中央政府は1つしかない。人によっては，国を移動することで（外国に移住することで），複数の中央政府間で選択することもできる。しかし，一般的には，国境の壁は大きい。それに比較すると，同じ国内で地域を選択することは，容易に可能である。足による投票は，地方政府間の競争によって，中央政府の場合よりは，より効率的な資源配分が実現する可能性を示唆する。

check point 2.4

● キーワード

住民投票　　声による投票　　圧力団体　　足による投票　　直接請求
リコール

● 2-4節　練習問題
　次の（　）の中に適当な言葉を入れよ。

1. 住民は，地方自治体に対して，首長の（　）や条例の制定などでの（　）を求めることができる。さらには，そのような積極的な政治活動＝（　）よる投票をおこなわない場合でも，ある地方自治体の政策が不満であるという理由で，別の自治体に移住するという「（　）による投票活動」も考えられる。
2. （　）は，自らが望む政策が実現するように，組織的な政治的圧力をかけている。これも，（　）による投票の例である。

2　国民と投票

■ *Column 2*　世代別選挙区 ■

　有権者のタイプは，基本的に地域と年齢で分類することができる。もちろん，所得や職業という区分も，有権者の経済的な利害を反映した，タイプ別の有効な指標である。しかし，こうした経済的な指標では客観的なデータを整備することが不可能である。実際の選挙でも，選挙権，被選挙権の要件は年齢である。すでに年齢が選挙の重要な資格要件として利用されており，かつ，有権者のタイプを区分する際の有益な指標である以上，年齢をより活用した選挙制度を構築すべきであろう。したがって，年齢別選挙区を導入すべきである。すなわち，地域別の区割りと並んで年齢別で区分けした選挙区制度を導入することが望ましい。

　わが国では高齢化・少子化のスピードが速いから，地域以上に年齢による選好の相違や財政制度上の利害の対立は大きい。現実の公的再分配の多くの部分が，世代内の再分配ではなくて，年金制度や公債発行などによる世代間での再分配にかかわる政策に重点を移している。とくに，年金保険や医療保険の制度は次第に賦課方式的な色彩が強くなるとともに，給付額，負担額とも上昇して，世代間で巨額の再分配をおこなうようになっている。あるいは，環境問題や国際安全保障，外交問題に対する考え方も，世代間で相当異なるだろう。

　青年世代の選好がきちんと政治の場に反映される制度を確立する意義は大きい。しかし，既得権にとらわれにくい青年世代は，同時に時間の機会費用が高く，棄権する世代でもある。現状の選挙制度では，将来世代はおろか，現在の青年世代の選好を反映する政治家が選出されにくい。年齢構成を考慮しない現在の選挙区の区割りでは，中高年の有権者の意向を代弁する政治家が選出されやすい。現在の日本政治の問題点は，2世議員の増加にみられるような政治家の参入障壁の高さである。これを是正する有力な方法は，選挙区の有権者を流動化させる年齢別の選挙区の導入であろう。

　年齢別の選挙区のメリットは次の3点である。
　第1に，棄権する可能性の高い若い世代の意向をより正しく反映できる。
　第2に，政府の経済政策の多くの部分を占めている世代別の移転支出と負担に対する有権者の評価が，より明確に政治的なプロセスに反映されやすくなる。
　第3に，小選挙区の1つの弊害である既存の議員の既得権への歯止めになる。
　同じ地域でも年齢が時間と共に変化する以上，有権者の母集団が流動的になるために，地縁，血縁という既得権が長期化しない。また，候補者自身も年齢が変化するため，新規参入の壁が小さく，新人の政治家が挑戦しやすくなるメリットもある。

第 3 章

政党と政策

　この章では，今日の民主主義社会での政策決定において重要な政治的役割を果たしている政党を取り上げる。第1節では，政党の行動を経済学の枠組みで分析する。とくに，政権獲得行動を最大の目標とする政党間での政策の収束について，検討する。第2節では，政権交代が経済政策に及ぼす影響を考える。第3節では，政党の数と規模がどのような要因で決定されるかを，企業との類似で検討する。第4節では，複数の政党が与党を形成する連立政権を取り上げて，どのようなタイプの連立政権が成立しやすいかを検討するとともに，連立政権のメリットとデメリットを比較する。

3 政党と政策

3-1 政党の行動

■政党の目的

政党は，今日の民主主義の政策決定においてはもっとも重要な政治的役割を果たしている。政党はある目的を実現するための政策を提示し，与党になってそれを実行することで，効用を得る（ないしはその政党の支持者が効用を得る）。政党は何を目的に行動するだろうか。その目的には，大きく分けて次の2つがある。それは，(1) 政権獲得行動と (2) 党派的行動である。

政党である以上，政権政党＝与党になることをめざして行動する。自らが主張する政策を実行するためには，政権与党になる必要がある。ただし，与党になるためには有権者の多数の支持がなければならない。そのために役立つのであれば，政党は自らが本当に望む政策をいくらでも修正する。これが政権獲得行動である。

しかし，政党はあくまでも自らが望む政策やイデオロギーなどを追求するかもしれない。与党になるために妥協すると，自らが望まない政策やイデオロギーを実行しなければならなくなる。それならば，妥協しないのが党派的行動である。

この両者は独立して存在するのではなく，各政党に内在するジレンマ（トレード・オフ）ともいえる。どの政党でも，政権獲得を目的とする反面，党派的な立場もできれば堅持したいと考えている。この両者を天秤にかけて，自らの政党の綱領・公約の位置を決める。

■なぜ複数の政党が存在するか

政党は有権者に政策という政治サービス（有権者の望む政策の実現，行政当局への圧力など）を提供し，見返りに自らへの投票を求める。選挙は，有権者に対する政治サービスをめぐる複数の政党間での政治的競争である。選

▶ 表 3-1　複数政党の存在理由

供給サイド	政治サービスを供給する最適なサイズがある 小さすぎても、大きすぎても非効率になる
需要サイド	有権者の選好が異なるために、異なる政治サービスをそれぞれの政党が専門的に供給する

挙と政党の問題を考えるときには，まず最初になぜ複数の政党が存在するのかを議論する必要がある。これには，表 3-1 に示すように，大きく分けて 2 つのアプローチが考えられる。1 つは，政治サービスの供給サイドの要因で説明するものであり，もう 1 つは，政治サービスの需要サイドの要因で説明するものである。

このうち，供給サイドの分析では，政党を政治サービスを有権者に供給する政治的企業であるとみなす。すると，「ある産業に属する企業の数がどのように決定されるのか」に関する通常の経済学的な分析が，政治サービスを供給する政党という政治産業における企業数の分析にも，基本的に応用可能になる。

複数の政治家やそのスタッフが 1 つの政党にまとまって，政治サービスを供給するのは，多くの人間が 1 つの企業をつくって財・サービスを供給するのと，よく似ている。同じ政治サービス（同じ政策目的）を供給している政党が，供給面での組織的，技術的な制約のために複数存在するなら，それらの政党間での政治サービスの質（＝政党の理念）に相違はない。そうした理念を等しくする政党間での政治的競争は，連立政権内における政治的競争である。

次に，もう 1 つの要因である需要サイドに注目してみよう。各有権者が求める政治サービスの質（＝理念）が異なるために，政治サービスの差別化がおこなわれると，異なる政治サービスをそれぞれの政党が専門に供給する状況が生まれる。有権者の異質性によって，複数の政党が存立する。こうした状況では，理念の異なる二大政党間での競争が生じやすい。

3　政党と政策

　では，どのような有権者の異質性が重要であろうか。1つは，所得格差であり，もう1つは選好（＝効用関数の形状）の相違であろう。たとえば，もっとも単純なケースとして，すべての有権者から比例税を徴収して，それを財源に政府支出をおこなう政治サービスを想定しよう。政党の政治活動は，税率と政府支出の水準を決定して，それをもっとも効率的に実施することだとする。どの政党も与党になれば，同じ程度の効率性で税率と政府支出の組合せを実行できるとしよう。このとき，所得格差が存在して，所得の低い人々と所得の高い人々に有権者が完全に二分される状況であるならば，それぞれのグループの利害を反映した2つの政党が政治的な活動をおこなうことになる。所得の少ない人々に支持された政党は，所得の高い人々から税金をとる税制（累進課税制度）や高い税率を導入しようとするだろうし，所得の高い人々から支持された政党は，自分たちの税負担が軽くなるような税制（逆進的な税制）や低い税率を導入しようとする。

　あるいは，所得格差がまったく存在しなくても，政府支出＝公的消費と私的な消費との評価に関して，政府支出に高い評価をする人々と私的な消費に高い評価をする人々とに有権者が二分されるケースでも，それぞれの有権者の選好を反映した2つの政党が存在するだろう。たとえば，大きな政府を志向する政党と小さな政府を志向する政党の2つである。

■政権獲得行動と政策の収束

　政権獲得行動を最大の目標とする政党間では，しばしば公約として掲げる政策にそれほどの相違がみられないことが多い。以下では，こうした政策の収束がなぜ生じるのかを考えてみよう。まず最初に，二大政党モデルを提示して，間接民主制（議会制民主主義）での政党行動を分析してみよう。

　ここでは，1つの政策変数（争点）で選挙がおこなわれる。まず，有権者は自らの効用を最大にするような政策（争点）の位置（量）を選ぶ。そこで有権者はこれにもっとも近い政党に投票する。また，有権者は棄権しないと仮定する。すべての有権者について，各有権者の効用が最大となる政策の位

図 3-1 政権獲得行動

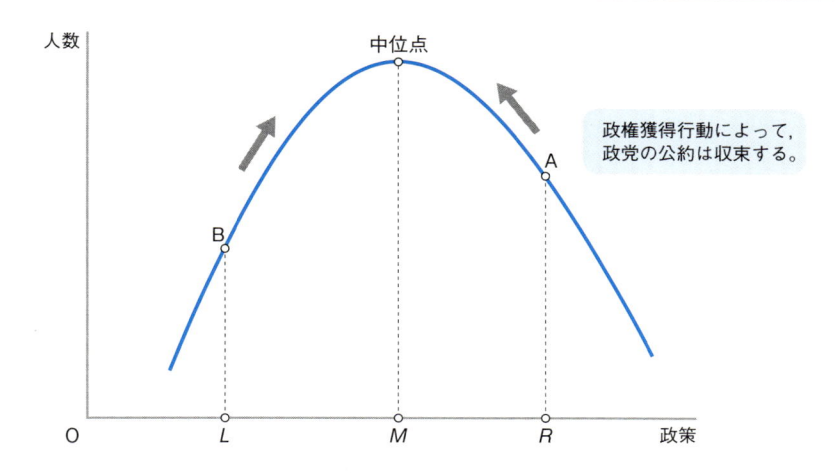

人数／中位点／政権獲得行動によって，政党の公約は収束する。／B／A／O　L　M　R　政策

置とそれを支持する有権者の数についての関係が，図 3-1 のように並べられるとする。

政界に二大政党（A 党，B 党）があるとき，間接民主制（議会制民主主義）では選挙の際に政策実行に関する公約を掲げて，過半数の票（ないしは議席）を得た政党が与党となり，政策をおこなうことができる。一方の政党の公約の位置より左（右）に他の政党の公約がないときは，公約の位置より左（右）の有権者はその政党に投票する。つまり，有権者は 2 つの政党のうちで，自分の効用が最大となる位置により近い公約を掲げる政党にかならず投票する。両政党はこの有権者の分布を完全に知っているとする。

このとき，両政党はどこに公約を設定するだろうか。図 3-1 において，A 党が点 R に，B 党が点 L に公約を設定したとする。このとき，B 党は公約を点 L より右に設定するほど，また，A 党は公約を点 R より左に設定するほど，その政党に投票する投票者が増える。A 党が中位投票者の位置する点 M に公約を設定すると，過半数が A 党に投票し，与党になれる（これは B 党でも同様である）。つまり，公約が中位投票者に近いものになるほど，与党となりやすくなるから，両党とも公約を中位投票者の位置に近づけていく

ことで，多くの支持を得ようとする。二大政党の公約はやがて中位点に収束して同じになる。

これは，デパートの出店の位置取り競争にも似ている。2つのデパートA，Bが首都圏の東京駅，横浜駅，千葉駅のどこに店を出すかを考えてみよう。消費者は自宅からの距離の短いデパートにのみ出かけるとしよう。人口密度が都心から郊外に向かって，次第に減少しているとすれば，東京駅が重心の点（中位点）となる。したがって，2つのデパートとも都心（東京駅）に出店するだろう。横浜に出店すれば，千葉方面からの消費者は期待できないし，また，千葉に出店すれば，横浜方面からの消費者は期待できない。その結果，2つのデパートがともに東京に出店することになる。

このような政策の収束という現象は，世界中の多くの民主主義国でみられる状況であろう。たとえば，1990年代に登場したアメリカ民主党のクリントン政権や，イギリス労働党のブレア政権では，それぞれ共和党や保守党の経済政策に近づける形で，民主党，労働党固有の政策を軌道修正して，多くの国民の支持を獲得した。わが国は2009年に自民党から民主党に政権が交代した。民主党政権では増税よりは無駄の削減で財政再建できると公約していたが，結局，財政再建のために消費税の増税が自公民の3党合意で成立した。このように，日本でも，共産党以外のすべての与野党間で政策面での大きな相違はみえにくい状況である。

■政策の収束と棄権

しかし，つねに，二大政党の公約が選挙ごとに近づいて，やがて似たようなものになるとはかぎらない。政党間での公約に乖離があるとすれば，その理由は何だろうか。また，そのとき政党の公約はどのような位置に決まるのだろうか。選挙での有権者はかならず投票するわけではなく，棄権することもあり得る。以下では，政党の公約が自らの効用最大化する位置よりも一定（dとする）以上離れてしまうと，（疎外感を感じて）棄権すると考えよう。

これを図示したのが，図3-2である。A党が点R，B党が点Lに公約を

図 3-2 政策の収束と棄権

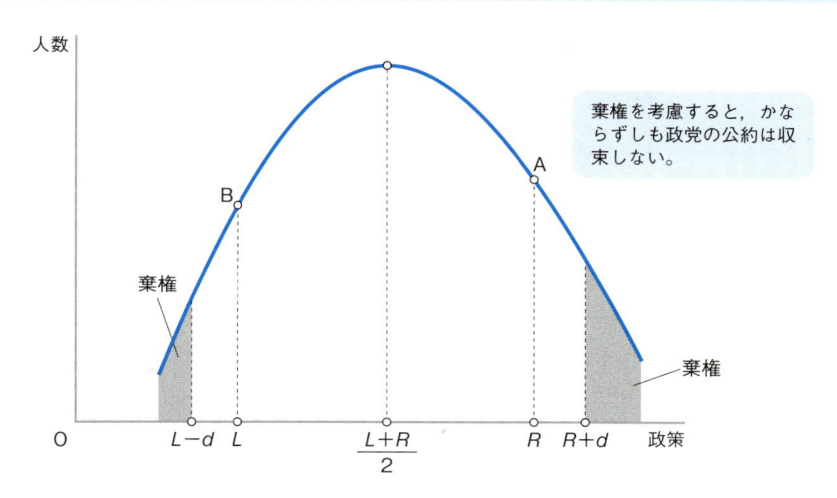

> 棄権を考慮すると，かならずしも政党の公約は収束しない。

掲げるとき，A 党に投票する有権者と B 党に投票する有権者と棄権する有権者とが示されている。つまり，A 党は $\frac{L+R}{2}$ から $R+d$ までの有権者から票を得て，B 党は $L-d$ から $\frac{L+R}{2}$ までの有権者から票を得る。

いま B 党の公約を固定して，A 党の公約を B 党の位置（点 L）の方に近づけるとする。このとき，点 R を点 L に近づける分だけ，$\frac{L+R}{2}$ も点 L に近づいて，それまで B 党に投票していた有権者から A 党は少し票を得ることができる（その数を x 票とする）。しかし，$R+d$ が動くため，それまで A 党に投票していた有権者の一部が（公約が遠ざかったため）棄権してしまう（その数を y 票とする）。これを図示したのが図 3-3 である。公約を動かすことによって，新たに A 党に投票してくれる有権者（x）と，それまで A 党に投票していたが棄権してしまう有権者（y）とを比較して，前者が多ければ（$x>y$），A 党は得票数を増やすことができるから，A 党は自らの公約を B 党の公約により近づける戦略をとる。このことは，B 党についても同様にいえる。

しかし，A 党は B 党の公約にどんどん近づける戦略をとることで，かならずしも投票数を多く獲得できるわけではない。図 3-3 に示すように，A 党

3 政党と政策

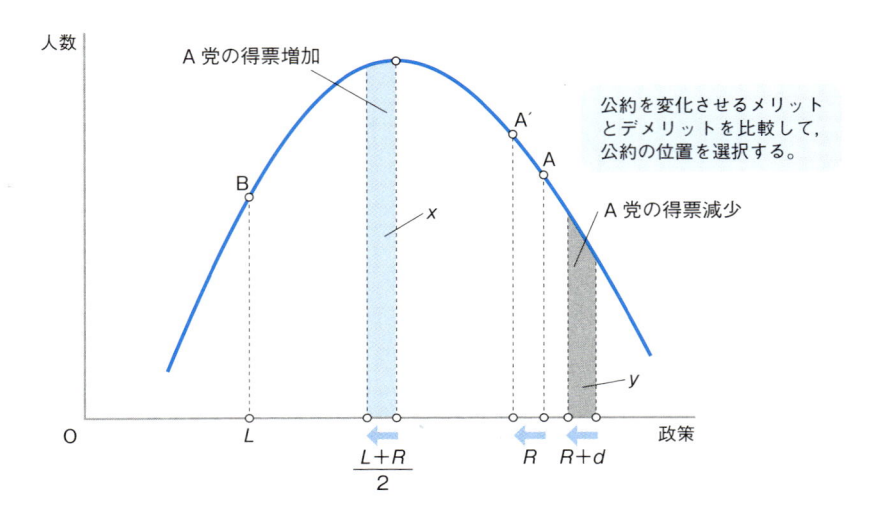

図 3-3 公約の変化と得票の変化

人数

A党の得票増加

公約を変化させるメリットとデメリットを比較して、公約の位置を選択する。

B

A′

A

A党の得票減少

x

y

O　　L　　$\frac{L+R}{2}$　　　R　R+d　　政策

　がB党の公約にどんどん近づけることによって、新たにA党に投票してくれる有権者（x）よりも、それまでA党に投票していたが、新たに棄権してしまう有権者（y）の方が多くなる（$y>x$）。やがては、A党は自らの公約をよりB党の公約に近づけない方が望ましい。このときは逆にB党の公約からA党の公約を遠ざけることによって、A党は得票数を増やすことができる。このことは、B党についても同様にいえる。

　最終的には、両政党とも新たに自党に投票してくれる有権者の数と、それまで投票していたが、新たに自党に投票しなくなる有権者の数とが、限界的に等しくなるところまで、公約の位置を動かすことになる。このように、疎外感を感じることで棄権する有権者を想定すると、有権者の分布次第では、政権獲得行動をとる政党の公約が収束せず、異なったままになる場合がある。

　デパートの出店競争の例でいうと、2つのデパートが自宅からある程度遠い消費者は、どちらのデパートにも出かけない可能性がある。こうした場合には、2つのデパートが東京駅に出店するのではなくて、たとえば、横浜方面を重視するデパートは品川駅に、また、千葉方面を重視するデパートは錦

糸町駅に，それぞれ分かれて出店することになるだろう。

■党派的行動

　これまでの政党は，A党，B党といっても便宜的な呼び名であって，両政党の目的関数が政権の獲得のみにあるという点では同じものであった。したがって，公約を修正すること自体に何のためらい（＝コスト）もなく，政権の獲得，維持にもっとも望ましい公約を選択すると想定してきた。しかし，現実の政党行動における政党間の違いは，イデオロギーや政策に対する選好の相違などの根本的な点にあって，そもそも相容れないところもある。公約を修正する際のこのようなコストも考慮しながら，政権獲得のためにどこまで公約の修正を試みるかを判断する政党は，党派的な政党である。

　このような政党は，政権を獲得したい一方で，政権を獲得するために無理に妥協すると，自らが本当に望む政策と異なってしまうというジレンマに陥る。そこで党派的な政党は，政党が実際に実施する政策についての真の情報を，有権者にはわかりにくくさせるために，自党の公約をわざとあいまいにする。そうして幅広い支持を獲得して，政権につくと，できるだけ自らが本当に望む政策に近いものを実現しようとする。

check point 3.1

● キーワード

政党	政権獲得行動	党派的行動	政治サービス	政策の収束
棄権				

● 3-1節　練習問題
次の文章の正誤を判断せよ。

1. 自らの望む政策を実行するために，与党になろうとする政党行動は，政権獲得行動である。
2. 所得格差の大きな経済では，複数の政党が存在する。
3. 政権獲得をめざす政党は，次第に政策が似通ってくる。
4. 党派的な政党でも，政権に加わる機会があれば，かならず与党になる。

3　政党と政策

3-2　政権交代

■なぜ政権交代がおこなわれるのか

　2つの政党が存在しているとすれば，過半数の有権者の支持を獲得した政党が与党になり，そうでない政党が野党になる。では，こうした複数の政党が政治活動をおこなっているときに，与党と野党の政権交代は，どのような理由で生じるだろうか。政治サービスを供給する政党サイドでの効率性に変化があれば，理念を同じくする政党間でも政権交代があるだろう。たとえば，政治的なスキャンダルなどの外生的な要因の変化も考えられる。

　また，有権者の所得格差や選好の相違が選挙の時期ごとに大きく変動するとすれば，理念の異なる政党間での政権交代が生じる。有権者の異質性が変動する大きな要因は，有権者の母集団の時系列的な変化である。たとえば，選挙が4年ごとにおこなわれるとして，移民の増加などにより，4年間で人口構成が大きく変化し，高齢化が進展したとすれば，以前と比較して，高齢者の選好を重視した政党の方が，次回の選挙では大きな支持を得るだろう。また，4年間での景気循環の過程において，相対的に高額所得階層の数が大きくなるように経済成長が進展すれば，それまでよりも高額所得階層の選好を反映した（保守）政党が，より有利になるだろう。

■どのような政権交代があるのか

　与党＝政府の提供する公共サービスがすべての有権者にとって何らかの便益をもたらすものであり，またそうした公共サービスの供給のみが政治活動の分担範囲とされてきたケースでは，何を供給するかという公共サービスの質に関して，政党間での相違は生じない。問題は，政府が公的サービスをどれだけ供給すべきかという量的な点に関する相違である。このように，同じ公共サービスに対する評価の程度が異なる政党間での交代は，大きな政府と

小さな政府とのあいだの政権交代である。

これに対して，有権者間で評価の異なる公共サービスも政府が供給することを認めるようになると，複数の公共サービスのうち，どれをどれだけ供給するかに関する相違が生じる。もっとも極端なケースでは，ある政党がコミットする公共サービスと別の政党がコミットする公共サービスとが，まったく相違しており，前者はある特定のグループのみに便益をもたらすのに対して，後者は別のグループのみに便益をもたらす。たとえば，福祉サービスか防衛サービスかの選択であり，地方か都会かという地域的な相違に関する選択であり，老人向けか若年向けかという年齢の相違に関する選択であったりする。こうした異なる公共サービスに対してバラバラの評価をしている政党間での交代は，既得権に踏み込んだ「革命的な」政権交代である。

■政治的景気循環

前節で説明したように，二大政党政治において競合する政党の政策は，中位投票者の支持を獲得するために，次第に共通のものとなり，どちらが政権をとっても実際におこなわれる政策は同じになる可能性がある。こうした状況での経済政策は，政治的な景気循環を生み出すという主張がある。この理論は，
(1) 政策当局者は，政権の維持のみに関心がある，
(2) 彼らはマクロ経済政策によって，短期的には景気をある程度操作することができる，
(3) 有権者は，政治家にいつもだまされているという意味で合理的ではない，
という3つの仮定に基づいている。

選挙の前に政治家は拡張的な財政金融政策を発動して，景気を過大に刺激する。そして，選挙のあとでインフレを抑制するために，緊縮的な財政金融政策に転換して，不況を招く。有権者は選挙の前に景気がよくなるので，選挙のあとでは過去の経験から不況になる可能性を十分予想できるのに，それ

をせず，現在の好況に気をよくして，現在の政権担当者に投票する（と与党が予想する）。その結果，政治的な理由で景気循環が発生する。

政治的な景気循環が現実の経済変動をどのくらい説明できるのかは，議論の余地がある。アメリカの大統領選挙のように，選挙の時期が経済環境とはある程度独立に与えられる場合には，こうした可能性も排除できないだろう。わが国では，総理あるいは与党が自由に衆議院の解散の時期を操作することができる。したがって，衆議院選挙に合わせて経済状況を良くしようと政策的に操作するよりは，選挙の時期を好況期に合わせようとする傾向がみられる。

■党派的景気循環論

さらに，政権交代の可能性が外生的に生じ得る世界では，選挙の結果が経済政策や景気循環に影響を与える可能性も無視できないだろう。こうした点を重視するのが，党派的な景気循環の理論である。

このアプローチは，党派的な目的をもつ複数の政党の存在を考慮するところから始まる。この仮定のもとでは，第1節で説明した政策の収束定理は成立せず，異なった政党は政権についた場合に，異なった政策をおこなう。たとえば，ヨーロッパ諸国での社会民主主義政党やアメリカでの民主党は，ヨーロッパ諸国での保守政党やアメリカでの共和党よりも，つねに拡張的なマクロ経済政策を好み，インフレのコストを軽視していると解釈できるだろう。その結果，拡張的でインフレ・コスト軽視の政策によって，所得を低所得者に再分配し，それが左派的な政党の支持にもつながっている。これは，政治的景気循環ではなく，党派的な景気循環をもたらす。

政権交代の結果生じる党派的な景気循環の幅は，2つの政党の理念の相違の程度に対応している。2つの政党間でのインフレ率や成長率に対する評価がより異なるほど，景気循環の規模も大きくなる。また，選挙の結果が予想外であるほど，予想外の政権交代がマクロ経済に与えるショックが大きくなり，景気循環の規模も大きくなる。

―――――――――――――――――――――――――――― check point 3.2
● キーワード

| 有権者の異質性　　大きな政府　　小さな政府　　革命的な政権交代 |
| 政治的景気循環　　党派的景気循環 |

● 3-2節　練習問題
次の文章の（　）の中に適当な言葉を入れよ。

1．同じ公共サービスに対する評価の程度が異なる政党間での交代は，（　）政府と（　）政府との間の政権交代である。
2．異なる公共サービスに対してバラバラの評価をしている政党間での交代は，（　）に踏み込んだ（　）政権交代である。

3-3　政党の数と大きさ

■新党の結成理由

　1993年の衆議院総選挙直前の時期から，わが国では新しい政党が続々と誕生してきた。しかし，どんな政治家でも容易に新党を結成できるわけではない。既存政党がある中で，新たに政党を結成して，かつ既存政党との競争の中で生き残っていくためには，さまざまな障害を克服しなければならない。新党結成を理解する上で，新党結成を市場への企業の新規参入と同じようにみなして分析することができる。産業組織論における企業立地の理論がほぼ同様に政党政治へも応用できるのである。新党結成を阻む要因としては，既存政党が新党に対してとる戦略と，新党結成の際の固定費用などが考えられる。

　新党が生き残っていく上で，既存政党が新党に対してどのような戦略で対抗するのかは重要である。既存政党が結託して新党と対立する（同じ選挙区

で対立候補を出したり，新党との政党間交渉に応じなかったりする）なら，新党はなかなか規模が大きくならないだろう。既存政党が協力して新党と対決すれば，既存政党に先導者の優位性があるために，新たな政党が容易には参入，成長できない。逆に，既存政党間で対立していて，お互いに協力できなければ，新党がその隙間を狙って拡大できるだろう。

　新党のターゲットとなる有権者は，既存の政党に投票してきた有権者とそれまで既成政党に投票せず棄権してきた有権者の2つである。既存政党間での政策の幅が大きい場合には，その中間の政策を新党が提示することで，既成政党に投票してきた有権者の支持を期待できるだろう。また，既存政党間での政策の幅が小さい場合には，それとは異なる政策を新党が提示することで，そうした政策に満足しないでそれまで棄権してきた有権者の支持が期待できるだろう。

　新党を結成すると，拠点となる事務所を新たに構えたり，事務局に人的，資金的なコストがかかる。それらは固定費用として，結成当初にまず必要なものである。もし，この固定費用が高いと，新たな政党はそれだけ結成しにくくなり，既存政党はそれだけより激しい競争にさらされなくても済む。固定費用が低ければ，新たな政党が次々と結成されて，競争が激しくなる。

■政党の最適規模

　政党を結成する際に固定的にかかる費用は，政党の規模が大きくなっても，増加しない。その意味で，「規模の経済性（スケール・メリット）」がある。また，同じ政党内に多くの議員が属することで，広範囲の政治的な情報が集まりやすいというメリットもある。さらには，同僚の議員と手分けをすることで，広範囲の利益団体との政治的な活動がより円滑におこなえるという「範囲の経済性」もある。これらは，政党（とくに与党）の規模が大きくなる要因であり，派閥単位で行動する議員が多くても，与党＝自民党から分党して行動する議員が少ない理由でもある。したがって，与党よりは野党の方が規模が大きくなりにくく，分党化しやすい。

▶ 表3-2 大きな政党のメリット・デメリット

メリット	規模の経済性：政党をつくるのに固定費用がかかる 範囲の経済性：同僚の議員が多くいると，広範囲の政治サービスが提供可能になる
デメリット	議員間での異質性：他の議員との意見調整にコストがかかる 外部不経済：他の議員のマイナスのイメージが反映される。議会での過半数を大きく超えても，政策決定はそれ以上円滑にならない 混雑現象：与党の議席数が大きくなると，1人あたりのメリットが小さくなる

　しかし，表3-2にまとめるように，政党の規模は大きければ大きいほどいいとはかぎらない。政策の優劣に関する順位づけは，一人ひとりの議員で異なる。政党の規模が大きくなると，議員間での異質性，あるいは，それぞれの議員の属する選挙区や利益団体の利害の異質性が大きくなる。また，他の議員の行動がマイナスに影響することも考えられる。政治的なスキャンダルがその政党に属する議員全体のイメージを低下させるケースである。

　さらに，与党としての最適なサイズにも上限がある。政党の規模が大きくなりすぎれば，規模の利益も低下するかもしれない。議会では過半数を超えれば，政権を獲得して与党の立場を維持することができる。与党の勢力が過半数を大きく超えるようになると，与党であることの便益が与党議員1人あたりでは低下する。これは一種の混雑現象である。与党内のすべての派閥の協力を得なくても政権が担当できるようになると，ある特定の派閥を冷遇する誘因も生まれるし，冷遇された派閥の議員が新党を結成する誘因も生じる。

　こうした政党の規模に関するメリットと政党内での異質性や混雑現象がもたらすデメリットのトレード・オフの中で，最適な政党の規模が決定される。最近の新党ブームの背景には，与党の規模の利益が低下する一方で，議員（あるいはその背後にある利益団体）間での異質性が拡大したためとも考えられる。

3　政党と政策

■一党独裁と多党化

　与党としての政治サービスを生産するのに規模の利益が大きいとすれば，1つの強大な与党と弱小の野党という自然独占の状況が生まれる。わが国で戦後数十年に及ぶ自民党単独政権の背景には，供給サイドからの自然独占の要因が大きい。政党であることの固定費用（＝拠点の整備，事務局の設置，官僚の活用など）が大きいほど，規模の経済性も大きくなる。これに加えて，範囲の経済性などもある。1950年代に保守政党が合同して自民党にまとまったのは，イデオロギーの要因や財界の要請などだけでなく，規模や範囲の経済性のためであろう。その結果，ひとたび自民党が与党になったために，ずっと自民党が与党として一党支配体制を継続できたと考えられる。いいかえると，自民党がどんな時期でも与党としてもっとも効率的であったから長期政権になったのではなく，戦後政治の確立時点でたまたま与党が自民党であったために，自民党が長期政権になったのである。

　しかし，戦後70年以上が経過して，産業構造，社会構造，家族形態に大きな変化が進展している。一般企業社会でも，規制による保護がおこなわれている産業を別にすれば，ガリバー型の一社独占体制が長期にわたって継続しているのは，まれである。多くの産業では，寡占企業間でのシェアの構造に変化がみられる。政党の世界でも，政治サービスの需要と供給の構造に長期的に大きな変化がみられるとすれば，自民党の一党独裁構造に変化が生じてもおかしくはない。

　政治産業でガリバー型の一党独占体制が崩れて，多くの政党が競争的に政治サービスを提供しているケースが，多党化の現象である。わが国では1970年代からこうした多党化現象が少しずつ生じた。その背景には，有権者の側（需要サイド）での政治サービスに対する選好の多様化とともに，供給サイドでの規模の利益の低下や参入障壁の低下などが考えられる。

　以前は，地盤，看板，カバン（資金）の3つの要因が，政治家として成功するための重要な要素とされてきた。とくに，地盤は過去からの地縁・血縁などが蓄積されたものであり，その分だけ新しい政治家が参入する障壁は高

かった。しかし，政治サービスとして国民が期待するものが変化し，政治家に単なる予算の獲得，分捕り以上の付加価値を求める傾向も生まれてきた。さらに，情報化の進展によって，政治サービスを提供する際の固定費用が小さくなっている。その結果，規模の経済性が薄れると，あえて自民党内で派閥として行動するより，新党を結成しても，それほどのデメリットを感じなくなった政治家も多いだろう。

check point 3.3

● キーワード

| 新党　　既存政党　　規模の経済性　　範囲の経済性　　固定費用 |
| 一党独裁　　多党化 |

● 3-3節　練習問題
　以下の条件の変化は，政党の最適規模を大きくするか，小さくするか，判断せよ。

1．政党を結成する固定費用が増加した。
2．同僚の議員との共同作業が円滑に進まなくなった。
3．議会の総議員定数が削減された。
4．情報化が進展した。

□ 3-4　連　立　政　権 □

■連立政権とは何か

　西欧の先進諸国ではほとんどの国で連立政権を経験している。わが国でも1993年以来，政権政党の組合せがめまぐるしく変化し，共産党を除いた主要政党がそのあいだに一度は与党を経験するという連立政権の時代を迎えている。二大政党がそれぞれの政策的な理念の相違を明確にして，政権獲得をめざすというアメリカ型の政党システムとは，連立政権タイプの政治のシス

テムは異なっている。この節では，連立政権が経済政策の決定過程に与える影響，および連立政権のメリット・デメリットについて分析する。

連立政権は3つのパターンに分類される。(1) 最小勝利内閣，(2) 過大規模内閣（最小勝利内閣より大きい内閣），(3) 過小規模内閣（最小勝利内閣より小さい内閣）である。最小勝利内閣とは，議会内で過半数を確保するために必要最小限の政党で構成する政権で，過半数を確保するのに余分な政党を含まない。次に，過大規模内閣（最小勝利内閣より大きい内閣）とは，議会内で過半数よりも多く議席を有する政党で構成する政権で，過半数を確保するのに余分な政党を含んでいる。最後に，過小規模内閣（最小勝利内閣より小さい内閣）とは，議会内で過半数を確保できない政党で構成する政権で，過半数を確保するのに十分な政党が含まれていない。単独政権では起こり得るパターンであるが，連立政権ではまれなパターンである。

■連立政権への参加

どのような連立政権が形成されるかは，各政党にとって連立政権に加わることによる便益と費用を検討することによって説明できるだろう。各政党は，その便益と費用を比較して便益の方が上回れば政権に参加し，費用の方が上回れば政権に参加しない。そのとき，便益の方が上回って政権に参加すると決めた政党の議席の合計が，過半数をわずかに上回る（最小勝利内閣）か，過半数を大きく上回る（過大規模内閣）か，あるいは過半数を下回るけれども，対抗するグループが連立形成に失敗するなどして唯一連立に成功する（過小規模内閣）かは，その時々の政治環境による。

このうちもっとも多くみられるのが最小勝利内閣である。単一の政党で議会の過半数を確保できなければ，何らかの形態での連立政権となる。そのときに与党全体での議席の規模を，過半数（ないしは安定多数）を確保するのに最小限でとどめる最小勝利内閣を組閣した方が，連立政権内での合意を得るのに余分な費用を必要とせず，かつ政権与党の便益を享受できる。

政権党＝与党になるメリットは，与党というクラブに入ることで享受でき

る便益である。それは，与党であることによる政治的なサービスの享受（政策の決定に対する影響力，官僚の人的サービス，情報収集を有効に活用できる便益など）であろう。与党というクラブに入るコストはそれほど大きなものではない。とくに，政党が政権の獲得のみを目的としている場合には，与党に入る方がそうでない場合よりも，かならず，その政党のネットの便益は上昇する。党派的な目的をもつ政党の場合には，自分の政党の目的をある程度犠牲にしてまで与党に入ることには，コストが生じるだろう。しかし，与党に入らなかった場合よりも，与党に入った場合の方が，結果として実施される政策に自分の政党の意向がより反映される可能性が大きい。したがって，政党が合理的に行動するかぎり，与党に入らないメリットは小さいだろう。

　問題は，与党に入りたい政党がすべて与党を形成できるかどうかである。与党は過半数の議員の政党で必要十分であり，それ以上の政党が与党を形成すれば，政策の不調和や混雑現象のデメリットが生じる可能性がある。すなわち，与党というクラブからの与党議員1人あたりのメリットが減少する。たとえば，与党のメリットを有権者からの政治献金の金額で表すことができるとしよう。有権者は与党の政策に期待して献金すると考えると，すでに与党議員の数が過半数を超えていれば，献金額はそれ以上増えないだろう。その結果，与党議員の数が増加すれば，1人あたりの献金額はやがては減少することになる。

　したがって，既存の与党グループは，新しい政党が与党クラブに入ることを，かならずしも歓迎しない。そこでクラブへの入会に際しての会費（＝与党になることに対する条件）を高く設定する誘因が生まれる。たとえば，既存の与党の政策を丸飲みしないと，クラブに入れないなどである。各政党は，このような便益と費用とを比較して政権に参加するか否かを決定する。こうした理由で，連立政権のパターンのうちもっとも一般的なものは，最小勝利内閣になる。

　たとえば，**表3-3**のような数値例を考えてみよう。与党になることのメリットは，全体で210だけあり，これはどのような規模の与党であっても同じ

3 政党と政策

▶ 表3-3 政権の形成

政　党	A	B	C
議員数	40	30	20
政権1（メリット）	参加（3.5）		参加（3.5）
政権2（メリット）		参加（4.2）	参加（4.2）
政権3（メリット）	参加（3.0）	参加（3.0）	

であるとする。A党は40人，B党は30人，C党は20人の議員がいるとしよう。B，C党が与党になれば（政権2のケース），1人あたりのメリットは4.2である。これは，A，C党が与党である場合（政権1のケース）のメリット＝3.5，また，A，B党が与党になる場合（政権3のケース）のメリット＝3よりも大きい。したがって，B，C党が与党を形成する。

■連立政権の評価

　最後に，国民全体の経済厚生に与える効果という観点から，連立政権の評価をしておこう。連立政権では党派的な理念の相違は明確でなくなる。政権獲得を最優先するどの政党が与党になってもおかしくないので，結果として，政権交代が生じても政策としては，それほど変化のないものが選択される。党派的な景気循環が起こりやすい二大政党システムと比較すると，政策がより安定化し，政権交代による政治的ショックが経済活動に与える攪乱効果は小さくなり，景気循環の規模は小さくなる。これは，連立政権のメリットである。

　しかし，連立政権システムにもデメリットがある。このシステムでは与党を構成している政党それぞれが拒否権をもっており，それぞれの政党の背後にある圧力団体にとって不利になる政策を実施することは困難になる。その結果，「総論賛成，各論反対」の行動が支配的となり，強力な政策が実施できない。とくに，現在の国民（＝有権者）に負担増となる財政赤字を削減す

るための増税や，圧力団体の既得権を損ねるような補助金の削減という政策は，実施されにくい。どの政党も不人気な政策を実施することに消極的になり，政権与党内の他の政党の行為にただ乗りする誘因が生まれる。逆に，ばらまき政策のような圧力団体にとってプラスとなる政策では，自分の政党の主導権で決定されたと印象づけたい誘因が働く。どの政党も，当面の人気取り政策には熱心に取り組みやすい。

以上まとめると，二大政党システムと比較すると，より安定的な政策がとられる一方で，強力なリーダーシップが求められる政策（既得権まで踏み込んだ政策）は実施されないという弊害も生まれる。これは，同時に比例代表制のデメリットでもある。

check point 3.4

● キーワード

| 最小勝利内閣　　過大規模内閣　　過小規模内閣　　与党　　クラブ |
| 二大政党　　連立政権 |

● 3-4節　練習問題

以下の文章の（ ）に適当な言葉を入れよ。

1．連立政権では，二大政党システムと比較すると，政策がより（ ）化し，政権交代による政治的ショックが経済活動に与える攪乱効果は（ ）なり，景気循環の規模は（ ）なる。
2．連立政権では，与党を構成している政党それぞれが（ ）をもっており，それぞれの政党の背後にある（ ）にとって不利になるような政策を実施することは困難になる。

■ *Column 3* 民主党政権の功罪 ■

　2009年の民主党政権の誕生は，わが国の戦後における最初の本格的な政権交代であった。財政運営でみると，民主党が政権を1度取ったことは財政再建の面でメリットが大きかった。これで情報の非対称性がだいぶ緩和された。財政再建の必要性はその時点の与党や財務省が国民に宣伝しても，国民，有権者には本当と受け取ってもらえない。野党あるいは国民からみて，本当にそれが正しい情報かどうかがわからないからである。

　財政状況に不信感をもつ国民の声を受けて民主党が政権交代を実現した。そして，実際に財源を探すため，事業仕分けを実行した。その結果，多少の財源は出てきたが，日本の財政状況を劇的に緩和するだけの財源は，みつからなかった。民主党政権自体の問題もあったが，民主党の努力にもかかわらず，大規模な無駄な財源はみいだせなかった。そうすると，財政状況が本当に悪いことを多くの国民は納得せざるを得なかった。

　そのため，3党合意で消費税が上がることへの国民の反発は，それ以前の消費税を導入した時点，あるいは3%から5%に引き上げた時点と比べると，はるかに弱かった。消費税引き上げをやむを得ないという意見が多くなったのは，民主党の政権交代によって，情報の非対称性が相当緩和されたからである。

　2012年から，自公政権に政権が戻ってきた。自公政権がある程度国民に痛みを求めても，民主党政権でもできなかったからという諦めが，国民にある。実際にその後の与党が参議院選挙や衆議院選挙でも自公両党は圧勝した。となると，2006年小泉政権が退陣して以降，1年置きに総理が代わってきた状況が，2010年代から当面はない。久々の長期政権という期待が出てくれば，社会保障制度改革も含めて，あるいは既得権に踏み込んだ改革も含めて，長期の視点でメリットが生まれるような改革を，打ち出しやすくなる。短期的にコストがあっても，長期的にメリットが生まれるようなことを，政治家も有権者も受け入れやすくなる。政策決定の視野が長期化することは，情報の非対称性が緩和されたことと合わせて，2012年に誕生した安倍政権の財政運営ではプラスの材料として効くだろう。

第 4 章

規 制

　この章では，政府による規制の経済的分析をおこなう。第1節では，参入規制がもたらす弊害を説明する。第2節では，参入規制と同様の効果をもつ価格規制を取り上げる。また，明示的な価格規制のほかに，間接的な価格規制，参入規制の例も紹介する。第3節では，市場が失敗している際に必要となる公的規制の例として，自然独占企業に対する規制を取り上げる。また，公益企業に対する価格・料金政策についても検討する。適切な規制をおこなうには，監督官庁と公益企業間での情報の非対称性をどのようにして克服していくかが重要である。

4 規 制

□ 4-1 参入規制 □

■既得権と国民の利益

　政府による規制はさまざまな形態をとっている。その中でも重要な規制が，参入規制である。ある市場への参入規制は，すでにその市場に存在する経済主体にとって，既得権をもたらす。

　図 4-1 に示すように，参入規制により，ある財の供給が SS 線で一定であるとしよう。需要曲線 DD は通常の右下がりの曲線である。市場価格は両曲線の交点 E の p_E で与えられる。ここで，需要曲線が上方にシフトしたとしよう。この財の社会的な必要性が増加したケースである。本来であれば，価格の上昇によって，新規参入が刺激されて，供給量は増加する。すなわち，供給曲線も右へシフトするだろう。しかし，参入規制があれば，供給曲線は SS のままで変化しない。したがって，均衡点は E' へと移動し，価格は p_E' へ上昇する。当初の市場価格が社会的に妥当な生産性の水準を反映しているとすれば，参入規制によって生み出された価格の上昇による利潤の増加が，既得権益である。このように，規制された分野では，人為的な理由で超過利潤＝レントが発生する。

　規制による既得権はどのような意味で問題となるだろうか。表 4-1 にまとめたように，規制産業では超過利潤が生じても他の産業からの参入が起きないので，長期的に超過利潤（＝レント）が保護される。情報に非対称性があり，専門的な財・サービスの中身を普通の消費者が判断するには無理があるため，財・サービスの品質を管理するという意味では，医者や弁護士などの専門職で，資格取得を厳しくして参入を制限するのは，消費者にとってプラスになる場合もある。しかし，逆に，単なる供給制限でしかないケースも多い。そうした場合では，供給水準を抑制することで，均衡での価格を上昇させて，既存の供給者の所得を増大させるだけに終わっている。これは，既得

図 4-1　既得権益

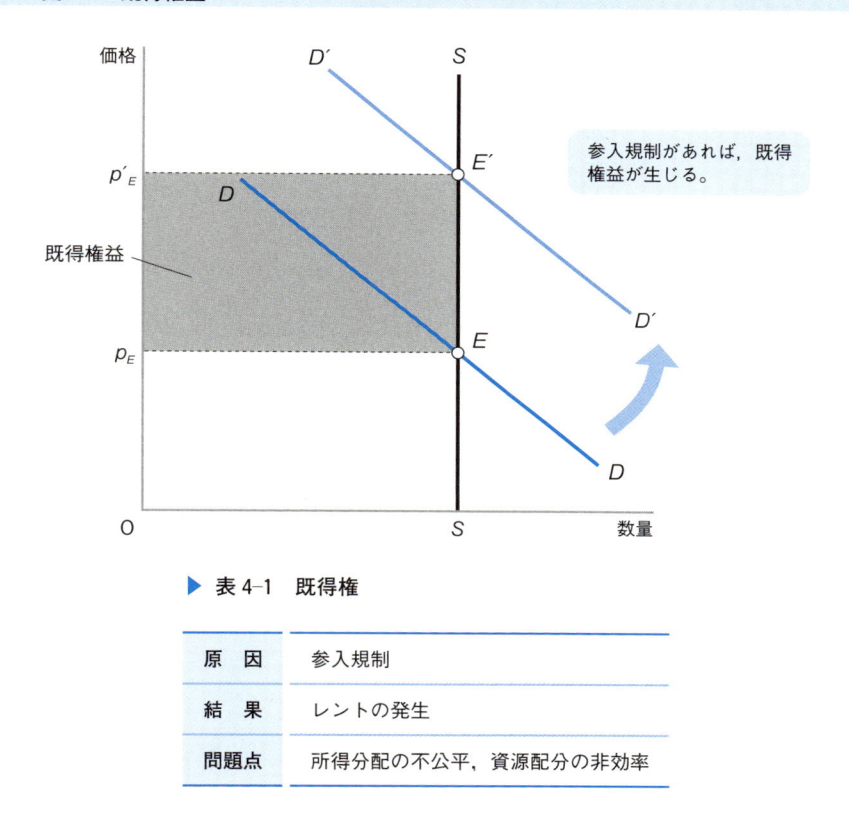

価格軸に p'_E, p_E、数量軸に S をとり、需要曲線 D-D が D'-D' へ右シフトする様子が示されている。供給は S で垂直。参入規制前の均衡点 E（価格 p_E）から参入規制後の均衡点 E'（価格 p'_E）へ移り、網掛け部分が既得権益を表す。

> 参入規制があれば，既得権益が生じる。

▶ 表 4-1　既得権

原　因	参入規制
結　果	レントの発生
問題点	所得分配の不公平，資源配分の非効率

権が擁護され，潜在的な供給者や消費者の利益が損なわれる代表的なケースである。

わが国では金融産業や運輸産業などで，政策的に新規参入が規制され，超過利潤が長期にわたって保護されてきた。こうした利潤もレントの1つである。その結果，規制産業では高級官僚の天下り先になっているとともに，政府の規制政策や行政指導に影響を与えるような賄賂・汚職事件がたびたび発生している。わが国でパイロットや銀行員の給料が高額だったのは，彼らの生産性が高かったからではなく，給料の中身の多くの部分が「護送船団方式」によって保護された既得権＝レントだったからである。

4　規　制

■コメの輸入制限

　参入規制の１つの例が，外国の企業が国内の市場へ参入することに対する規制である。外国製品に高い関税を課したり，輸入量を制限することで，国内の企業は既得権を獲得して，レントを稼ぐことができる。たとえば，1粒たりともコメを輸入しないというのが，わが国のコメの政策の長期的な基本原則であった。こうしたコメの全面輸入制限の効果を考えてみよう。輸入制限をするということは，逆にいうと，制限をしないとすれば，外国から安いコメが入ってくることを想定している。そうでなければ，わざわざ制限する必要はない。したがって，制限をすることで，国内での均衡コメ価格を上昇させ，コメの消費量を減少させる効果をもっている。

　こうした政策で，損をしているのはコメを消費する家計と，コメを輸出したい外国のコメの生産者であり，得をしているのがコメを国内で生産している農家である。輸入制限は，消費者と外国の生産者から国内の農家への所得の再分配効果をもたらす。

■間接的な参入規制

　また，ある地域への企業の参入を制限するケースもある。たとえば，かつては大店法（大規模小売店舗法）という法律によって，大手のスーパーやデパートが出店する際には，既存の中小小売店の同意を必要とするという規制がおこなわれていた（1974–2000年）。競争相手が参入することに対して，既存の企業が簡単に同意するはずはない。こうした規制は，事実上大手スーパーやデパートの出店規制として機能し，既存の中小小売店の既得権を維持する効果をもった。結果として，商品の品揃えが貧弱なまま消費者価格が高止まりして，多くの消費者の利益が損なわれてきた。大店法は，2000年に廃止され，新たな大店立地法（大規模小売店舗立地法）により，出店規模に対する規制は撤廃された。

　また，住宅・土地の分野では，借地・借家人に対する法律上の既得権があるために，いったん貸してしまうと，貸す方の事情で立ち退きを要求できな

い。したがって，地主・家主は土地や家をあまり貸したがらない。その結果，賃貸での土地や住宅の供給が抑制されて，賃貸の住宅市場が発達しない。これも，間接的な参入規制の1つである。得をしているのは，すでに土地や住宅を借りている既存の賃貸人であり，損をしているのは，これから土地や住宅を借りたい潜在的な賃貸人と，地主・家主である。また，立ち退きに関する法律上のトラブルが多発するので，そうした処理を独占的に扱える弁護士やトラブルに非合法的な行為で介入する暴力団も利益を得ている。なお，1992年8月から通常の借地権と異なり，当初定められた契約期間で借地関係が終了し，その後は更新できない定期借地権が認められた。また，2000年3月1日から借家法にも定期借家契約が加わった。普通借家契約では正統な事由がないかぎり家主側から契約更新の拒否はできなかったが，定期借家契約ではあらかじめ期限を決めておくことにより，契約満了時の退去を前提にすることができるようになった。

■薬のネット販売規制

　従来の薬事法では大衆薬を副作用のリスクが高い順に第1類から第3類医薬品に分類し，第1類医薬品と第2類医薬品について「店舗で対面で販売させなければならない」と定め，ネット販売を原則禁止していた。しかし，利便性の観点から規制撤廃を求める声が強く，インターネット通販2社の訴訟で最高裁は「ネット販売を一律に禁じる厚生労働省令の規定は無効」とした。その結果，2014年に薬事法が改正され，使用にとくに注意が必要な一部の医薬品を「要指導医薬品」という新たな区分に位置づけて対面販売にかぎる一方，第1類，第2類，第3類のすべての一般用医薬品は，一定の条件の下，インターネットや電話などで販売できるようになった。

check point 4.1

● キーワード

| 参入規制 | 既得権 | レント | 輸入制限 | 大店立地法 |

4 規　制

● 4-1節　練習問題
次の文章の（　）の中に適当な言葉を入れよ。

1．（　）された分野では，人為的な理由で超過利潤＝（　）が発生する。
2．供給水準を抑制することで，市場価格は（　）する。既存の（　）の所得は増大する。しかし，潜在的な供給者や（　）の利益は損なわれる。

4-2　価格規制

■人為的な価格政策

　参入規制と同様に，大きな影響をもたらす政府の規制が，価格に対する規制である。市場メカニズムがうまく機能するかぎり，市場での自由な価格形成とそれに対応する資源配分で，社会的に望ましい状況が達成できる。それに対して人為的・政策的に介入することは，結果として好ましくない資源配分をもたらす。たとえば，人為的な低価格政策の効果をみておこう。

　いま，ある財市場の需要，供給曲線を図示しよう。図4-2で両曲線の交点 E が均衡点である。図4-2において，均衡価格 p_E よりも低い p^* に市場価格を無理に押さえ込む政策を政府が採用したとしよう。このとき，需要 D と供給 S は p^* の価格では一致しない。AB の大きさだけ供給よりも需要の方が大きい超過需要が生じる。通常であれば，超過需要に応じて市場価格が上昇することで，均衡価格 p_E まで価格が上昇して，超過需要は解消される。これが，第1章で説明した市場メカニズムである。しかし，価格抑制政策が採用されていると，市場では A 点までしか供給されず，AB の超過需要は満たされないままである。

　こうした場合，p^*A 点までの中に入っている消費者は，安い価格でその財・サービスを購入できるので，価格抑制政策のメリットを享受できる。し

4-2 価格規制

図4-2 価格抑制政策

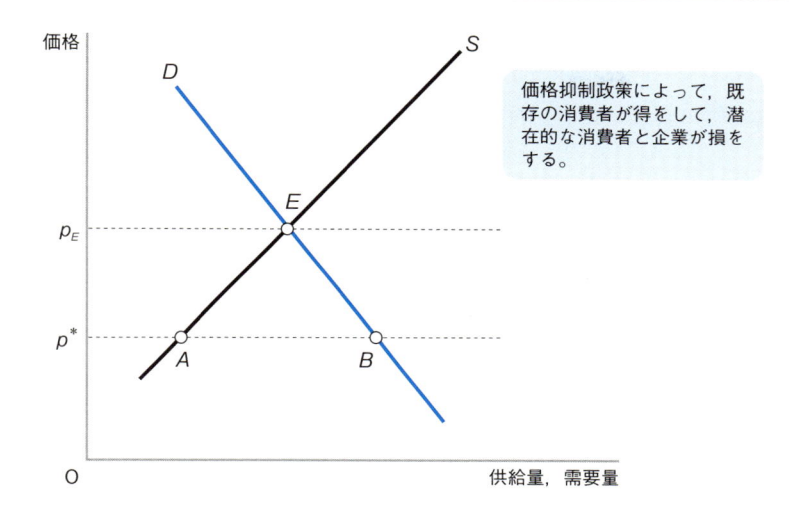

価格抑制政策によって，既存の消費者が得をして，潜在的な消費者と企業が損をする。

かし，AB の中にある消費者は，同じ条件でその財を購入したいのにもかかわらず，購入できない。社会的にみても，その財の必要度は E 点まであるから，A 点以上にその財を供給する方が望ましい。しかし，価格が抑制されているために，企業の方でそれ以上生産を拡大する誘因が生まれない。結局，p^*A までの量を購入している消費者が得をして，それ以外の潜在的な消費者と企業が損をしている。

こうした政策は，住宅市場での家賃の統制などでもみられる現象である。図 4-2 において，価格統制の対象となっている市場を賃貸住宅市場と考えると，賃貸の需要曲線 D と供給曲線 S を描いたものとみなせる。賃貸需要は家賃の減少関数であり，賃貸供給は家賃の増加関数である。自由な市場であれば，需要と供給が一致する E 点が，均衡点である。しかし，家賃に上限（p^*）を設定して，それ以上の金額での住宅の賃貸を禁止したとすると，その家賃価格 p^* で現在住宅を借りている人は得をするが，その家賃価格かあるいはそれ以上の価格で新しく住宅を借りたい人は，必要な住宅をみつけることができない。また，住宅を供給する側でも，家賃が値上げできないので

あれば，それ以上住宅を供給する誘因が生まれない。結局，もっと住宅を供給することが社会的に必要であるにもかかわらず，それが実現できない。現在の賃貸人の既得権を保護することで，他の多くの経済主体の利益が損なわれ，社会的に望ましい資源配分が実現されない。

■行列の意味

パン，ミルクなどの生活必需品の価格を，意図的に低めに抑制する政策は，旧ソ連など（旧）社会主義国では，よく採用されていた政策であった。これは，本来の需給を一致させる均衡価格よりも，公定価格を低めに設定しているから，その財の市場では超過需要が残ったままになる。また，わが国のような市場経済でも，人気ゲームソフトやチケット販売などで，行列が生まれることがある。

超過需要のある財に対して，「早いものがち」でその財が消費者に取引されるので，行列が生まれる。行列するのは長時間待つことだから，他で得られたであろう時間の楽しみを犠牲にしている。行列には直接の金銭的な費用はないけれども，時間の機会費用という意味では，多くの実質的なコストがかかっている。

時間の機会費用は，行列しないで他に時間を投入したときに，どれだけの経済的な価値が生まれるかで決まる。たとえば，勤労している人の場合には，働く時間が減少することで，時間あたりの所得を失い，それが時間の機会費用になる。子どもや老人の場合は時間を持て余しているケースが多く，時間の機会費用はそれほど大きくない。行列に参加しても，あまりコストがかからない。わが国での行列の多くは，未成年の若者である。（旧）社会主義国で多くみられた現象は，老人による行列であった。（旧）社会主義国といえども，時間の機会費用については，価格メカニズムが間接的に働いていた。

■最低賃金制

逆に，価格を市場価格よりも高めに政策的に設定するケースを想定しよう。

図 4-3　価格維持政策

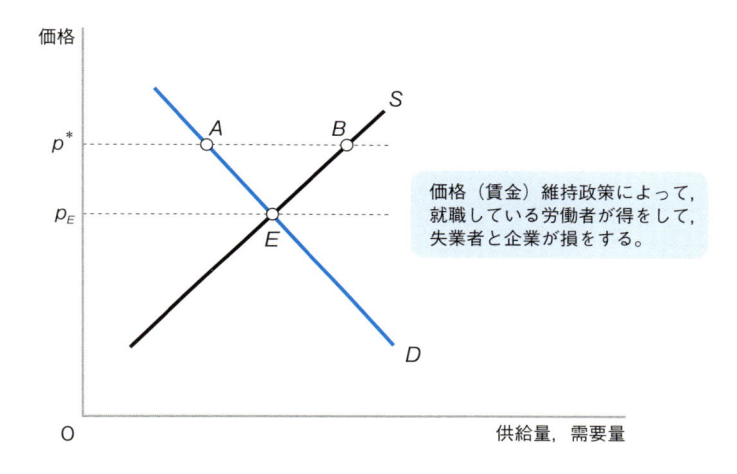

価格（賃金）維持政策によって，就職している労働者が得をして，失業者と企業が損をする。

家計が労働を供給して，企業が労働を需要する労働市場を考える。この場合には，供給サイドが家計，需要サイドが企業である。さて，図 4-3 のように需要曲線 D と供給曲線 S の交点 E が均衡点であり，ここで市場価格＝市場賃金 p_E が決定される。

政府が最低賃金制を設定して，p^* 以下の賃金を認めないとしよう。こうした政策は，市場で決まる賃金水準の引き上げを政策的に意図したものであるから，p^* は p_E 以上の水準に設定される。このとき，労働市場では AB だけの超過供給が生じている。家計は p^* という高い賃金では B まで労働を供給したいが，企業は p^* の水準では A までしか雇用したくない。p^*A までの雇用に入っている家計にとっては，賃金が上昇することで得をする。

しかし，p^* の賃金か，あるいは，それよりも少し低い賃金でも働きたいと考えている AB のあいだの労働者は，就職先がみつからず，失業してしまう。政策的な介入がなければ，失業者の圧力で市場賃金は p_E まで低下し，それが企業の労働需要を刺激して，失業者も就職先をみつけることが可能になる。しかし，賃金が p^* 以下に低下しないと，失業者は失業のままでとどまる。こうした場合，得をするのはすでに就職している労働者のみであり，

新しく職を探している労働者と企業が損をする。また，労働をもっと生産に投入することが社会的に必要であるにもかかわらず，それが達成されないという資源配分上の非効率な問題が生じる。労働組合が強いときに，こうした最低賃金制がしばしば採用されてきたのは，労働組合の構成員の既得権を擁護するために，政策的な介入が生まれやすいことを示している。

また，農産物の価格決定でも，しばしば，生産者の所得を確保するために，価格維持政策が実施されている。労働組合と同様に，農業生産者も，政治的には大きな圧力団体である。

■再販制度

ある財を生産している企業が，小売店が消費者に販売する消費者価格（生産者からみれば再販売する価格）を規制することを，法律上認める制度が再販制度（再販売価格維持制度）である。これは，政府が直接価格水準を規制するわけではないが，少数の生産企業の指定する価格でしか再販売できないことを認めるために，市場価格がかなり割高に設定されることになる。これも最低賃金制と同様の価格維持政策である。市場価格が高どまる分だけ，既存企業の利潤が増加し，消費者の利益が損なわれる。

再販売価格の拘束は価格競争を損なうために，例外的なケースに限定して，実施されている。たとえば，音楽CD，書籍，雑誌，新聞などである。これらは文化的な価値が大きいので，価格競争になじまないという理由で価格競争が制限されている。文化的な価値というあいまいな理由で，結果として，既存の企業の利益が保護されている。

■参入規制・価格規制と消費者利益

上の例でもみられるように，参入規制は供給を抑制して，需要者の利益を損ねる一方で，供給者の利益を拡大する。また，価格規制でも，結果として生産者を擁護して，消費者の利益を損ねるケースは多い。なぜ，政策的な対応において，しばしば消費者の利益が無視されるのかは，公共経済学では興

味深い問題である。

　消費者の利益は拡散して，なかなか政治的な圧力としてはみえにくい。一方で，供給者の利益の方はより少数の経済主体の大きな利害に関係することであるから，政治的にはそちらの方が大きな圧力団体になり得る。圧力団体がロビー活動（政治的圧力）をどれぐらいの水準に設定するかは，ロビー活動によって決まる規制政策から得られる便益とロビー活動に投じられる費用とを比較して，圧力団体が利得を最大にするところに決まる。そして，各圧力団体の相対的な政治的圧力の大きさに従って，政府は輸入制限などの規制政策を決める。したがって，少ない費用で効率的に政治的圧力をかけられる圧力団体ほど，大きな政治的圧力をかけることができ，自らが望む規制政策を実現させることができる。

check point 4.2

● キーワード

| 価格規制 | 行列 | 時間の機会費用 | 最低賃金制 | 再販制度 |

● 4-2節　練習問題
　人為的な価格規制として，関税による国内価格の維持政策がある。

1．国内での競合する生産者がいないケースで，関税政策の効果を図を用いて説明せよ。
2．輸入制限政策との相違は何か。

4-3　独占と公的規制

■自然独占

　完全競争市場では，価格メカニズムがうまく機能する。しかし，市場によっては自由競争のもとで完全競争市場が成立せず，独占になってしまう場合

4 規　制

図 4-4　独占企業と規制

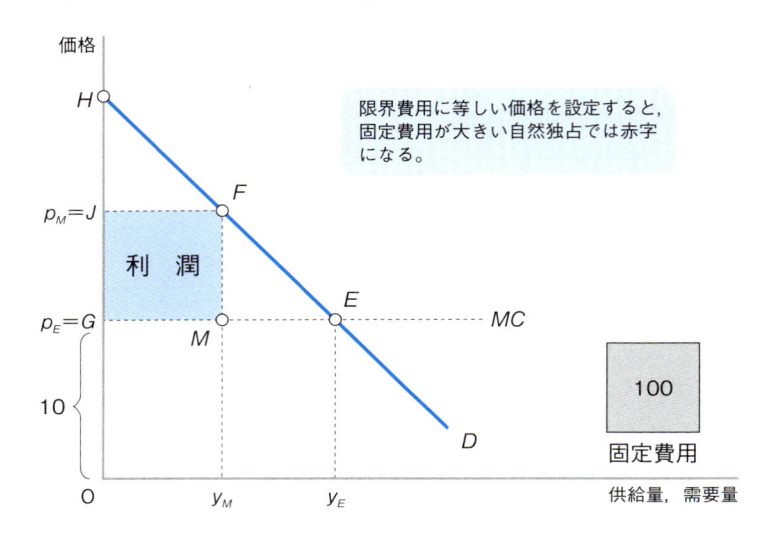

限界費用に等しい価格を設定すると，固定費用が大きい自然独占では赤字になる。

もある。そうしたケースでは，何らかの規制が望ましい。独占が経済的な理由で存在するとすれば，規模の経済性がもっとも重要な理由であろう。電力，ガスなどの公益産業では規模の経済性が大きく，生産量を拡大すると平均費用（生産1単位あたりの費用）が低下するので，地域別に事実上1つの企業が供給を独占している。このような独占を自然独占と呼んでいる。

　自然独占企業にはどのような規制が必要であろうか。まず自然独占に対して何ら規制しないケースから考えよう。独占企業が生産するに際して，一括で固定費用が100だけかかり，また，この財を1単位生産するのに10だけの限界費用（生産を1単位増加させるときに余計に生じる費用）が追加的にかかるとしよう。図4-4において HD は右下がりの市場需要曲線，MC は $OG=10$ で水平な限界費用曲線を意味する。独占企業は利潤がもっとも大きくなる点 M を選択するから，生産量は y_M，価格は p_M となる。ここでの利潤 $MFJG$ と消費者の利益 HFJ から固定費用100を差し引いた社会厚生の大きさは，$HGMF$ マイナス100の大きさで与えられる。

　社会厚生を最大にするためには，生産量を y_E，価格を p_E に設定して，限

界費用（＝10）が市場需要と一致する E 点を選択する必要がある。このときの社会厚生は，HEG マイナス 100 で与えられる。これが限界費用価格形成原理である。しかし，図 4-4 に示すように，この際に企業の生産から生じる利潤はゼロであるから，固定費用分 100 の大きさの損失が独占企業に発生している。市場に任せておけば，独占企業は損失を出してまで E 点を選択することはない。市場は失敗する。E 点を実現させるには，そこで生じる独占企業の損失を，政府からの補助金で穴埋めせざるを得ない。

このように独占企業の価格を抑制して，政策を拡大させて，社会的余剰を最大にするとき，規模の経済が大きいと，独占企業が赤字になる。この損失が補助金で穴埋めされることを，企業が前もって理解していれば，費用を最小にする（＝費用曲線の上で生産活動をする）動機が乏しくなるかもしれない。たとえば，独占企業は必要以上に豪華な店舗をつくったり，従業員の福利厚生に金をかけすぎる誘惑にかられる。このような非効率性の発生を，X 非効率性と呼んでいる。

補助金が利用できないときは，政府による規制として，価格を平均費用に一致させて，利潤がゼロで生産して販売するという料金政策（＝独立採算制）も考えられる。限界費用価格形成原理のときの余剰よりも，このルールでの社会的余剰は小さい。しかし，独占企業が利潤最大化行動で生産量と価格を決定する場合よりも，生産量は大きく価格は低いので，社会的余剰は大きくなる。

独立採算制であるから，政府からの補助金は不要である。ただし，つねに

▶ 表 4-2　公益企業への価格規制

	価　格	利　潤	消費者の利得	社会の利得	補助金	X 非効率性
限界費用価格	低	マイナス	大	大	プラス	あり
平均費用価格	中	ゼロ	中	中	ゼロ	あり
独占価格	高	プラス	小	小	ゼロ	なし

独立採算が保障されていれば，赤字を回避するための価格の引き上げが保障されているのと同じであり，X非効率性は排除されない。以上の3つの価格形成の比較は，**表4-2**にまとめている。

■ピーク・ロード料金と2部料金

　在庫調整が無理で貯蔵が困難な財の場合，ある時点で発生する最大需要を満たすような水準に生産能力が決定されることが多い。航空，鉄道，高速道路などの交通サービス，ホテル，電力や電話などがその例である。このような財の場合には，同じ料金体系を維持すれば，普段（＝オフ期）はがらがらであるのに対して，ピーク期には非常に混雑して，満足なサービスが享受できなくなる。いずれの期でも資源が有効に利用されているとはいえないだろう。

　こうした場合に，同一料金を維持するよりは，混雑するピーク期の料金を高く，混雑しない非ピーク期の料金を低く設定するのが，ピーク・ロード料金である。これは社会的にも最適な料金設定となる。ピーク・ロード料金のメリットは，混雑の緩和，需要の平準化である。また，オフ期に料金が安く設定されるので，オフ期に利用する消費者の利益が拡大する。さらに，ピーク期の料金を割高に設定して，そこから得られる収入を設備の拡大に回すことで，長期的にはピーク期に利用する消費者の利益にも合致している。

　ピーク・ロード料金と似た料金体系に，2部料金制度がある。これは，基本料金と従量料金の2つの部分からなる料金体系であり，電力，電気，ガス，水道料金などの公共料金や会員制のスポーツ・クラブ，レジャー施設の料金体系で幅広く用いられている。基本料金で資本費用（＝固定費用）を徴収し，従量料金で運営費用（＝可変費用）を徴収するのが，2部料金の意図である。したがって，基本料金で固定費用を徴収するとともに，従量料金を限界費用価格形成原理で設定すれば，2部料金のもとでもピーク・ロード料金のケースと同様に，最適な資源配分が達成される。限界費用に見合う低い料金を設定することで，資源の有効利用をはかるとともに，膨大な固定費用を回収す

▶ 表 4-3　料金規制の方法

限界費用価格形成原理	限界費用＝価格：補助金が必要，X非効率の可能性
平均費用価格形成原理	平均費用＝価格：独立採算，X非効率の可能性
ピーク・ロード料金	ピーク期の料金を非ピーク期よりも高く設定
2部料金	基本料金＋従量料金

るために，入会料などの固定料金も徴収するのである。その結果，赤字にならないで，資源が有効に利用される。料金規制については，表 4-3 にまとめている。

■ 参入規制と競争

2種類以上の生産物を生産する自然独占産業への参入の問題を考えよう。独立採算制，すなわち，公企業が生産する生産物全体についての収支均衡が制約としてある場合，公企業はある生産物の販売で得た利潤を，別の生産物の販売にともなう損失を穴埋めするために使う可能性がある。これを内部補助という。たとえば，旧国鉄が首都圏の路線で得た利益で，地方の赤字ローカル線を維持していた例，あるいは旧電電公社が市内電話の赤字を相殺するために，市外電話の料金を割高に設定していた例などがある。

もし，需要者（＝国民）の一部を保護するために，政策当局によって既存独占企業の内部補助が要求とされ，かつそうすることが社会的にも望ましいとすれば，参入規制も必要となる。なぜなら，参入規制がなければ，既存独占企業は収益の高い上述の生産市場で参入企業に利益を奪われながら，なおかつ収益性の低い市場でも生産を続けざるを得ない。その結果，既存独占企業の経営は悪化する。これを，クリーム・スキミングという。たとえば旧国鉄の場合，大都市圏での私鉄と競合が激化したために，そこであまり大きな利益を確保することが困難になって，赤字ローカル線の重荷で全体としても採算が苦しくなり，ついには分割して民営化された。

4　規　制

■競争可能市場

　産業への参入，退出が自由であり，かつ参入したときの費用や投下された設備などの固定費用を退出する際に完全に回収できるとしよう。このような市場は，競争可能市場と呼ばれる。参入，退出が自由であることは，その市場での公的な規制がないことを意味しており，固定費用を完全に回収できることは，市場から撤退する際の埋没費用（サンクコスト）が存在しないことを意味する。

　サンクコストとは，事業用に投下された費用のうち，事業の縮小あるいは廃止に際してただちには回収不可能な費用である。企業が撤退する際に，設備などの資産を転売したり転用しようとしても，うまくいかないときに，それらの費用は容易には回収できないサンクコストになる。

　自然独占市場が競争可能市場であれば，潜在的な競争の可能性のために，既存独占企業は超過利潤がゼロで効率的な生産をおこなうようになる。このとき，参入，退出が自由という条件のもとで，企業の数が内生的に決定され，市場内の企業は利潤極大化行動のもとで供給をおこなうので，次のような均衡が実現する。

(1)　生産は効率的におこなわれる。
(2)　企業の数は，産業全体として総生産量がもっとも効率よく生産される水準に決まる。

　すなわち，人為的な参入，退出の規制を廃止すれば，このような望ましい状況が自然に達成されるのである。この議論は，参入規制がいかに経済合理性に乏しいかを示すものとして，有益であろう。

■規制産業の企業行動

　参入規制によって保護された自然独占企業は，費用削減，技術開発，設備投資，消費者サービスなどの面で努力を怠る可能性も否定できない。しかも，独占企業は，規制をする政策当局に対しても，そのような技術に関する情報面で優位に立っているだろう。そうした情報を恣意的に操作することで，規

制産業での企業では従業員の給料の高水準，役員の高待遇，非効率的な生産などの問題が発生しやすい。

最後に，自然独占産業への規制についてまとめておこう。企業による独占力が問題であり，それから消費者の利益を擁護するのであれば，市場メカニズムに介入して，料金規制や行政による監視などの規制が必要となる。また，料金規制以外にも，設備投資規制なども考えられる。政策的な内部補助が望ましければ，それを維持する参入規制も必要となる。しかし，どんなにもっともらしい規制であれ，それが固定化してくると，長期的には既得権化しやすい。独占企業のX非効率性を改善する情報開示を積極的に進めるとともに，経済環境の変化に応じて，公的規制のメリット・デメリットが見直せるように，期限を区切った政策が有効であろう。

— check point 4.3

● キーワード

自然独占	限界費用価格	平均費用価格	X非効率性	独占価格
ピーク・ロード料金	2部料金	内部補助	クリーム・スキミング
競争可能市場	サンクコスト			

● 4-3節　練習問題
次の文章の正誤を判断せよ。

1．自然独占企業が独占価格を設定しても採算がとれないほど，固定費用が大きい場合には，政策的に補助金を与えることは望ましくない。
2．平均費用価格は独立採算制だから，X非効率性の問題は生じない。
3．混雑するピーク期の方が非ピーク期よりも割高の料金を設定することで，消費者の利得は大きくなる。
4．規制産業への参入規制は，かならずしも悪いとはかぎらない。

■ *Column 4* TPP交渉 ■

　環太平洋パートナーシップ（TPP）協定交渉は，2010年3月にP4協定（環太平洋戦略的経済連携協定）加盟の4ヵ国（シンガポール，ニュージーランド，チリおよびブルネイ）に加えて，米国，豪州，ペルー，ベトナムの8ヵ国で交渉を開始し，米国，カナダ，豪州，ペルー，マレーシアなど11ヵ国が参加していた。アジア太平洋地域における高い水準の自由化を目標に，非関税分野や新しい分野を含む包括的協定として交渉がおこなわれた。日本ではこのTPPに参加するかどうかが重要な政治争点であったが，安倍政権になってようやく参加を決定した。日本が実際に交渉に参加したのは，2013年7月23日に米議会の手続きが終わってからだった。交渉参加に遅れたことで，日本の「入場料」が高くついた点は否めない。

　これまで日本政府がTPP交渉についてあいまいな態度をとり続けてきた背景には，与野党共通して，TPP反対の政治的圧力が強いことがある。当初は日本の農業が崩壊するという農業団体からの反対運動が盛んであった。その後はアメリカ陰謀説，デフレの深刻化，単純労働の受け入れ，公的医療保険の改革，主権の侵害など，反対論は多方面に拡散している。こうした反対論の多くは根拠の乏しい被害妄想であるが，その背後に豊富な政治資金をもつ農協（全国農業協同組合中央会）の存在があり，TPP反対論はいまなお政治的な影響力をもっている。

　TPP交渉で政治的に最大の焦点となったのは農業分野である。農協の構成員である兼業農家は小規模農家ではあるが，主業農家よりも豊かであり，数も多いため，政治力がある。農協は兼業農家の既得権を維持するため，主業農家が規模を拡大して農業を活性化するのを妨害してきた。農協は，関税率引き下げに断固反対の運動を展開した。しかし，農業界も一枚岩ではなく，農業と一口にいっても，聖域とされる5分野（コメ，麦，牛肉・豚肉，乳製品，砂糖）においてさえ，取り巻く経営環境や経営効率化の進展度合いは大きく異なる。TPPへの参加は，高齢化・担い手不足対策など，農業の構造改革を進める契機になるという賛成論は農業関係者にも広がっている。

　そもそもTPPは協定，条約という法的なものであり，アメリカの脅しに日本が屈するという単純な2国間協議の悪例とは状況が異なる。TPPの要点は加盟国の関税原則撤廃と各国共通のルールづくりであり，市場の拡大で損を上回る得が生まれる。そうであれば，被害を受ける人に適切な補償をすることも可能となり，全体として経済状態の厳しい人ほど得になるはずである。TPP参加で，裕福な兼業農家は損をするが，真剣に農業生産に従事している主業農家はビジネス機会が拡大して，日本農業の再生にもプラスになる。

第 5 章

外 部 性

　この章では，市場機能がうまくはたらかない代表的な例である外部性＝公害を取り上げ，その経済的な意味とそれを是正する政策について，分析する。第1節では，簡単な数値例を用いて，公害の超過負担を説明する。第2節では，最適な資源配分を実現する方法として，政府によるピグー課税を紹介する。第3節では，民間の自主的な交渉によって問題を解決できるというコースの定理を紹介する。第4節では，外部性対策の経済的手段として，汚染権の売買，リサイクル対策，デポジット制を説明するとともに，地球環境問題の解決にも経済的な動機づけが重要であることを指摘する。

5 外部性

5-1 外部性とは何か

■外部性

　この章では，市場における価格の調整機能がうまくはたらかない代表的な例である外部性を取り上げ，その経済的な意味とそれを是正するいくつかの政策について分析する。図5-1にまとめるように，外部性とは，ある経済主体の活動が市場を通さずに，直接別の経済主体の環境（家計であれば効用関数，企業であれば生産あるいは費用関数）に影響を与えることである（外部効果ともいう）。外部性のうち，他の経済主体に悪い影響を与える外部性を外部不経済と呼び，良い影響を与える外部性を外部経済と呼んでいる。経済活動における外部性は，市場が失敗する代表的な例である。

　外部不経済の典型的なものとしては，公害がある。1960年代の高度成長期には経済活動が活発になるにつれて，工場からの廃棄物が周囲の環境に悪影響を与えて，公害問題が顕在化した。また，自動車からの騒音や排気ガス，たばこの煙，ゴミの焼却で発生するダイオキシンなどによる健康被害という

図5-1　外部性

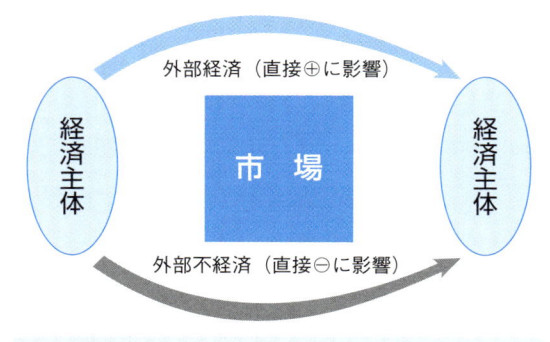

市場を通さないで他の経済主体に直接影響を与える外部性には，外部経済と外部不経済がある。

ケースもある。さらには，近所でのカラオケ，ピアノ，ペットなどの生活騒音や暴走族による交通騒音など，生活に密着した公害も多い。最近では，二酸化炭素やフロンガスの蓄積，酸性雨など地球規模での環境汚染対策，地球温暖化問題も，人類が直面する重要な課題になっている。

しかし，ある人々の経済活動が他の人々の利益になるような外部効果も存在する。近所の家で立派な庭があれば，周りの住民もそれを借景として楽しむことができる。あるいは，果樹園の生産者にとっては近くに養蜂業者がいると，果物の成長にプラスになるだろう。義務教育もこのような外部経済効果をもっている。誰でも読み書き・算術ができることが，経済活動の円滑な運営にプラスに働くからである。最近では，情報通信のネットワークが経済活動でも重要な機能を果たしているが，このネットワークも外部経済効果の高い財である。

■モデル分析

いま，ある企業が生産活動をおこなっているときに，近隣の家計に対して負の外部性（＝公害）を発生しているとしよう。すなわち，企業は x という財を生産して，完全競争市場で販売して利潤を稼ぐが，この財の生産によって近隣の家計は e だけの所得の減少を被るとしよう。たとえば，企業の生産から生じる騒音対策のために，防音工事を家計の家屋に施す費用などが e である。x とともに e は逓増する。

表5-1は，企業の利潤，家計の損害が，それぞれ x の生産量とともにどのように変化するかを例示している。市場機構では，外部効果を無視して企業の利潤が最大になる点（$\pi=90$）で，$x=4$ の生産水準が決定される。

外部不経済のある世界では，x の生産を拡大する場合の社会的な費用を計算するときに，企業が本来認識している利潤に加えて，家計に与える公害の費用も考慮する必要がある。この利潤 π から損害 e を差し引いたネットの利得 $\pi-e$ が最大となる点（$\pi-e=50$）が，x の社会的に望ましい水準（＝3）である。しかし，企業が生産する際には，x 財の生産に要するその企業

5 外 部 性

▶ 表 5-1　公害の数値例

企業の生産量 x	1	2	3	4	5
企業の利潤 π	10	50	80	90	80
家計の損害 e	1	10	30	60	100
社会的利得 $\pi-e$	9	40	50	30	-20

内の私的なコストは考慮するが，近隣の家計に迷惑をかけているという社会的なコスト e は考慮しない。そのために，社会的な最適水準からみると，x 財は過大に生産される。これが「市場の失敗」である。

表 5-1 を用いて，公害の超過負担の大きさを表してみよう。企業が自らの利益のみを考慮して生産活動をする場合，利潤の大きさは 90 である。これに対して，社会的な最適点で生産をする場合，2 つの企業と家計の利潤と所得の合計は 80－30＝50 である。両者を比較すると，前者の方が 40 だけ大きい。しかし，前者の場合には，企業は家計に対して公害のコストを負わせている。その大きさは，60 である。いま企業が家計に対して，その被害額を完全に補償するとしよう。社会全体の総余剰は 2 つの企業と家計の利得の合計である。表 5-1 に示すように，社会的な最適点（$x=3$）での総余剰 50 の方が，市場均衡点（$x=4$）での総余剰 30 よりも，20 だけ大きくなる。この 20 の大きさが公害の超過負担（厚生損失）である。

■外部不経済の内部化

社会的な最適生産水準（$x=3$）を市場経済で実現する方法として，表 5-5（100 頁）にまとめたように，3 つの方法が考えられる。その 1 つは，関連する 2 つの経済主体（企業と家計）が合併する方法である。これは，外部不経済の内部化として理論的にはもっとも簡単な方法である。しかし，現実的な解決方法としては，合併は容易でない。そこで，以下では他の 2 つの方法，ピグー課税，コースの定理について解説する。

---- check point 5.1

● キーワード

外部性　　外部不経済　　外部経済　　公害　　公害の超過負担
市場の失敗　　外部不経済の内部化

● 5-1節　練習問題
次の例は，外部性があるといえるか。

1．予想外に暑くなったので，ビールの売り上げが増加した。
2．政府が消費税率を引き上げたので，デパートの売り上げが減少した。
3．パソコンの性能が向上して，パソコン・メーカーの利益が増加した。
4．近くにスーパーができたので，道路が違法駐車であふれた。

5-2　ピグー課税

■ピグー課税の数値例

　それぞれの経済主体が独自性を維持しつつ外部不経済を内部化する方法として，古くから主張されてきたのが，外部効果を相殺させる政府による課税（＝ピグー課税）である。

　政府は社会的に最適な x 財の生産水準 3 が実現するように，税率 t を決定する。たとえば，政府は，企業の x 財の生産 1 単位あたり $t=20$ だけの課税をする。表 5-2 と図 5-2 に示すように，企業の課税後の利潤がちょうど $x=3$ で最大になるように変化すると，課税後の企業の市場均衡点での生産水準は 4 から 3 へと変化する。x 財を生産する私的なコストに加えて，外部効果のコストが上乗せされており，社会的なコストが企業にとっても認識されている。

　ピグー課税は，外部不経済を出す企業に対して，その外部効果を課税とい

5 外部性

▶ 表 5-2　ピグー課税

企業の生産量 x	1	2	3	4	5
企業の利潤 π	10	50	80	90	80
税　金 t	20	40	60	80	100
課税後利潤 $\pi-t$	−10	0	20	10	−20
補助金	60	40	20	0	0
補助金後利潤	70	90	100	90	80

図 5-2　ピグー課税

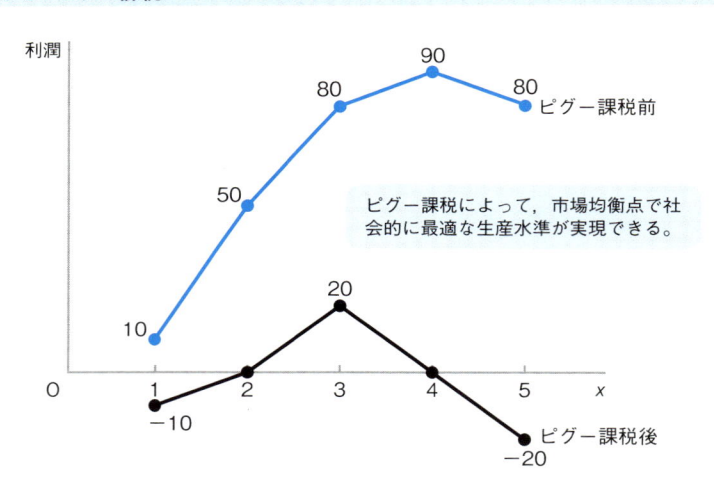

ピグー課税によって，市場均衡点で社会的に最適な生産水準が実現できる。

う形でコストとして認識させることで，市場機構のもとでも社会的に最適な資源配分（＝x 財の社会的に最適な生産水準）を実現させるものである。ただし，ピグー課税は資源配分の効率性を達成する手段であり，所得分配については何も議論していない。政府はピグー課税によって税収（60）を確保できるが，その使い道については何ら限定されない。たとえば，外部不経済を被っている近隣の家計のためにその税収を使用しないで，当該企業に返還する場合でも，資源配分の効率性は実現される。

このモデルでは，企業が家計に与える騒音をゼロにすることは，資源配分の効率性の観点からみて望ましくない。また，効率的な資源配分を実現するために，かならずしも家計に補償をする必要性もない。ピグー課税は市場の失敗を補整する手段であるが，所得分配の公平性に関してはとくに問題としていない。所得分配の公平性を確保するための再分配政策については，第11章で議論したい。

　ところで，ピグー課税は，補助金の形でも適用可能である。たとえば，上の数値例で，$x=4$から1単位減らすごとに20の補助金を政府が企業に対して支払うとしよう。表5-2に示すように，企業の利潤は増加するが，もっとも大きくなるのはやはり$x=3$の点である。公害の削減に補助金を出す場合でも，適切な補助金が決定できれば，資源配分の効率性は実現できる。

　ピグー課税の政策上の大きな問題点は，適切な税金，補助金の大きさを決定するために，公害発生企業の費用構造や公害の発生による被害状況を政府が完全に認識できるかどうかである。こうした完全情報を政府が保有している場合には，ピグー課税はきわめて有効である。

■環 境 税

　地球規模での環境対策として，税収効果の大きな新しい税金を導入することも考えられる。エネルギーの消費一般に対して税金をかけるという「環境税」である。これは課税ベースが非常に広いので，税収は相当の規模であがる。環境の改善と税収の増加という2つのメリット＝「二重の配当」が得られる。新税の導入には，国民はいつも抵抗する。しかし，環境問題は地球環境も含めてこれから重要な問題であり，環境税導入への国民的な合意も消費税以上に得やすいかもしれない。もちろん，環境税は企業の経済活動にはマイナスに働く。しかし，経済が発展して豊かな国になるにつれて環境への関心がより強くなるのは，わが国のみならず世界的な傾向である。ヨーロッパ諸国では環境税が導入されており，また，国際的にも協調して環境税を導入しようという動きがみられる。

5 外部性

　炭素税など環境税の導入は、温暖化などの地球環境問題への対応であり、国際的な波及効果の大きい政策である。いまA国が環境税を導入して、エネルギーの消費を抑制すると、それによって便益を受けるのは、A国ばかりではなく、近隣のB国も同様である。逆に、B国が環境対策をおろそかにして、経済発展至上主義でエネルギー消費を拡大し続けると、B国のみならずA国にとっても環境の悪化というコストを被る。したがって、A国だけが環境税を導入すると、B国は得をする。その結果、ますますB国の環境対策がおろそかになると、環境税の導入によってA国はかえって損をするかもしれない。お互いに利己的な利益のみで環境対策をやろうとすると、まじめに環境対策をやる国が結果として損をするから、どの国も環境対策をしなくなってしまう。このような現象は、ゲームの理論でいう「囚人のジレンマ」の状態である。

　表5-3に示すように、A、B両国ともに、環境税を「導入する」か「導入しない」かという2つの選択がある。両国がともに導入すれば、両国の利得はともに50であり、ともに導入しなければ、両国の利得はゼロである。一方の国だけが導入する場合には、導入する国の利得は−20であり、導入しない国の利得は70になる。こうしたゲームでは、たとえば、B国がどちらの選択をしても、それを所与としてA国の最適な選択を考えると、導入しない方がする場合の利得よりも、かならず大きい。したがって、A国は導入しないことが最適な選択になる。同様のことがB国の選択についてもいえるから、結局、両国ともに環境税を導入しないという最悪の事態が現実となる。

▶ 表5-3　囚人のジレンマ

		B国	
		導入する	導入しない
A国	導入する	50, 50	−20, 70
	導入しない	70, −20	0, 0

―――――――――――――――――――――――――――――――――― check point 5.2

● キーワード

ピグー課税　　環境税　　二重の配当　　資源配分の効率性
囚人のジレンマ

● 5-2節　練習問題
　表5-1の数値例で，$x=3$よりも生産を拡大する場合に1単位20の税金を徴収し，逆に，$x=3$よりも生産を縮小する場合に1単位20の補助金を与えるとすると，企業1はどこまで生産するか。また，その場合，政府は結果として補助金，税金のどちらをもつことになるか。

5-3　コースの定理

■コースの定理の意味

　ピグーの課税では，政府が政策的に介入することで，公害の過大な発生による市場の失敗という弊害が是正された。これに対して，政府が介入しなくて民間の経済主体の自主性に任せておくだけで，ある種の外部性については，市場の失敗が自然に解決できる可能性を強調したのが，コースである。コースは，

「交渉による利益が存在するかぎり，当事者間での自発的交渉が行われる動機が存在し，その結果，交渉の利益が消滅するまで資源配分が変更され，最終的には市場の失敗も解決される」

ことを明らかにした。

　さらに，コースの定理は，

「当事者間で交渉に費用がかからなければ，どちらに法的な権利を配分しても，当事者間での自発的な交渉は同じ資源配分の状況をもたらし，しかもそれは効率的になる」

ことを主張する。市場機構に問題があっても，当事者間の自発的交渉という新しい点を考慮することで，最適な資源配分が達成されることを示したのは，理論的にも政策的にも貴重な貢献である。コースはこの定理によってノーベル経済学賞を受賞した。

■企業に環境汚染の権利があるケース

いままでと同様の2つの企業と家計間での外部不経済のモデルで考えてみよう。表5-1と図5-2において，企業にxを生産する環境汚染権があれば，企業の利潤が最大となる点に対応する$x=4$で生産がおこなわれている。しかし，$x=4$ではxを1単位減少させると，企業の利潤の減少分（限界利潤；90－80）よりも家計の損害の減少分（限界損害；60－30）の方が大きい（表5-4）。したがって，家計は企業にお金を払ってでも，xの生産を減少させようという動機が働く。どれだけのお金を家計が支払うかは，2つの企業・家計間での交渉力に依存して不確定であるが，家計の利得30よりは小さく，企業の損失10よりは大きなものになる。

そして，限界損害の減少幅よりも限界利潤の減少幅の方が大きくなる点（$x=3$）で，それ以上のxの減少を家計が企業に働きかける動機がなくなり，均衡が実現する。$x=3$では，30以上補償してくれないと企業1は生産をそれ以上減少しないのに対して，家計は20までしかお金を出す用意がないからである。この$x=3$の解は社会的に望ましい生産水準に他ならない。

▶ 表5-4 コースの定理

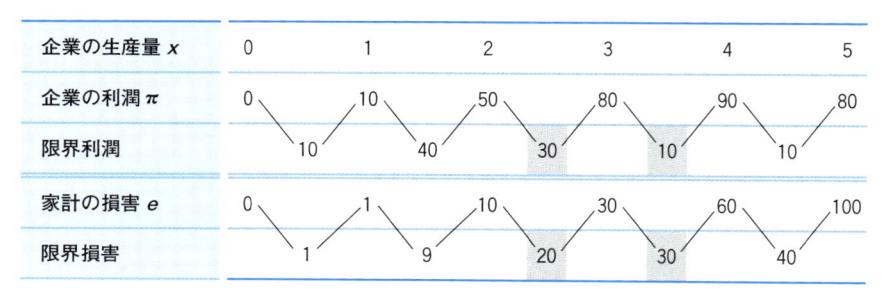

企業の生産量 x	0	1	2	3	4	5
企業の利潤 π	0	10	50	80	90	80
限界利潤		10	40	30	10	10
家計の損害 e	0	1	10	30	60	100
限界損害		1	9	20	30	40

■家計に環境維持の権利があるケース

次に,環境維持の権利を家計がもっている場合を想定しよう。今度は,企業が生産活動をするためには,近隣の家計から環境を汚染する権利を購入しなければならない。当初の均衡点では $x=0$ であるが,そこでは企業の利潤の減少分 (10) の方が家計の限界損失 (1) を上回っているから,企業は家計にお金を支払ってでも,生産を開始する動機をもつ (**表5-4**)。どれだけのお金を実際に企業が家計に支払うかは,2つの経済主体 (企業と家計) 間での交渉力に依存して不確定であるが,1よりは大きく,10よりは小さいものになる。

そして,生産を拡大することに対して企業が払える最大限の金額 (10) よりも,家計が少なくとも補償してもらいたいと思う最小限の金額 (30) の方が大きくなる点 ($x=3$) で,それ以上の x の拡大を企業が家計に働きかける動機がなくなり,均衡が実現する。$x=3$ の均衡解は企業に環境汚染権があるケースと同じである。

■コースの定理の意義と限界

課税・補助金政策のように,政府が直接介入する場合には,当事者の利益や不利益に関する情報が政府に十分に開示されていないと,適切なピグー課税はできない。そのような場合でも当事者間に任せておくだけで,市場の失敗が回避できるのであれば,政府の役割はかなり小さくなる。市場が失敗しているからといって,政府が直接介入する必要のないことを示したのは,コースの定理の重要な貢献である。

しかし,コースの定理にも問題がある。まず,当事者間で交渉をする場合にどちらの側に法的な優先権があるのかという権利関係が確定している必要がある。しかし,現実には権利の確定は困難である。とくに,不特定多数に被害を与える公害の場合には,当事者を確定するだけでかなりの時間と費用がかかる。また,交渉それ自体に費用がかかるとすれば,市場の失敗が回避できても,別のコストが浪費されることになる。

5 外部性

▶ 表5-5 外部不経済の内部化

方　法	意　味	問題点
合　併	当事者同士で1つの主体として行動する	利害の対立する当事者が合併するのは困難である
ピグー課税	政府が外部効果を相殺するように課税で調整する	適切な課税の大きさを政府が認識するのは困難である
コースの定理	当事者間で交渉すれば，効率的な水準に到達する	権利の確定が困難である 交渉のコストが大きい

―――― check point 5.3

● キーワード

| コースの定理　　交渉による利益　　法的な優先権　　当事者間の交渉 |

● 5-3節　練習問題
以下の文章の（　）内に適当な言葉を入れよ。

1．（　）による利益が存在するかぎり，（　）間での交渉がおこなわれるので，最終的には（　）の失敗も回避される。
2．どちらに（　）な権利を配分しても，当事者間の交渉によって（　）は同じになり，しかもそれは（　）である。

5-4　外部性対策の経済的手段

■汚染権の売買

公害を抑制する1つの有効な手段は，公害の排出総額を規制するとともに，その汚染権（排出許可証）を企業間，あるいは（地球環境問題の場合には）国際間で売買することを法的に認めることである。排出許可証取引制度とも

呼ばれている。

　この制度は，理論的には総量規制と課徴金制度を併用したものとみなすことができる。アメリカで大気保全のためにいくつかの州で実施され，その後，この排出取引制度は京都メカニズムとして国際的に組み入れられた。これは排出枠の対象を温室効果ガスに変え，対象を国単位に変えたものである。この制度では，初期の汚染権を企業間（あるいは国際間）でどのように配分するかという問題がある。多くの汚染量を出す権利が配分されれば，それだけ有利であるし，自らが汚染をあまり出さない場合には，残りの権利を市場価格で他の企業（あるいは外国）に売却することもできる。逆に，当初の排出許可量では不足すると考える企業は，市場価格で追加の排出許可の権利を購入する。

　では，各企業はどこまで汚染権を購入したり，売却したりするだろうか。表5-1の数値例で，1単位生産するのに，20の市場価格で排出許可証を購入あるいは売却できるとしよう。企業の当初の許可証の配分がゼロであれば，3枚購入して$x=3$で生産する。生産1単位あたり20のピグー課税が課せられている場合と同様に，この場合の利潤は20になる。また，排出許可証が当初4枚配分されていれば，1枚を市場で売却することで，やはり$x=3$で生産することが最適となる。$x=4$からの生産の削減に1単位あたり20の補助金が与えられているケースと同様に，この場合の利潤は100となる。

　各企業は，排出許可証を購入する追加的な費用（＝許可証の市場価格）と自ら排出量を増加することで拡大する利潤の大きさ（＝限界利潤）が一致するように，排出量を決定して，許可証の売買をおこなう。許可証の市場が完全競争市場であれば，許可証の均衡価格は各企業が限界的に排出を増加させることで得られる利潤（＝あるいは排出を削減するための費用）と一致する。許可証の価格はすべての企業で共通である。したがって，各企業の限界的な排出削減費用が均等化し，社会的にみて排出総量を規制する場合のもっとも効率的な資源配分が実現する。つまり，ある望ましい総汚染量を達成する際に，社会的に要する費用が最小になる。

5 外部性

▶ 表 5-6　汚染権の売買

生産水準	1	5	[許可証の売買]	生産水準	3 (1+2)	3 (5−2)
企業Aの利潤	10		→ 企業Bより2枚買う →	企業Aの利潤	80−40	
企業Bの利潤		80	→ 企業Aに2枚売る →	企業Bの利潤		80+40
生産水準	2	4		生産水準	3 (2+1)	3 (4−1)
企業Aの利潤	50		→ 企業Bより1枚買う →	企業Aの利潤	80−20	
企業Bの利潤		90	→ 企業Aに1枚売る →	企業Bの利潤		80+20

　たとえば，表 5-1 の数値例で公害発生企業が 2 つあるとしよう。企業 A，B ともに家計に表 5-1 のような公害の被害をそれぞれ与えているとする。社会的に望ましい各企業の生産水準はそれぞれ $x=3$ であるが，市場では各企業とも $x=4$ だけ生産する。このとき政府が排出（＝生産）許可証を全部で 6 枚発行して，たとえば，企業 A に 1 枚，企業 B に 5 枚配分するとしよう。許可証の市場価格は 20 である。このとき，企業 A は 2 枚購入し，企業 B は 2 枚売却する（表 5-6）。また，企業 A に 2 枚，企業 B に 4 枚配分されているときには，企業 A は 1 枚購入し，企業 B は 1 枚売却する。6 枚の許可証が 2 つの企業間で当初どのように配分されても，均衡では各企業が 3 枚ずつ保有するように，許可証の市場での売買がおこなわれる。

　許可証を当初どのように配分するかは，資源配分の効率性の観点ではなく，利潤の分配効果にかかわる。当初，多くの許可証が配分されるほど，その企業の利潤は増大する。もし，すべての企業に当初の配分をゼロにすれば，汚染の既得権をまったく認めないことになる。当初の配分をどの程度認めるかは，既得権をどの程度擁護すべきかを議論することでもある。これは，政治的な判断の問題である。

■リサイクル

　環境問題を解決する1つの手段は，資源のリサイクルを積極的におこなうことである。一度使用した財をゴミとして捨ててしまうだけでは，ゴミ処分場の処理能力を超えるゴミが累積して，環境汚染が進行してしまう。そうした財を再生してもう一度有効利用するのが，リサイクルである。わが国では，古紙のリサイクルが活発におこなわれており，環境保全にも役立っている。

　しかし，リサイクルにも課題は多い。たとえば，古紙のリサイクルの場合，町内会での自主的な古紙の回収努力に加えて，地方自治体が古紙の回収に力を入れると，古紙の供給が増加する。その結果，図5-3に示すように，古紙市場で超過供給になり，古紙の価格が低迷する。古紙の需要が価格にそれほど反応しなければ，価格ゼロでも供給が需要を上回って，回収業者が古紙の引き取りを拒否する事態も生じる。

　古紙のリサイクルを軌道に乗せるためには，回収（＝供給）に力を入れるだけでは不十分である。むしろ，それ以上に重要な点は，古紙の需要を増加させることである。再利用の古紙需要が大きくなれば，図5-3で需要曲線が上方にシフトするので，古紙の価格が上昇し，古紙の回収も円滑におこなわれる。古紙の供給曲線を下方にシフトさせるためではなく，需要曲線を上方にシフトさせるために，財政的な援助がおこなわれるべきであろう。

図5-3　リサイクル

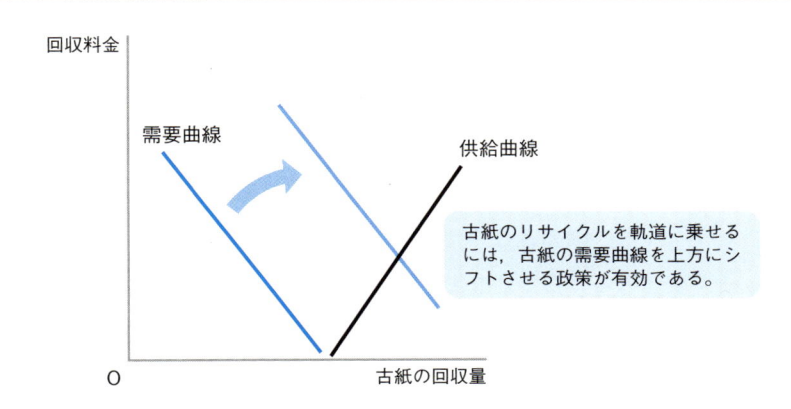

古紙のリサイクルを軌道に乗せるには，古紙の需要曲線を上方にシフトさせる政策が有効である。

5 外 部 性

■デポジット制

　リサイクルを有効におこなうには，消費者の意識改革が重要である。しかし，同時に経済的な動機づけも有効である。その1つの手段がデポジット制である。これは，ある財を販売する際に，あらかじめ回収費用分だけ上乗せして価格を設定して，使用後にその財を回収する際に，回収費用を割り戻す制度である。実際には，空き缶や空き瓶などで利用可能である。

　たとえば，1缶，あるいは1瓶10円だけあらかじめ料金を上乗せして販売し，消費者が使用後の缶や瓶を指定された場所にもっていけば，そこで10円を返還する。もちろん，実際の使用者がかならずしもデポジットの料金を回収する必要はない。誰かが空き缶をゴミとして投棄しても，10円の価値がある以上，別の人がそれを回収してもっていくこともある。結果として，空き瓶や空き缶が投棄されたまま放置されることは少なくなり，リサイクルが徹底される。こうした制度を採用しているアメリカの例では，少年や老人など時間の機会費用の小さい人々が空き缶，空き瓶の収集に精を出している。

　デポジット制をピグー課税と比較してみよう。デポジット制は，ゴミを出すという外部不経済をともなう缶や瓶の消費に対して，デポジット分だけの課税をするとともに，空き缶や空き瓶の回収という外部不経済の減少に対して，デポジット分だけの補助金を出している。ピグー的な補助金と税金を組み合わせて，政府の財政収支を均等させている政策と考えることができよう。

■地球環境問題

　最後に地球規模での環境問題を取り上げよう。地球環境対策を講ずるのは，私たちの重要な課題の1つである。ある国が自国の環境を改善するための対策をおこなうと，その国のみならず広く地球全体の環境の保全につながり，他の国も利益を受けるだろう。また，ある国が環境を悪化させるままに放置しておくと，インドネシアの焼き畑による煙害で近隣の諸国が大気汚染の被害を受けるように，その国のみならず他の国の環境の悪化も予想される。こ

のように考えると，地球環境問題は，各国がどのように国際協力をして環境改善努力をするかという問題でもある。ここでは，先に説明した環境税の導入をめぐる「囚人のジレンマ」の問題を解決することが重要となる。

■禁煙対策と複数均衡

　禁煙対策は健康面からも重要であるが，国によって喫煙率は大きく異なる。禁煙に成功している国とそうでない国がある。禁煙対策を進める上で，たばこ消費にクラウディング・アウト（押しのけ）とクラウディング・イン（呼び込み）の要因があることに注意したい。喫煙する人々は周りにいる他人が喫煙しているほど，喫煙という行動を楽しく感じ，気まずさを感じなくなる。もしレストランや飛行機や他の企業が喫煙を制限するより喫煙者に便宜をはかる方がより利益になると考えれば，喫煙者は社会的に受け入れられると感じ，周囲からの不満も少なくなり，ライターやたばこを借りることも容易になり，喫煙する人は多くなるだろう。

　たばこ促進の広告が普及すると，実際に喫煙しているよりも多くの人々が喫煙しているような認識を植えつけ，たばこを吸うことをかっこいいと思わせる。そうして喫煙が促進され，喫煙者の多い均衡が実現する。

　環境要因の中では，喫煙を始めたばかりの段階では仲間の影響（外部性）がとくに強い。たばこが容易に手に入ると考え，実際に入手可能な人ほど，たばこを手に入れるのに困難を感じている人よりも喫煙を始めやすい。

　こうしたクラウディング効果は，逆に，喫煙量を減少させる政策にもあてはまる。もし政府の政策がある人の喫煙量を減少させるなら，それは他人の喫煙量をも減少させる。政策は乗数的な効果を発揮する。たとえば，喫煙に対する規制が強力であれば，喫煙の習慣を促そうとする仲間からの圧力に逆らうことが可能となり，禁煙する人が多くなる。いいかえると，たばこを吸う人が相当多い均衡と，ほとんどいない均衡という複数均衡が存在する。その結果，ある国では喫煙が盛んであるが，別の国では喫煙者がまれになる。

5　外部性

――――――――――――――――――――――――――――――――― check point 5.4

● キーワード

| 汚染権の売買　　排出許可証　　リサイクル　　デポジット制 |
| 地球環境問題 |

● 5-4節　練習問題
次の文章の正誤を判断せよ。

1．汚染権の売買が認められれば，より効率的に汚染の費用を減少できる。
2．排出許可証を当初どのように分配しても，排出費用の最小化という目的は達成される。
3．古紙のリサイクルを円滑にするためには，古紙の回収に補助金を出すべきである。
4．デポジット制は，缶飲料水など特定の分野では，リサイクルに有効な制度である。

■ *Column 5*　京都議定書以後の動き ■

　21世紀の大きな課題は，環境問題である。1997年に京都で地球環境問題に関する国際会議が開催され，CO_2の排出量を削減するための包括的な取り決め（京都議定書）が締結された。わが国も当初はこの取組みに積極的にコミットしたし，CO_2の総排出量を削減することは依然として重要な政策目標になっている。しかし，京都議定書にはアメリカ，中国，インドなどの排出大国が参加していなかったため，CO_2排出削減の実際の効果は限定的であった。CO_2の排出抑制を地球規模で効果的に実施するための体制を構築するのは，いまだ未解決の懸案である。

　地球環境保全への取組みでは，経済環境の相違も重要である。すなわち，経済的に発展を遂げた先進諸国とこれから経済成長を加速させようとする途上国とで，環境保全への熱意に差がある。一般的に先進国では環境問題への関心も高く，地球規模での環境保全のために政策的な対応も含めて，積極的な姿勢がみられる。経済が発展して豊かな国になるにつれて，環境への配慮に対する関心がより強くなるのは，EUのみならず世界的な傾向である。これに対して，途上国では経済的な開発や貧困の解決が優先順位として高く，環境保全に消極的である。これは，いままで先進諸国が環境を犠牲にして発展してきたつけを，今度はこれから発展しようとする途上国にも負担させられるのでは，不公平だという途上国からの反発がその背景にある。これが，地球環境保全に関する南北問題である。

5-4 外部性対策の経済的手段

　2012年末に南アフリカで開かれた気候変動枠組条約締約国会議（COP17）は2012年末で期限切れとなる京都議定書の温室効果ガス削減義務の延長の決定と，すべての国が参加する法的義務のある新体制に向けた行程表を含む「ダーバン合意」を採択した。温室効果ガスを義務的に削減する国際体制を継続，進展させる足がかりを形式的には構築した。京都議定書にかわって，すべての主要排出国が参加する新たな枠組みでの温暖化対策については作業部会を創設して協議して，15年までに採択し，20年の発効を目指すことになった。ただし，新枠組みにどこまで法的拘束力をもたせるかは合意できず引き続き交渉していく。

　日本は議定書延長への参加を拒否し，一時的に削減義務の国際体制から離脱することを表明している。また，カナダが京都議定書からの脱退を表明するなど，他の国でも同様の懐疑的対応がみられる。これは，アメリカ，中国，インドなどの協力なしでの地球温暖化対策では，実質的な効果が乏しいからである。

　地球環境保全に対するアメリカ，中国，インドや他の途上国における消極的な取組みは，ただ乗りのメカニズムも働いている。たとえば，炭素税など環境税の導入は温暖化などの地球環境問題への対応であり，国際的な波及効果も大きい。

　仮に，わが国が環境税を導入して，エネルギー消費を抑制すると，それによって便益を受けるのは，わが国ばかりではなく，東アジアの他の国も同様である。逆に，たとえば中国が環境対策をおろそかにして，経済発展至上主義でエネルギー消費を拡大し続けると，中国のみならずわが国にとっても環境の悪化というコストを被る。したがって，日本だけが環境税を導入すると，中国は得をし，その結果ますます中国の環境対策がおろそかになると，日本はかえって環境税の導入によって損をするかもしれない。

　このような現象は，ゲームの理論でいう「囚人のジレンマ」の状態であり，お互いに利己的な利益のみで環境対策をやろうとすると，まじめに環境対策をやる国が結果として損をするから，どの国も環境対策をしなくなってしまう。こうしたお互いに不幸な状況から抜け出すには，国際的に協調して環境税などの導入を実施することが必要となるが，その実施は難しい。国際的な利害対立を解決するには，途上国の人々の意識改革に期待するだけでは不十分である。大気汚染権を国際間で売買できる仕組みを活用するなど，実効性のある経済的動機づけを与えることが有効である。

第 6 章

公 共 財

　この章では，公共財という特別の概念をもつ政府支出を，資源配分の効率性の観点から分析する。第1節では，公共財の概念として，排除不可能性と消費の非競合性を説明するとともに，ただ乗りの問題が重要であることを指摘する。第2節では，公共財の公的供給と私的供給のメカニズムを説明する。公共財の最適供給条件であるサムエルソンのルールは，市場では成立しない。第3節では，純粋公共財と私的財の中間的な性質をもつ準公共財を取り上げる。とくに，地方公共財がどのような観点から適切に供給されるべきかを，地方政府の行動と関連させて，説明する。

6　公 共 財

6-1　公共財の概念とただ乗りの問題

■政府支出の内容

　本章では，政府支出を資源配分の効率性の観点（＝公共財の供給）から分析しよう。図6-1は，最近の先進諸国の対GDP（国内総生産）比一般政府支出規模をまとめたものである。わが国の一般政府総支出は，対GDP比でほぼアメリカと同程度（＝40％程度）であり，ヨーロッパ諸国（50％程度）より小さい。最近では高齢化を反映して社会保障関係費が増加しているが，政府消費や政府投資への支出も大きな金額になっている。政府消費や政府投資の中には，便益が広く国民全体に及ぶものもある。そうした財・サービスは公共財と呼ばれる。

図6-1　先進諸国の政府支出の比較

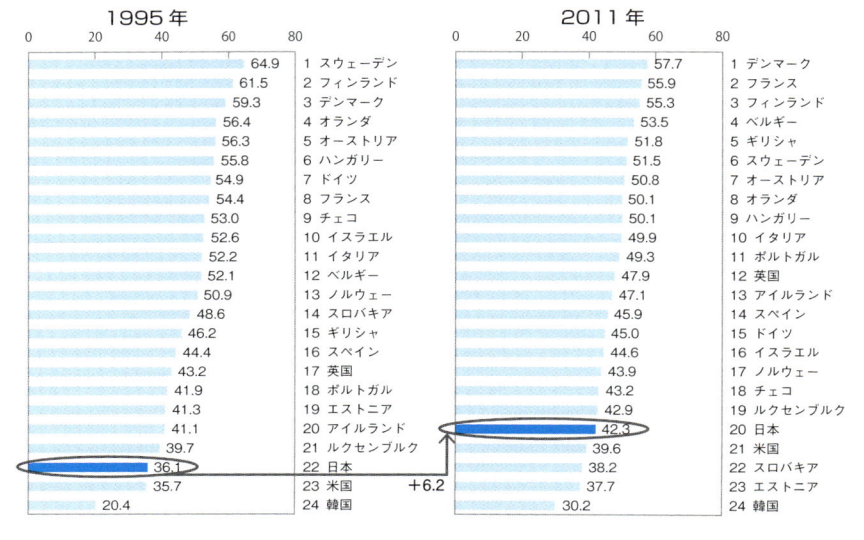

政府の総支出（対GDP比）

1995年		2011年	
64.9	1 スウェーデン	57.7	1 デンマーク
61.5	2 フィンランド	55.9	2 フランス
59.3	3 デンマーク	55.3	3 フィンランド
56.4	4 オランダ	53.5	4 ベルギー
56.3	5 オーストリア	51.8	5 ギリシャ
55.8	6 ハンガリー	51.5	6 スウェーデン
54.9	7 ドイツ	50.8	7 オーストリア
54.4	8 フランス	50.1	8 オランダ
53.0	9 チェコ	50.1	9 ハンガリー
52.6	10 イスラエル	49.9	10 イタリア
52.2	11 イタリア	49.3	11 ポルトガル
52.1	12 ベルギー	47.9	12 英国
50.9	13 ノルウェー	47.1	13 アイルランド
48.6	14 スロバキア	45.9	14 スペイン
46.2	15 ギリシャ	45.0	15 ドイツ
44.4	16 スペイン	44.6	16 イスラエル
43.2	17 英国	43.9	17 ノルウェー
41.9	18 ポルトガル	43.2	18 チェコ
41.3	19 エストニア	42.9	19 ルクセンブルク
41.1	20 アイルランド	42.3	20 日本
39.7	21 ルクセンブルク	39.6	21 米国
36.1	22 日本	38.2	22 スロバキア
35.7	23 米国	37.7	23 エストニア
20.4	24 韓国	30.2	24 韓国

+6.2

110

6-1 公共財の概念とただ乗りの問題

政府の社会保障支出（対GDP比）

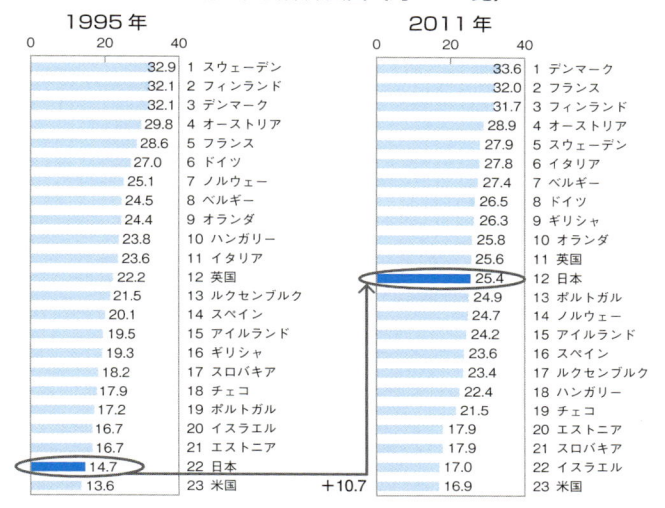

1995年

値	順位	国
32.9	1	スウェーデン
32.1	2	フィンランド
32.1	3	デンマーク
29.8	4	オーストリア
28.6	5	フランス
27.0	6	ドイツ
25.1	7	ノルウェー
24.5	8	ベルギー
24.4	9	オランダ
23.8	10	ハンガリー
23.6	11	イタリア
22.2	12	英国
21.5	13	ルクセンブルク
20.1	14	スペイン
19.5	15	アイルランド
19.3	16	ギリシャ
18.2	17	スロバキア
17.9	18	チェコ
17.2	19	ポルトガル
16.7	20	イスラエル
16.7	21	エストニア
14.7	22	日本
13.6	23	米国

2011年

値	順位	国
33.6	1	デンマーク
32.0	2	フランス
31.7	3	フィンランド
28.9	4	オーストリア
27.9	5	スウェーデン
27.8	6	イタリア
27.4	7	ベルギー
26.5	8	ドイツ
26.3	9	ギリシャ
25.8	10	オランダ
25.6	11	英国
25.4	12	日本
24.9	13	ポルトガル
24.7	14	ノルウェー
24.2	15	アイルランド
23.6	16	スペイン
23.4	17	ルクセンブルク
22.4	18	ハンガリー
21.5	19	チェコ
17.9	20	エストニア
17.9	21	スロバキア
17.0	22	イスラエル
16.9	23	米国

+10.7

政府の社会保障以外の支出（対GDP比） ※利払費を除く

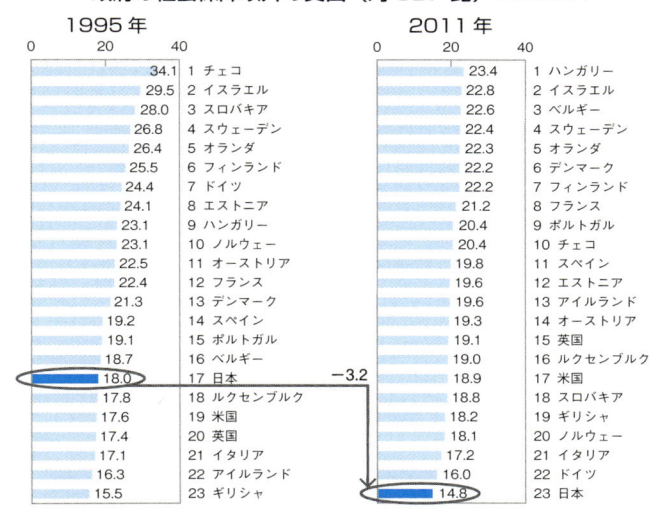

1995年

値	順位	国
34.1	1	チェコ
29.5	2	イスラエル
28.0	3	スロバキア
26.8	4	スウェーデン
26.4	5	オランダ
25.5	6	フィンランド
24.4	7	ドイツ
24.1	8	エストニア
23.1	9	ハンガリー
23.1	10	ノルウェー
22.5	11	オーストリア
22.4	12	フランス
21.3	13	デンマーク
19.2	14	スペイン
19.1	15	ポルトガル
18.7	16	ベルギー
18.0	17	日本
17.8	18	ルクセンブルク
17.6	19	米国
17.4	20	英国
17.1	21	イタリア
16.3	22	アイルランド
15.5	23	ギリシャ

2011年

値	順位	国
23.4	1	ハンガリー
22.8	2	イスラエル
22.6	3	ベルギー
22.4	4	スウェーデン
22.3	5	オランダ
22.2	6	デンマーク
22.2	7	フィンランド
21.2	8	フランス
20.4	9	ポルトガル
20.4	10	チェコ
19.8	11	スペイン
19.6	12	エストニア
19.6	13	アイルランド
19.3	14	オーストリア
19.1	15	英国
19.0	16	ルクセンブルク
18.9	17	米国
18.8	18	スロバキア
18.2	19	ギリシャ
18.1	20	ノルウェー
17.2	21	イタリア
16.0	22	ドイツ
14.8	23	日本

−3.2

（出典） OECD"Stat Extracts National Accounts",EU"Euro stat Government Finance statistics".
（注） 1．数値は一般政府（中央政府，地方政府，社会保障基金を合わせたもの）ベース。
2．政府の総支出には利払費が含まれている。
（出所） 財務省「日本の財政関係資料（平成26年10月）」

6 公共財

■公共財とは何か

通常の財を私的財と呼ぶと，表6-1が示すように，公共財には私的財とは異なる性質がある。すなわち，政府はある特定の人だけを対象として，公共サービスを限定的に提供することはできない。ある特定の人を，たとえば受益に見合った負担をしていないからという理由で，その財・サービスの消費から排除することが技術的，物理的に不可能である。その社会に住む人なら誰でもその公共サービスを受けることができる（排除不可能性）。また，ある人がその公共サービスを消費したからといって，他の人の消費量が減るわけでもない（消費の非競合性）。公共財とは，通常，消費における非競合性と排除不可能性から定義される。

たとえば，A，B2人の消費者がいて，社会全体で財が30だけ利用可能とする。通常の財であれば，Aが30を消費すれば，Bが消費できる量は0となる。しかし，公共財の場合には，Aが30を消費しても，Bが消費できる量はやはり30のままである。

消費における排除不可能性と非競合性は，公共財を特徴づける2つの大きな性質である。完全にこの2つの性質が成立する公共財は，純粋公共財と呼ばれる。こうした公共財は，国民すべてが等量で消費している。一国全体の防衛や治安，防災，伝染病などの検疫などはこの例であろう。上の2つの性質を近似的に満たすものは，公共財と考えることができる。わかりやすくいいかえると，その支出が特定の経済主体だけではなく，他の人々にも便益を及ぼすような財は，広い意味での公共財と考えられる。

▶ 表6-1　公共財と私的財

	公共財	私的財
排除可能性	なし	あり
競合性	なし	あり
ただ乗り	あり	なし

■リンダール方式

ここで、政府が公共財の供給に大きな役割を果たすリンダール方式を説明しよう。これは、私的財と同様に、受益者負担の原則を公共財にも適用するものであり、公共財の評価の高い個人に、より大きな負担を課す。この方式のもとでは、資源配分の効率性が保証されるので、多くの関心を集めてきた。リンダール方式は3つの段階に分けられる。

(1) 政府が、各個人に各々の公共財の負担比率を提示する。
(2) 各個人は、その負担比率のもとで最適な公共財需要水準を表示する。
(3) 政府は、各個人の表示した公共財の水準に応じて負担比率を調整し、結果として、すべての個人の公共財需要の表示水準が等しくなるところで、公共財の供給量を決定する。

いま個人1，2という2人の個人からなるモデルを想定する。まず、個人1の最適化行動から定式化しよう。h を個人1の公共財負担比率とすると、図6-2に示すように、h と個人1にとって最適な公共財との関係は負となる。

図6-2 リンダール方式

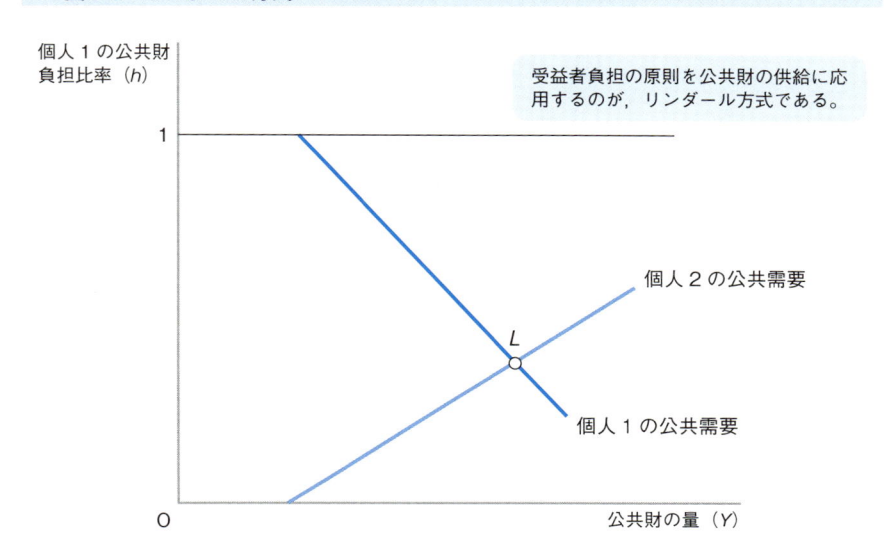

受益者負担の原則を公共財の供給に応用するのが、リンダール方式である。

6 公共財

これは，公共財の負担比率 h が上昇すれば，いままでよりも公共財に対する需要が減少するからである。個人2の最適化行動も同様に考えることができる。ここで注意すべきは，個人2の負担比率が，$1-h$ となる点である。

図6-2では，縦軸に個人1の負担比率 h を，横軸に公共財の量 Y をとって，各々の個人の公共財需要曲線を描いている。個人1の需要曲線は右下がりであり，個人2の需要曲線は右上がりである。なお，個人2の負担比率 $1-h$ は，原点Oから上方に測られることに注意したい。政府は，各々の個人に異なる負担比率を提示し，同じ公共財のもとでの負担比率の合計が1になるように調整するのである。これら2人の個人の公共財の需要を同時に満たす点 L が，リンダール均衡点である。

リンダール方式では正直に公共財に対する自分の評価を政府に申告すると想定している。そうすれば，評価の高い個人の公共財の負担は増大し，評価の低い個人の公共財の負担は減少する。正直に評価を申告して，それに応じて負担するという負担方式がうまくいけば，公共財は通常の私的財と同じようなメカニズムで供給可能であり，結果として公共財は適切に供給されて，資源配分の効率性が実現する。すなわち，公共財は効率的に供給される。これは，各個人が自分にとっての便益とちょうど見合う個別化された価格（＝負担比率）で，公共財の負担を決めており，しかも，個別化された価格の合計が公共財供給のコストに見合っているからである。

しかし，リンダール方式は実際にはうまくいかないだろう。なぜなら，公共財を本当は高く評価している個人が，「公共財は必要ないので負担もしない」と，うその申告をして重い負担を回避しても，公共財を消費することは依然として可能である。公共財には排除原則が適用できない。したがって，すべての人が公共財の評価を過小に政府に報告することで，自らの公共財に対する負担を小さくするだろう。その結果，公共財は過小にしか供給されなくなる。

■公共財とただ乗り

　このように，政府が公共財を適切に供給する際に問題になるのが，ただ乗りの可能性である。ただ乗りとは，負担をともなわないで便益を受けることである。通常の私的財であれば，市場価格という対価を支払わないかぎり，その財を消費することができない。受益者が負担する原則である。排除可能だから，ただ乗りしようと思ってもできない。しかし，公共財の場合は排除が不可能であるために，たとえ負担しなくても，何らかの便益は享受できる。公共財の評価が各人で異なるときや，所得格差が拡大しているときに，このただ乗りの可能性が大きい。

　公共財をどのように公平に分担するかは，防衛費のような一国全体の公共財の場合のみならず，もっと身近な場合にも大きな問題になる。たとえば，町内会の役員など地域の活動に参加する場合も，ただ乗りの誘惑は大きい。

　また，受益者負担の原則を適用せず，公共財の財源を別に税金で調達する場合は，公共財を負担する納税者と公共財の受益者とが乖離する。とくに，生活道路，橋，公民館など地域に密着した公共投資の場合，税金は全国の人々が負担しているが，受益はその地方の人のみに関係する。受益と負担が分離されている世界では，他の人の負担にただ乗りしようとする誘惑は大きい。こうしたケースでは，公共財に対する過大な需要が生まれる。私的財であれば，受益と負担を分離することは不可能であり，こうしたただ乗りも生じない。

　政府支出は，それぞれ何らかの便益を国民の誰かにもたらすものであり，他の条件が一定であれば，その拡大はつねに望ましい。しかし，公共サービスの財源は税金である。税負担は国民誰かの負担であるから，他の条件が一定であれば，増税は望ましくなく，減税はつねに望ましい。支出の決定と収入の決定が分離されており，政府の提供するサービスに関して，受益者負担の原則が成立していない状況では，国民一人ひとりにとっても，公共支出の拡大と税負担の減少という誘惑はつねに大きい。その結果が，第9章で取り扱う財政赤字の拡大である。

6 公共財

■ただ乗り問題の対策

　ただ乗り対策として有力な方法は，公共財の評価を政府が間接的におこなうことである。公共財の供給によってどの程度社会的な便益が増加するかを，間接的な方法で推計できれば，その便益が公共財の費用と比較して大きい場合に，その公共財計画を実施すればよい。こうしたアプローチは，第7章で説明する費用便益分析と呼ばれている。通常の私的財であれば，市場で需要量が観察できるので，そのデータをもとにして消費者の便益を推計できる。しかし，公共財は市場で取引されない財であるから，政府が正確な便益を推計するのはなかなか困難である。

　もう1つのアプローチとして，ただ乗りの動機を小さくすることが考えられる。所得再分配政策が適切におこなわれるなら，実施後にすべての個人の効用は増加する。過去の公共財計画の際に人々のあいだで公平性が確保されるべく，再分配政策がとられていたら，新しい公共財計画の際に人々のあいだでそれほど利害は対立しない。したがって，ただ乗りをする動機も小さい。その意味で，公平性に関する政府への信頼感を増すことが，ただ乗り対策として重要である。

■クラーク税

　公共財の真の評価を表示させるメカニズムとして，有力な手段がクラーク税という考え方である。これは，自分が表示する金額で全体の意思決定が左右される場合，それによって他人が被る損害額だけを，課税によって当事者から徴収することで，真の値を表示する誘因をもたせるというアイデアである。表6-2の数値例で説明しよう。

　いま，個人A，B，Cという3人が所与の公共財計画を実施するかどうかの評価を問われているとしよう。各人のネットの便益（便益−税負担）がそれぞれ，100，70，−80とする。すなわち，個人A，Bはこの公共財計画が実施されるとネットで得をするが，個人Cはネットで損をする。

　3人とも正直に自分の評価を表示すると，個人Aが全体の計画を左右する

▶ 表6–2 クラーク税

個　人	A	B	C
評　価	100	70	−80
クラーク税 （正直に表示した場合）	10	0	0
クラーク税 （Cが過小表示した場合：−180）	0	0	170

個人になる。なぜなら，個人BとCの評価の合計は70＋（−80）＝−10であり，マイナスになっている。個人Aの評価100があってはじめて全体の符号がプラスになって，この公共財計画は実施される。個人Bの場合は，個人AとCの評価の合計が100＋（−80）＝20であり，すでにプラスになっているので，自分の評価額70を加えても，全体の符号を変えることにならない。同様に，個人Cの場合は，個人AとBの評価の合計は100＋70＝170だから，自分の評価−80を加えても，全体の符号は変わらない。したがって，個人Aのみがクラーク税を負担する。その金額は，個人B，Cに与えるネットの損害額−70＋80＝10である。

ここで，各個人が過大表示あるいは過小表示する誘因があるかどうか検討してみよう。個人A，Bにとっては，正直に行動することで自分の望み通りこの公共財計画が実施されるので，過大，過小表示する誘因はない。クラーク税は自分の表示する金額とは独立だから，過大，過小表示することで，税負担が軽減されることもない。

ところで，個人Cにとっては過小表示することで，全体の符号を変えて，公共財計画を阻止することができる。たとえば，−180と表示すれば，全体の評価額は100＋70＋（−180）＝−10となるので，この公共財計画は実施されない。しかし，この場合，個人Cは全体の符号を変えたので，クラーク税を負担しなければならない。その金額は，個人A，Bに与える損害額の合計100＋70＝170になる。したがって，公共財計画を阻止することで80の

損失を回避できるが，同時に，クラーク税が 170 かかるので，合計すると，個人 C は 90 だけネットで損をする。いいかえると，過小表示すると，クラーク税を負担しなければならず，それを考慮すると，過小表示することは望ましい戦略にならない。そのため，個人 C も正直に表示することになる。

■ただ乗りと実験経済学

現実の公共サービスの決定に際して，ただ乗りの現象はどれほど深刻であろうか。ただ乗りの重要性を定量的に分析する試みは，実験経済学でもおこなわれている。実験の場合は，1 回かぎりの実験か，繰り返しおこなわれる実験かの区別が重要となる。1 回かぎりの実験では人々はゲームになれていないので，ただ乗りの動機があったとしても表面化しにくい。1 回かぎりの実験と繰り返しの実験を比較すると，学習仮説の妥当性が検証できる。学習仮説とは，利己的な意味で合理的な行動を理解するのに時間がかかるから，実験を繰り返すうちに，ただ乗りする人が多くなるというものである。

また，繰り返しのゲームでは，人々は将来を考えて戦略的に行動することが可能となる。最初のうちは将来のゲームで他人が公共財を供給することを期待して，自分も公共財を供給するが，ゲームがおわりに近づけば，将来のことを気にしなくなるので，それだけただ乗りをしやすくなる。グループの構成員が固定されていれば，戦略的行動は意味をもつが，そうでなければ，繰り返しゲームでも戦略的に行動しなくなる。

表 6-3 にまとめてあるような次の実験を考えてみよう。5 人が 1 つのグループを形成している。人々は 1 人あたり 50 枚のコインをもっている。それを私的財に使えば，1 枚あたり 1 の便益があり，それを公共財のために使え

▶ 表 6-3　ただ乗りの実験

	公共財	私的財	社会的総便益
社会的な最適解	50	0	625＝0.5×5×50×5
私的利害の解	0	50	250＝5×50

ば，1枚あたり0.5の便益がそのグループすべての人（5人）に与えられる。したがって，公共財の私的な便益は0.5であるのに対し，社会的な便益は2.5である。

社会的にみて最適な点は，すべてのコインを公共財に使うことである。私的な利害のみを各個人が考えれば，私的財投入の便益（1）の方が公共財投入の私的便益（0.5）よりも大きいので，すべてのコインが私的財に投入される。ただ乗りは合理的なゲームの解として，利己的な個人の利害からはかならず出てくる現象である。ところが，これまでの実験結果によると，戦略的行動も学習仮説もそれほど支持されない。ただ乗りの現象が現れるのは，繰り返しの実験のもとでも，あまり有意ではないという結果になっている。

――― check point 6.1

● キーワード

| 公共財　　排除不可能性　　非競合性　　純粋公共財　　ただ乗り |
| リンダール方式　　実験経済学 |

● 6-1節　練習問題
次の文章の（　）の中に適当な言葉を入れよ。

1．消費における（　）と（　）は，公共財を特徴づける2つの大きな性質である。
2．公共財には，評価の高い人が負担も（　）なるという受益者負担の原則が（　）。

□ 6-2　公共財の公的供給と私的供給 □

■公共財の最適供給

さて，政府はどのようなルールで公共財を供給すべきだろうか。個人1，2からなるモデルで，表6-4の数値例を用いて考えてみよう。個人1，2それぞれの公共財の評価額と公共財の供給費用が，公共財の水準ごとに示し

6 公共財

▶ 表6-4　公共財の最適供給

公共財の供給	1	2	3	4
個人1の評価	10	30	45	55
個人2の評価	20	40	48	55
公共財の費用	20	35	55	75
社会的利得	10	35	38	35

▶ 表6-5　公共財の限界便益と限界費用

公共財の供給の増加	1→2	2→3	3→4
個人1の限界便益	20	15	10
個人2の限界便益	20	8	7
総限界便益	40	23	17
公共財の限界費用	15	20	20

てある。公共財は等量消費できるから，2人の公共財の評価を合計したものが，社会全体での公共財の評価になる。この社会的な評価と公共財の費用との差額が，公共財の供給から得られる社会的な利得である。表の数値例では，公共財が3単位供給されるとき，個人1の評価が45，個人2の評価が48，費用が55であり，このときの社会的利得38（＝45＋48−55）がもっとも大きな利得となる。つまり，公共財は3単位供給するのが望ましい。

以上の数値例を限界メリットと限界デメリットの観点から，考え直してみよう。**表6-4**に対応する公共財の限界評価の数値例を**表6-5**に示している。公共財供給の追加的な1単位の限界便益は，すべての個人の限界便益の総和であり，**表6-5**からもわかるように，公共財水準を2から3に1単位増加するときには，総限界便益は23となる。また，公共財水準を3から4に1単位増加するときには，総限界便益は17である。公共財供給の追加的な限界

図6-3 公共財の最適供給

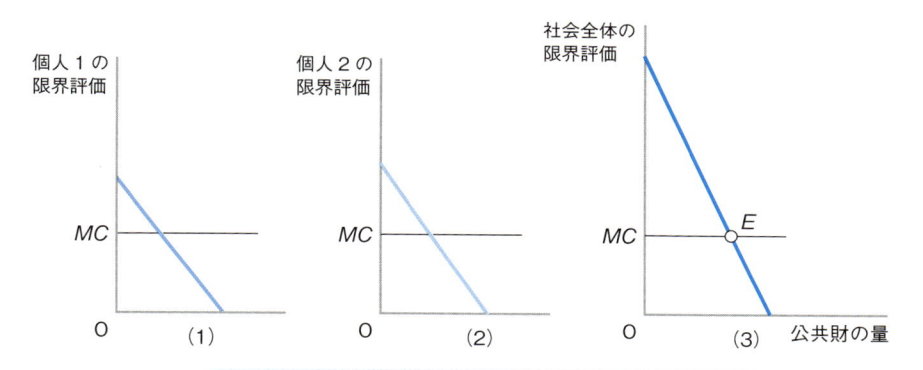

個人の公共財の限界評価を合計した社会全体の限界評価が限界費用と一致する点が、公共財の最適供給点である。

費用は，公共財水準を2から3に，また，3から4に，それぞれ1単位増加するときに，いずれも20である。限界便益が限界費用を上回るかぎり，公共財の供給を増加させることで，ネットの便益は増加する。逆に，限界便益が限界費用を下回るときには，公共財をそれ以上増加させると，ネットの便益は減少する。したがって，上の数値例では，公共財を1から3まで3単位供給するのが望ましい。

以上の数値例でもわかるように，

> 「最適な公共財の供給条件は，公共財の限界的な総便益が公共財の限界費用を上回るかぎり供給を増やす」

ことである。これが，公共財の最適供給に関するサムエルソンの公式に対応する。

公共財の量を連続的に選択できる2人の個人が存在する経済について，図6-3を用いて説明してみよう。図6-3の(1)と(2)は，個人1，2それぞれの公共財の限界評価曲線を描いている。これは，

> 「追加的に1単位公共財を供給してもらえるなら，自分としてはどのくらいまでのお金を支払う用意があるか」

という追加的な支払い意欲（＝公共財の限界便益）を示している。公共財の

水準が大きくなればなるほど,限界的な支払い意欲は減少するだろう。公共財の限界効用は逓減するからである。よって,図6-3に示すように右下がりの曲線が描かれる。

図6-3の(3)は,個人1,2の公共財の限界評価曲線を縦軸に沿って足し合わせた曲線であり,公共財の社会的な限界評価＝限界的なメリットを示している。サムエルソンの条件は,この社会的な限界評価と公共財の限界費用(MC)＝限界的なデメリットとが一致する E 点まで,公共財を供給するのが望ましいことを意味する。以上まとめると,サムエルソンの公式とは,

各個人の限界評価の和（社会全体の公共財供給の限界的な便益）
＝限界費用

の条件で与えられる。

ところで,通常の私的財について家計全体の需要曲線を導出する際には,需要量である横軸に沿って各家計の需要曲線を合計する。これに対して,公共財について需要曲線＝社会的な限界評価曲線を導出する際には,限界評価＝価格である縦軸に沿って各家計の限界評価を合計する。これは,公共財が等量消費される財であり,経済全体で存在する公共財をすべての家計が同じ量だけ消費できるからである。

■公共財の私的供給

上の説明では,公共財の最適供給に関する規範的分析をおこなったが,以下では,公共財の自発的な供給の分析をしておこう。これは,公共財の自発的供給のナッシュ均衡として知られている。

政府が公共財を全然供給しなくても,その経済に公共財が全然供給されないとはかぎらない。民間部門で,私的な財と同時に公共財を供給することも可能だからである。これは,公共財の現在量に不満なものが,自らの負担で公共財を追加することを意味する。たとえば,各個人にとって,「自分の家の前に自らの自己負担で何個街灯を据えつければいいか」という問題である。街灯は他人にとってもメリットのある公共財である。

ところで、**表6-4**の数値例を用いて、個人2が自らの利害だけを考慮してこの公共財を自主的に供給することが得かどうかを考えよう。個人2は個人1の自発的な供給がゼロであると考えると、この公共財を限界便益の一番多い1から2まで2単位供給するのが、最適となる。また、個人1にとっても個人2が1から2まで2単位供給してくれるのであれば、30の便益を享受できるから、もう1単位自己負担して便益を42に12だけ増加させるために、20の追加的な費用（55−35：公共財を2単位から3単位に1単位だけ増加させるに要する費用）を受け入れるのは損である。したがって、個人1は何も負担しない。結局、個人2が2単位だけ公共財を自発的に負担するのが、お互いに最適戦略となりナッシュ均衡となる。

■ナッシュ均衡の効率性

自発的供給のナッシュ均衡点とサムエルソンの公式が定める社会的な最適点を比較してみよう。自発的供給点に対応する公共財の量（上の数値例では2単位）は、社会的最適点に対応する公共財の量（上の数値例では3単位）よりも小さい。自発的供給の均衡点では、社会的な最適点より、公共財が過小にしか供給されないのである。

これは、各個人が自分にとっての便益のみを考慮して、公共財の負担を決めるためである。公共財の量が連続的に選択できるとき、自発的供給のナッシュ均衡点では、各個人それぞれの公共財の限界便益が、公共財の限界費用に等しい。便益が自らに限定される私的財の場合には、これは最適条件であるが、公共財の場合には社会全体の公共財供給の限界的な総便益を考慮しなければならない。しかし、自発的供給のナッシュ均衡では、他の人への波及効果を考慮しないで公共財の供給量を決定するために、公共財が過小にしか供給されないのである。

■ナッシュ的アプローチへの批判

現実の世界でも、寄付行為に代表されるように、自発的な公共財の供給は

多くみられる。寄付金総額が増加すれば，寄付をする個人にとって満足度が増加すると考えると，寄付金総額が公共財としての役割を果たしている。すなわち，誰がどれだけの寄付をするかに関係なく，とにかく，寄付金の総額のみに関心があるという世界である。しかし，ナッシュ的なアプローチで現実の世界での自発的な公共財の供給メカニズムを解釈することには，最近さまざまな批判がおこなわれている。とくに，ナッシュ的アプローチでは，経済のサイズ（経済主体の数）が大きくなるにつれて，表6-4の数値例の個人1のように，他人の負担にただ乗りして公共財を負担しない人が多くなり，寄付をする人々の割合がゼロに収束していく。

　ナッシュ的な公共財の供給の現実の例として，自発的な寄付行為を想定しよう。アメリカ経済についてみると，寄付行為には次の2つの特徴がある。第1に，参加者が非常に多いことである。85%の人が教会に何らかの寄付をしているとの調査もある。第2に，寄付金額も多額である。GDPの2%程度に達しているとの推計もある。このような現象はナッシュ的アプローチではうまく説明できない。

　ナッシュ的アプローチを修正する1つの方法は，公共財を負担する行為それ自体に満足を感じるという定式化である。同じ寄付金総額でも，他の人よりも自分の寄付金の額が多ければ，それだけ自分の満足度は増加すると考えるものである。たとえば，匿名ではなくて，マスコミに自分の寄付額が公表される方が望ましいと思う人の寄付行為である。もう1つの方法は，公共財の便益がすべての人に共通に波及するのではなくて，ある程度限定されるという状況を重視する考え方である。これが，次節で説明する準公共財の概念である。

— check point 6.2

● キーワード

| 公共財の最適供給 | サムエルソンのルール | 公共財の限界評価 |
| 公共財の限界費用 | 自発的供給 | ナッシュ均衡 |

● 6-2 節　練習問題
個人 A，B それぞれの公共財 Y からの限界評価がそれぞれ
$$10-Y, \quad 5-2Y$$
で表されるとする。公共財を供給する限界費用が 3 で一定であるとすると，最適な公共財の供給水準はどれだけか。

6-3　準公共財

■準公共財の概念

　純粋公共財と私的財との中間的な性質をもつ財が，準公共財である。具体例として，街灯を想定しよう。この経済に複数の人々がいるとし，街灯はいずれかの個人の家の前に設置されるものとする。設置された家の前での明るさを 1 とすると，この街灯が他人の家に及ぼす明るさが問題となる。これが 0 であれば，すなわち，他人の家に何ら便益を及ぼさない場合には，街灯は私的財である。逆に，これが 1 であれば，すなわち，どこの家にも同じ明るさを及ぼす場合には，街灯は純粋公共財である。さらに，これが 0 と 1 のあいだであれば，すなわち，他人の家に多少の明るさは及ぼすけれども，自らの享受する明るさほどではない場合には，この街灯は準公共財とみなされる。表 6-6 は純粋公共財と準公共財を比較している。

　準公共財には，(1) 便益を特定の個人のみに限定すること自体は無理だけれども（排除不可能性），便益の程度がそれほど大きくない公共財と，(2)

▶ 表 6-6　純粋公共財と準公共財

	純粋公共財	準公共財
意　味	排除不可能性，非競合性が完全に成立	排除不可能性，非競合性がある程度成立
例	防衛費，基本的な経済秩序の維持費用	地域の公共資本，公園

便益を限定すること自体は可能であるが，ある人の消費が別の人の消費を妨げない（非競合性）性質をもつ公共財の2つに分けられる。たとえば，高速道路には排除可能性はあるが，混雑していないかぎり，非競合性はない。したがって，準公共財の世界では，自発的な供給メカニズムを前提にしても，ただ乗りする人は限定される。私的財に近い性質をもつので，ある程度，受益者負担の原則が適用されるからである。

■地方公共財

ある特定の地域に便益が限定されるような公共財は，「地方公共財（＝クラブ財）」と呼ばれる。図書館や公園などは，ある一定の範囲の近隣居住地域に住んでいる住民にとっては純粋公共財であるが，遠くに住んでいる住民には利用するのにコストがかかりすぎる。特定の地域に住むためには，その地方の地方税などの負担が必要となる。逆に，そうした負担をしてそこに住んでしまえば，その地域内での公共サービスは排除されることなく利用できて，かつ，それほどの競合性もない。このような性質をもつ準公共財＝地方公共財をどのように供給すべきだろうか。

地方公共財の供給を中央政府が規制するのは，一般的に望ましくない。たとえば，中央政府が，ある決められた水準の地方公共財を一律に各地方に供給するとしよう。ある地方の住民がその公共財を大きく評価し，別の地方の住民がその公共財を小さく評価している場合には，中央政府がその中間の水準でどちらの地方にも同水準の公共財を供給すれば，どちらの地方の住民も不満をもつ。その地方の評価に見合った活動をおこなうには，それぞれの地方で分権化した形で，公共財の評価の高い地方では大きな量を，逆に，公共財の評価の小さい地方では小さな量を供給するのが望ましい。すなわち，中央政府にとって各地域に居住する住民のもつ地方公共財の評価に関する情報が不完全であれば，地方政府が公共財の供給に責任をもって活動する方が望ましい。

図6-4で，Y_1，Y_2 はそれぞれ地方1と地方2の地方公共財の限界評価曲

図 6-4 公共財と地方分権

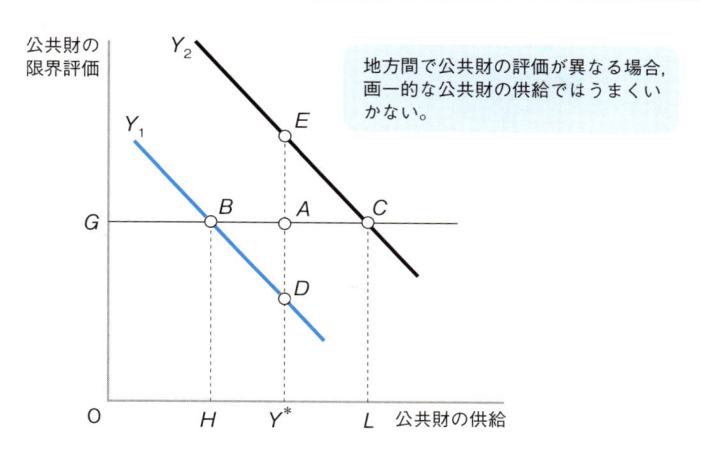

地方間で公共財の評価が異なる場合，画一的な公共財の供給ではうまくいかない。

線を示している。OG は両地方で共通の限界費用である。中央政府が Y^* という同じ水準の供給水準を維持する場合には，各地方では公共財の限界費用と限界便益とは一致しなくなる。限界費用と限界便益とがそれぞれの地方で一致する水準，すなわち，地方1で OH，地方2で OL まで公共財が供給される場合と比較すると，各地方では ΔABD の大きさの超過負担と ΔACE の大きさの超過負担が生まれてしまう。

以上の例では，公共財の量に関する選好の相違であったが，どの種類の公共財を供給すべきかという質に関する選択の場合でも，同じような議論が成立する。地方間，あるいは住民間での選好が大きく異なる場合には，中央政府による画一的な供給よりは，地方政府ごとのきめ細かい供給の方が，一般的には望ましい。

■ クラブ財の最適供給

さて，ある地域（＝クラブ）における地方公共財（＝クラブ財）G の最適供給について考えてみよう。家計は同質であり，私的財 c と地方公共財 G から効用を得ている。y をその地域における1人あたり所得，n をその地域の人口としよう。総所得は人口とともに増加する。地方公共財と私的財との

6 公共財

▶ 表6-7 地方公共財の供給における最適規模

人 口	1	2	3	4
地方公共財の総費用	20	24	30	44
地方公共財の1人あたり費用	20	12	10	11
私的財の平均消費額	80	88	90	89
会費徴収による利潤（価格10）	−10	−4	0	−4

* $y=100$ とする。

相対価格 p（私的財で測った地方公共財の価格）は，n の増加関数と考える。地方公共財は，各人に G だけの公共サービスを提供する場合，人口が増加すると，混雑現象が生じて，総費用 pG が増加する。

地方政府の最適問題は，この地域の社会的便益を最大にするように，G と n を決定することである。まず，G の最適供給から考える。これは，その地域の住民全体での地方公共財に対する限界評価額の合計額がその地域の公共財の限界費用である p に等しいという条件（＝公共財供給のサムエルソンの条件）で与えられる。

次に，その地域の人口 n の最適条件を考えてみよう。G が一定のもとでは，1人あたりの地方公共財の負担額 $\dfrac{pG}{n}$ がもっとも小さくなり，1人あたりの私的財の消費額 c（$=y-\dfrac{pG}{n}$）がもっとも大きくなるところが，社会的な便益ももっとも大きくなる。したがって，クラブ人口の最適規模を示す条件は，公共財の1人あたりの供給費用が最小になる点で与えられる。

以上の議論を表6-7の数値例で考えてみよう。表6-7には，$n=1$, 2, 3, 4のときの地方公共財の総費用と1人あたりの費用（平均費用）が示されている。$n=3$のときに平均費用は10で，もっとも小さくなるから，$n=3$が最適なその地域の規模である。$n=3$での平均費用10は n を4に増やす際の限界費用14よりも小さく，n を2に減らす際の限界費用6よりも大きい。よく知られているように，図6-5に示すように，平均費用と限界費用が

図 6-5 クラブの最適規模

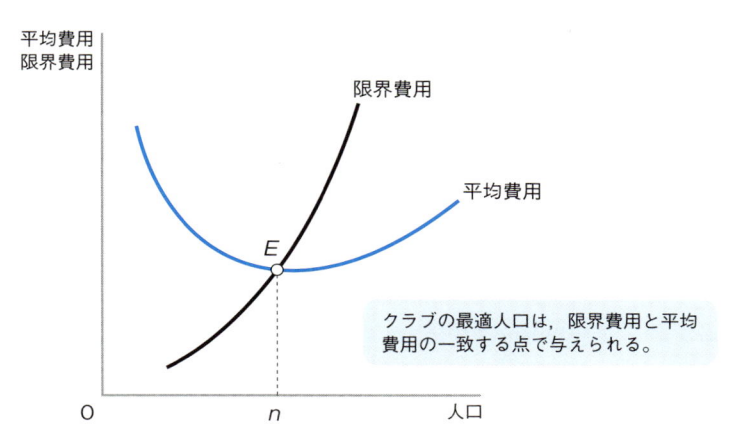

クラブの最適人口は，限界費用と平均費用の一致する点で与えられる。

一致する点で平均費用が最小となる。その意味で，この条件は地方公共財の供給における人口の最適規模を示している。

この条件は，クラブの私的な経営者が新しい会員を認めるときに，いくらかの会費を徴収するとして，何人までの会員の入会を認めれば，その利潤を最大にできるかという問題の解でもある。表 6-7 の数値例では，各会員から 10 の会費を徴収すると，$n=3$ のときのみ利潤ゼロであり，それ以外のクラブの規模では利潤はマイナスになる。価格が 10 よりも大きければ，プラスの利潤が発生して，同じサービスを供給する他のクラブによる新規参入が生じるだろう。また，価格が 10 以下では，どのサイズの会員でも利潤はゼロになるから，このクラブは閉鎖される。したがって，長期的な均衡条件である価格 10 と両立可能なクラブのサイズは 3 になる。

■地方公共財と住民運動

わが国のように地方税の負担がどの地域でもほとんど同じであれば，地方公共財の評価はそのまま地価の評価と連動する。良質の地方公共財が供給される地域の地価は高く，逆に，ゴミの焼却場など近隣に外部不経済をもたらす（と予想される）地方公共財のある地域の地価は低くなる。地価の変動は，

6 公共財

土地の所有者である地主の利害に直結する。したがって，とくに，不利益が予想する外部不経済をもたらす公共サービスに対して，地元の地主が強力に反対する傾向がみられる。

これに対して，賃貸住宅の居住者など，土地や住宅を借りてその地域に居住している人々は，あまりそうした住民運動に積極的ではない。その理由は，家賃などの賃貸料が公共サービスの評価と連動して調整されるからである。たとえば，ゴミ焼却場が建設されて，地価が下落するとしよう。それに応じて家賃も下落するから，賃貸住宅の居住者のネットの利得は変化しない。外部不経済をちょうど相殺する分だけ，家賃が下落しているので，賃貸住宅の居住者にとっては，そうした公共施設があってもなくても，実質的な影響はない。したがって，彼らが住民運動に参加することのメリットは乏しい。これは，その地域を超えた広範囲の住宅の賃貸市場で実質的な賃貸料が決定されているので，一部の地域での地方公共サービスの評価は賃貸住宅の利用者にとっては，無関係になるからである。

check point 6.3

● キーワード

準公共財　　私的財　　クラブ財　　地方公共財　　クラブの最適規模

● 6-3節　練習問題
次の文章の正誤を判断せよ。

1．純粋公共財と準公共財は，ともに市場では適切に供給されない財である。
2．私的財と準公共財は，ともに市場で適切に供給される財である。
3．地方公共財は，その便益の程度が地域的に確定できる。
4．クラブ財は，そのクラブに入らなくてもその便益にただ乗りすることができる。
5．クラブの最適規模は，人口が変化するときの限界費用がもっとも小さくなる点で与えられる。

■ *Column 6* ウィークエストリンクとベストショット ■

　サッカーのチームを強化する場合，守備力を強化するのか，攻撃力を強化するのか，2つの考え方がある。守備力を強化するのであれば，守備要員全員の守備能力を向上させる必要がある。1人でも守備力の弱いプレーヤーがいると，そこを集中的に攻撃されるから，他の守備要員の能力を強化しても，守備力全体の強化にならない（ウィークエストリンク・タイプ）。すなわち，守備力を強化するには，もっとも守備力の弱いプレーヤーの能力を引き上げる必要がある。

　これに対して，攻撃力の場合は，誰か有能な攻撃要因がいれば，相手のゴールを突破できる（ベストショット・タイプ）。攻撃力のもっとも弱いプレーヤーの能力を引き上げるよりも，もっとも攻撃力の高いプレーヤーの能力をさらに強化する方が得点能力は増加する。

　オリンピックとサッカーのワールドカップの大きな相違は，1つの都市で開催するか，全国に分散して開催するか，である。オリンピックは1つの都市での開催だから，各国の首都など，大都市が開催地になる。国を挙げての支援体制が組まれるが，そもそも大都市はインフラも整備されているから，あるいは，インフラ整備の便益も大きいから，経済的にも活性化しやすい。これに対して，ワールドカップは10ヵ所以上の分散開催であり，開催国の広範囲な各地で会場などの整備が必要になる。1つでも整備が遅れると，全体の運営に大きな支障が生じる。開催地の数の視点でみると，オリンピックはベストショット・タイプの運営であり，ワールドカップはウィークエストリンク・タイプの運営である。

　経済学の立場では，ある地域でのイベントに全国レベルでの波及効果がどのくらい大きいかどうかが，判断基準になるだろう。すなわち，あるイベントがベストショット・タイプ（もっとも生産性の高い地域の提供する公共財の便益が全国すべての地域で享受可能であるケース）であれば，1つの開催地をより強く支援するオリンピック型のイベントが望ましい。これに対して，イベントがウィークエストリンク・タイプ（もっとも生産性の低い地域の提供する公共財の便益しか全国すべての地域で享受可能でないケース）であれば，ワールドカップ型を通じて全体の底上げをはかるイベントが活性化に有効になる。

　この問題は，視点を変えると，「均衡ある国土の発展（ウィークエストリンク・タイプ）」という政策目標のもとで過疎地の経済状態の底上げをはかるのか，「一極集中のメリット（ベストショット・タイプ）」を活かすという政策目標のもとで，大都市のさらなる発展をはかるのかという問題でもある。前者の立場では，できるだけ多くの資源・所得を地域間で共有するのが望ましい。後者の立場では，最小限のナショナル・ミニマムを除いて，地域間の再分配は極力スリム化して，発展が見込める地域を伸ばすのが望ましい。いいかえると，過疎地の底上げをはかることで，等しくそこそこに豊かな経済状態を維持することを重視するのか，大都市を活性化することで，その波及効果で全国の地域が活性化することを重視するのか，の相違である。

第 7 章

公共支出の評価

　この章では，公共支出の評価を取り上げる。第1節では，代表的な公共支出の評価手法である費用便益分析を説明する。第2節では，公共投資を念頭において，公共支出全体の最適な大きさを決定する基準を検討する。とくに，長期的な視点で公共投資の便益と費用を評価するために，資本市場をどのように活用すべきかを考える。第3節では，費用便益分析にかわる評価の手法として，トラベルコスト法，ヘドニック・アプローチ，仮想的市場評価法の基本的な考え方を紹介する。政府支出の種類に応じて，それらの代替的な評価法を適切に用いることが有益である。第4節では，実際の政策決定においてきちんとした便益推計がおこなわれるために，官僚の業績評価のあり方を取り上げる。

7 公共支出の評価

7-1 費用便益分析

■基本的考え方

 ある公共支出を実行することが社会的に望ましいかどうか，どの規模の公共支出を実施することが望ましいのか，という公共支出の評価を取り扱うもっとも有力な方法が，「費用便益分析」である。これは，公共支出の生み出す社会的便益の現在から将来までの流列の割引現在価値が，公共支出の費用を上回るかぎり，その公共支出計画を実行するのが望ましいというものである。

 完全競争市場における民間企業の場合は，社会的なネットの便益の最大化は，企業にとっての利潤の現在価値の最大化に一致している。企業の利潤が最大になる点で，家計の利得も最大になるからである。公共支出の場合には，すべての生産物を市場で販売することができず，何らかの外部性も排除できないのが通例であるから，利潤原理をそのまま適用することは困難である。市場メカニズムを用いないで利潤原理を間接的に適用しようというのが，費用便益分析の基本的な考え方である。

 表7-1の数値例で考えてみよう。第1期に15の費用で公共支出をおこない，第2，3期にそれぞれ10の便益が得られるとしよう。簡単化のために利子率をゼロとすると，便益の合計額が現在価値額でもあるから，総便益は20となる。これは，費用の15を上回るから，この公共支出をおこなうこと

▶ 表7-1　費用便益分析

期	1	2	3
費　用	15	0	0
便　益	0	10	10

134

が望ましい。

■社会的便益の推定

　費用便益分析の問題点を整理しよう。まず，便益評価の方法から検討したい。社会的便益を推定するのは，困難な作業である。公共支出の便益は，その計画を実施することで，消費者の効用（＝満足度）がどれだけ増加するかを金銭に換算するものである。そのためには，その公共投資計画を実施する前と後とでの消費者の効用の変化を観察し，それを金銭で評価する必要がある。このときに次のようなポイントが問題となろう。

　第1は，公共支出が消費者の効用に及ぼす効果の経路を特定して，その大きさを推定することである。公共支出が消費者の効用に影響を与えるルートとしては，市場を通じるルートの他に，市場を通さない外部性をともなうルートという2つの可能性がある。まず最初に，市場を通じるルートの方から考えてみよう。

　公共サービスでも市場を通じて，販売される場合には，その金銭的な評価は比較的容易である。公共支出が直接消費者に売買され，消費者がそのサービスを市場で購入する場合を想定しよう。その場合には，実際の購入量と購入価格のデータから，そのサービスに対する消費者の需要曲線を推定することができる。需要曲線を縦にみると，ある量を購入している消費者が，その量の消費に対して限界的にいくらまで支払ってもいいと考えているかという限界的な評価を示している。図7-1に示すように，需要曲線が推定できれば，その下方の面積を計算することで，公共支出の社会的便益を推計することができる。

　たとえば，公営プールの利用料金が1時間につき700円なら1時間，500円なら2時間，300円なら3時間利用したいと考えている家計は，1時間目のプール利用の限界評価を700円，2時間目のプール利用の限界評価を500円，3時間目のプール利用の限界評価を300円とみている。1時間300円で3時間利用する際の消費者の総便益の評価は，700＋500＋300＝1500円とな

7 公共支出の評価

図 7-1 社会的便益

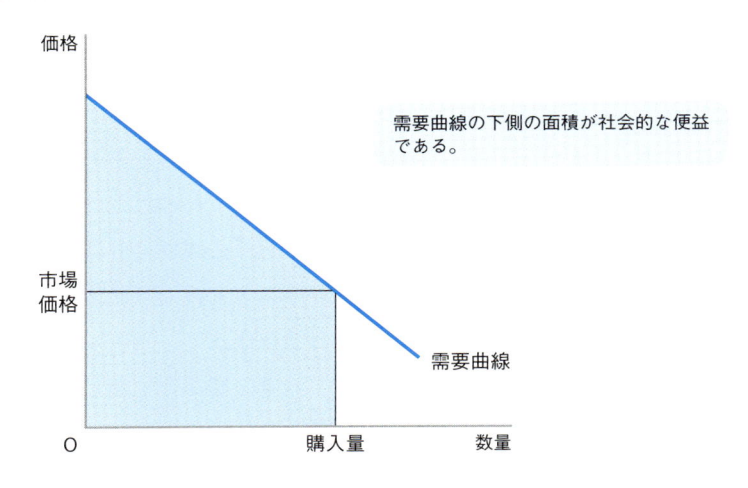

（図：縦軸「価格」、横軸「数量」、右下がりの需要曲線。市場価格の水平線と購入量の垂直線で囲まれた領域。「需要曲線の下側の面積が社会的な便益である。」）

る。

　しかし，産業関連の公共投資のように，公共支出が企業などで投入要素として使用され，生産物や生産物価格に入る形で消費者の効用を増加させる場合には，消費者にとっての便益を推計するのはかなり困難である。もし市場が完全であり，公共支出の実施によって他の財・サービスの価格が影響を受けない部分均衡分析がもっともらしい状況では，企業によって中間財として追加投入される公共サービスの価値額は，それによって増加する最終生産物の価値額に等しい。なぜなら，利潤がゼロになるように市場均衡が決まるので，投入される公共サービスのコストに見合うだけの収入がある。それが，消費者の評価を反映しているからである。すなわち，公共支出によって企業が受ける便益がそのまま消費者の便益となるので，それを推計すればよい。いいかえると，公共支出の供給がさまざまな市場を通じて消費者に及ぼす便益の大きさは，中間投入として利用される公共支出の価値額によって推定できる。

　市場が不完全競争であったり，その公共支出計画によって他の財・サービスの価格が変化する場合には，上のような単純化の想定は成立しない。その

場合、公共支出の便益を厳密に推定するのはかなり困難な作業である。

第2のポイントとして、市場で取引されない外部性をともなう支出を推計することが考えられる。たとえば、高速道路の建設で、自動車の移動速度が早くなったり、騒音や排気ガスが増加したりする場合である。自動車の移動速度の増加による便益は、節約される時間の金銭的な評価でみることができる。騒音や排気ガスの増加による負の便益（コスト）は、それを相殺するために必要な追加的なコストの大きさで測ることができる。ただし、これらの推計には恣意性がつきまとう。

また、外部性を計算する際には、二重計算の過ちにも注意する必要がある。たとえば、高速道路の建設の場合、それによって地価が上昇したとしても、それは移動時間の短縮の結果であったとしたら、移動時間の短縮と地価の上昇とを同時に便益として考慮すると、二重に便益を計算してしまう。

■異時点間での評価

公共支出の中でも、公共投資は重要な特徴をもっている。すなわち、公共投資の便益や費用は、一時点のみに集中して発生するものではない。通常は、多期間（異時点間）にわたって生じる。異時点間の便益や費用を比較するためには、ある割引率で将来の値を割り引いて、現在価値に直して比較するのが有益である。B_i を i 時点での便益、C_i を i 時点での費用、r を割引率とすると、ネットの便益の0時点から T 時点までの現在価値は、

$$B_0 - C_0 + \frac{B_1 - C_1}{1+r} + \frac{B_2 - C_2}{(1+r)^2} + \cdots + \frac{B_T - C_T}{(1+r)^T}$$

で表される。この値がプラスであれば、その計画を実施することが正当化される。

このように、費用便益分析では、各期の純便益と投資費用をどのように推計するかとともに、異時点間の便益を比較する際に用いられる割引率をどのように決定するかも重要な問題点となる。社会的な便益の現在価値の大きさは、割引率の水準に大いに依存する。意図的に低い割引率が用いられれば、

社会的な便益の割引現在価値は過大に推定され，公共投資はどんどん実行されてしまう。逆に，高すぎる割引率が用いられると，公共投資はほとんど実行されなくなる。

表7-1の数値例で，割引率として50％（$r=0.5$）を用いるとしよう。このとき，第2期の便益の現在価値は$\frac{10}{1.5}=6.7$，また第3期の便益の現在価値は$\frac{10}{1.5 \times 1.5}=4.4$となるから，総便益は$6.7+4.4=11.1$となり，費用の15よりも小さくなる。したがって，この割引率がもっともらしいとすれば，この公共投資は実施しない方が望ましい。

各時点でのネットの便益（＝便益マイナス費用）の割引現在価値が正であれば，そのような計画はすべて実施することが望ましい。しかし，政府の予算制約のために，ある一定量の公共投資計画しか実施できない場合が現実的だろう。この場合，どの投資計画から優先的に実施すべきであろうか。ネットの割引現在価値の高い計画から順番に実施していくのが，望ましい。

もう1つの代替的な方法は「費用便益比率法」である。これは，各時点でのネットの便益からその現在価値を求めるのではなくて，費用と便益をそれぞれ別に割り引いて，それぞれの現在価値を計算し，その現在価値の費用便益の比率を求める。そして，その比率が1以上で，高いものから順に計画を採用するものである。この方法は，理論的には，ネットの割引現在価値法と同じ結果を与える。

■内部収益率法

ところで，割引現在価値による判定とは異なる判定法も用いられることがある。代替的な判定法が，「内部収益率法」である。内部収益率とは，ある投資計画の各時点での費用と便益からの割引現在価値がゼロになるような割引率のことである。B_iをi時点での便益，C_iをi時点の費用とすると，内部収益率ρは，次式で定義される。

$$B_0 - C_0 + \frac{B_1 - C_1}{1+\rho} + \frac{B_2 - C_2}{(1+\rho)^2} + \cdots + \frac{B_T - C_T}{(1+\rho)^T} = 0$$

図7-2 内部収益率法

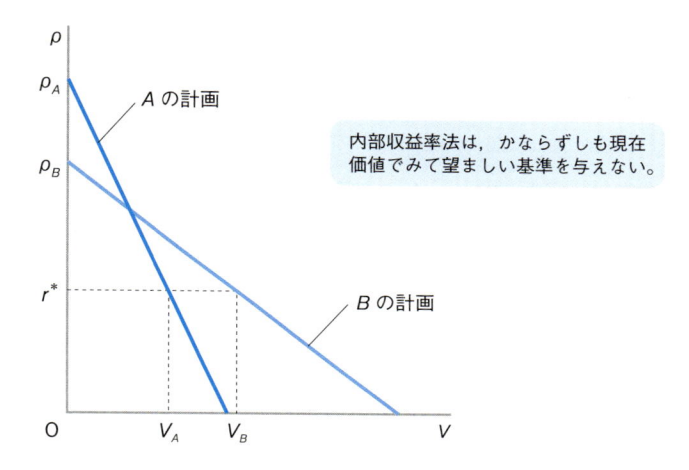

内部収益率法は，かならずしも現在価値でみて望ましい基準を与えない。

内部収益率は，その計画が毎期毎期平均してどの程度の収益を上げるのかを示しているから，この収益率が投資資金の機会費用である市場利子率よりも高ければ，その計画を実施することが望ましい。表7-1の数値例では，

$$\frac{10}{1+\rho}+\frac{10}{(1+\rho)^2}=15$$

を満たす内部収益率 ρ を求めると，22％ となる。したがって，割引率として用いられる利子率が 22％ よりも小さければ，この公共投資を実施するのが望ましい。

一般的には，表7-1の数値例のように，内部収益率の高い計画は，市場利子率で割り引いたときの現在価値も高い。しかし，両者は，かならずしも1対1に対応しているわけではない。図7-2は，縦軸に割引率 ρ，横軸に割引現在価値 V を測ったものである。割引率が上昇すれば，現在価値は低下するから，両者のあいだには負の関係がある。A，B 両曲線は，2つの異なる投資計画について，割引率と現在価値との関係を図示したものである。市場利子率が r^* であると，図が示すように，B の計画の方が A の投資計画よりも現在価値は高い。しかし，内部収益率は，縦軸と A，B 両曲線がそれぞ

7 公共支出の評価

れ交わる点で与えられるから，A，B両曲線がクロスしていれば，Aの内部収益率の方がBの内部収益率よりも高くなっている。このような逆説的な状況は，各時点でのネットの便益の分布が偏っているときに発生しやすい。

check point 7.1

● キーワード

| 費用　　便益　　現在価値　　社会的便益　　割引率　　費用便益比率法 |
| 内部収益率法 |

● 7–1節　練習問題

便益が第2期に22，第3期に24生じる公共支出がある。割引率が10%とすると，第1期にいくら以下の費用で建設できるのであれば，実施すべきであるか。

□ 7-2　最適な公共投資 □

■公共支出の役割

第1節で説明した費用便益分析は，個々の公共支出計画について，その評価をおこなうものであった。では，公共支出全体の最適な大きさについては，何か評価基準はあるだろうか。原理的には，第6章で説明した公共財の最適供給のルールがあてはまる。公共支出の社会的な総便益がその費用をどれだけ上回るか，そのネットの利得がもっとも大きくなる点が，公共支出の最適規模である。

ある時点で一国全体で利用可能な資源はかぎられている。多くの資源を公共サービスとして投入すれば，民間の消費に回る資源が減少する。したがって，公共サービスの費用には，民間の利用可能な資源が減少することのデメリットが反映される。もし民間に任せるよりも公共部門が生産的であり，有益な公共サービスが政府によって供給されるとすれば，多くの資源を公的な部門に配分することが望ましい。逆に，民間部門の方が効率的に資源を活用

できるのであれば，あまり多くの資源を政府が消費するのは望ましくない。公共支出の役割分担は，民間と比較して政府の公共サービスの有用性，効率性がどれだけ高いかで決定される。この節では，こうした観点から，異時点間にわたる長期的な公共支出計画である公共投資のあるべき基準を考えてみよう。

■市場経済での公共投資の役割

　市場経済では，ある投資計画が社会的に望ましいかどうかは，市場での採算条件で決められる。完全競争市場で決まる民間の投資計画やそれにともなう財・サービスの供給は，資源配分の効率性の観点からは社会的に望ましい。公共部門が投資計画を自ら実施すれば，公共部門に回される分だけ民間部門での資源が減少し，消費や民間投資が犠牲になる。したがって，消費や民間投資が社会的にもたらす便益を犠牲にして，公共投資がおこなわれる以上，公共投資の決定についても，民間部門に与えるコストをきちんと考慮する必要がある。このとき，市場で何らかの失敗が生じれば，便益の上で民間投資と公共投資とがまったく同じ効果をもつとしても，公的部門が経済全体の投資計画に介入する根拠となる。

　最適な公共投資のルールは，民間投資との配分問題，地域間での配分問題，異時点間での配分問題の3つの観点で議論できる（表7-2（145頁））。まず最初に，ある一定の大きさの投資額があるとして，それを民間投資と公共投資にどのように配分するのが望ましいだろうか。このルールは，

　　　　公共投資の限界生産＝民間投資の限界生産

で与えられる。ここで，限界生産とは1単位追加的に投資を増加させるときに，どれだけ生産量（＝GDP）が増加するか，その大きさを表している。経済全体の生産量が拡大すれば，消費にも貯蓄にもそれを有効に使うことができる。GDPがもっとも大きくなることが生産の効率性の条件である。

　図7-3は，縦軸に公共投資，民間投資の限界生産，横軸に総投資量を表している。投資量が多くなるほど，限界的な生産性は逓減する。より有利な投

7 公共支出の評価

図 7–3 公共投資と民間投資の最適配分

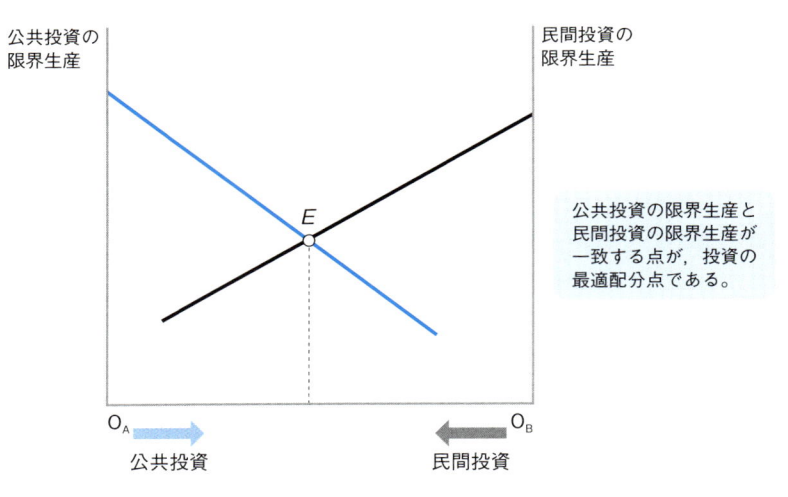

公共投資の限界生産と民間投資の限界生産が一致する点が，投資の最適配分点である。

資から順におこなわれるからである。GDP の増加の大きさは，限界生産曲線の下方の面積で表される。これがもっとも大きくなるためには，2 つの限界生産曲線の交点 E で投資の配分が決定される必要がある。E 点では，上の最適配分ルールが成立している。

次に，公共投資の地域間 A，B の配分ルールを検討しよう。これは，ある一定量の公共投資を，2 つの地域 A，B にどのように配分すべきかに関するルールである。これは，民間投資と公共投資の配分ルールと同じようなルールで決定される。

A 地域の公共投資の限界生産＝B 地域の公共投資の限界生産

その直観的な説明は，図 7–3 と同様である。経済全体の GDP を最大にするには，生産性の高い地域から順に公共投資をおこなうことが望ましい。たとえば，A 地域の方が当初は生産性が高いとしよう。A 地域に集中的に公共投資をおこなうことで，GDP は大きく増大する。しかし，公共投資が累積していけば，A 地域での生産性は次第に低下する。もし，B 地域の方が限界生産が高くなれば，A から B へ公共投資を振り替えることで，GDP は増加する。均衡では，両地域での限界生産が一致するまで，公共投資の配分を調

整することが望ましい。

最後に，たとえばどれだけの公共投資を今年おこなうのが望ましいだろうか。この公共投資の最適規模に関するルールは，以下のようになる。

公共投資の限界生産＝時間選好率

ここで，時間選好率とは，消費者が現在の消費から得られる効用（＝満足度）と将来の消費から得られる効用（＝満足度）をどのように比較しているかを示している。現在の効用の方を将来の効用よりも大きく評価するというのが，通常であろう。時間選好率とは，将来に比べてどのくらい現在を評価しているかを数字で表したものであり，これが高いほど，現在の効用を重視している。たとえば，時間選好率が 10％ であれば，現在の 100 の効用と将来の 110 の効用とを同じに評価している。時間選好率が 20％ になれば，現在の 100 の効用は将来の 120 の効用と同じと評価する。時間選好率が高いほど，現在の消費を重視しているから，その分だけ将来に大きなメリットがないと，公共投資は望ましくない。公共投資は現在の消費を犠牲にして，財源を確保するからである。

したがって，図 7-4 に示すように，公共投資の限界生産曲線が上方に位置

図 7-4 異時点間の最適配分

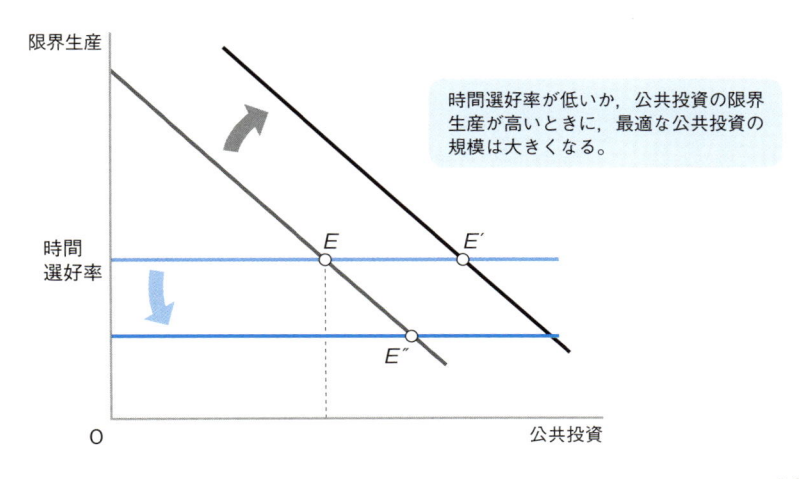

時間選好率が低いか，公共投資の限界生産が高いときに，最適な公共投資の規模は大きくなる。

している（$E \to E'$）か，時間選好率が低い（$E \to E''$）場合には，最適な公共投資の水準は大きくなる。逆に，公共投資の限界生産曲線があまり上方に位置していないか，あるいは時間選好率が高い場合には，最適な公共投資の水準はかなり小さくなる。わが国では，戦後長期間にわたって公共投資の量的な水準が他の先進諸国よりも大きかった。その理由としては，図7-4のように，わが国の公共投資の限界生産が高かったか，あるいは，わが国の国民の時間選好率が低かったか，2つの説明が考えられる。

■公共投資の割引率

以上のルールからわかるように，公共投資の割引率は，民間投資の収益率と等しく，またそれは時間選好率とも等しいのが望ましい。完全な資本市場が存在していれば，消費者は時間選好率が市場均衡での利子率に等しくなるように，消費・貯蓄の意思決定をおこなっており，また企業はその利子率と投資の限界生産が等しくなるように投資決定をしている。そうした世界では，公共投資の割引率は市場利子率で与えられる。

しかし，市場利子率に公共投資の割引率としての規範的な意味をもたせることに批判的な議論もある。人々は生存期間が有限であるから，ずっと先の将来のことに対する関心は強くない。その意味で選好が近視眼的であれば，資本市場が完全であっても，利子率を採算ベースとしておこなわれる公共投資は，将来世代にとって不十分になる可能性がある。したがって，政府は将来世代の利益を代表して異時点間の資源配分を是正し，市場利子率よりも低い割引率を設定して，社会的に望ましい公共投資を政策的に促進すべきであるという主張である。

選好が近視眼的であれば，最適な貯蓄行動を家計がとれないから，民間の貯蓄＝投資は最適解よりも小さくなる。このとき，最適な割引率は市場利子率と時間選好率との加重平均で決まることが示されている。これは，一般的に市場利子率とは一致しない。あるいは，この議論は，家計の最適化の期間と経済の存続期間とのギャップを指摘したと理解することもできよう。たと

▶ 表 7-2　公共投資の最適ルール

民間投資との配分	公共投資の限界生産＝民間投資の限界生産
地域間の配分	各地域での公共投資の限界生産の一致
異時点間の配分	公共投資の限界生産＝時間選好率

えば，家計は平均寿命でみて 80 年程度しか生存しないので，その期間の範囲内での最適化しか考慮しないが，政府は無限期間存続するので，将来世代の経済厚生も適切に考慮して，最適な公共投資計画を実施する必要がある。そうした場合に，民間部門で形成される市場利子率はかならずしも，公共投資の割引率として適当ではない。

また，資本市場が何らかの意味で不完全市場であれば，公共投資の割引率として市場利子率を用いることは困難であろう。たとえば，資本所得の税制，不完全競争，将来の不確実性などがあると，市場利子率が複数存在するケースもあり得るし，市場利子率に基づく意思決定がかならずしも経済厚生を最大化しているとはかぎらないケースも生じる。

――― check point 7.2

● キーワード

公共投資の最適配分　　公共投資の限界生産　　民間投資の限界生産
地域間の最適配分　　時間選好率　　市場利子率　　資本市場の不完全性

● 7-2 節　練習問題
以下の文章の（　）に適当な言葉を入れよ。

1. ある一定の大きさの投資額があるとして，それを民間投資と公共投資とに最適配分するルールは，公共投資の（　）＝民間投資の（　）である。
2. （　）とは，将来に比べてどのくらい現在を評価しているかを数字で表すものであり，これが高いほど，現在の効用を（　）している。
3. 選好が（　）的であれば，資本市場が完全であっても，市場を通じておこなわれる投資は（　）世代にとって不十分になる可能性がある。

7 公共支出の評価

□ 7-3　費用便益分析に代わる方法 □

■トラベルコスト法（TCM）

　表7-3（151頁）にまとめているように，消費者の便益を間接的に推定する代表的な方法の1つが，旅行費用（トラベルコスト）を利用するトラベルコスト法（TCM；Travel Cost Method）である。TCMは，特定の場所から受ける便益を，その場所を訪問するために必要とされる旅行費用によって評価するものである。公共施設を利用する料金はゼロであっても，そこまで旅行するのにコストがかかれば，実質的な利用負担があることになる。

　いま，公園の便益を推定する場合を想定しよう。TCMでは，公園を利用するのに必要な旅行費用が，入園料と同じように訪問需要に影響すると考える。公園を利用するための旅行費用の相違が，公園利用という公共サービスに対する需要を変化させると仮定し，そこで得られる訪問需要関数を求めて，非市場財・サービスに対する消費者の便益を推定する。

　具体的な方法としては，2つのアプローチがある。第1の方法では，居住者を地域ごとに区分し，各地域からの対象地（＝公園）への旅行費用を価格とみなす。そして，各ゾーンごとに集計された公園への人口あたり延べ旅行者数を需要量とみなして，旅行に関する需要曲線を推定する。最後に，公園がある場合と，公園がない場合とを比較して便益を推定する。この方法では，まず，対象となる場所（公園）への訪問者に関して，居住地，居住地からの距離，往復時間，旅行費用などの社会経済的情報を収集する。この調査結果を用いて，人々の公園利用率（たとえば，各地区の人口千人あたりの利用回数）と利用経費（旅行費用）の関係を示す，個々の需要曲線を求める。この個々の需要曲線から，公園への入場者数と入園料（＝旅行費用）との関係を推定し，この公園に対する全体の需要曲線を導出する。そして，この需要曲線の下方の面積を推定することで，消費者の便益を計算して公園の経済的な

7-3 費用便益分析に代わる方法

図 7-5 トラベルコスト法

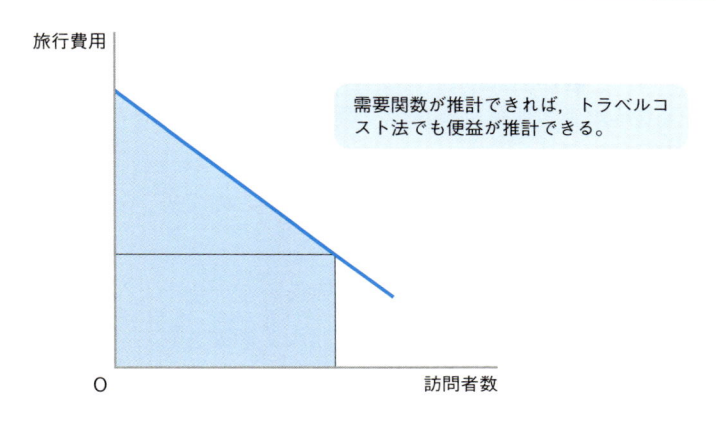

需要関数が推計できれば，トラベルコスト法でも便益が推計できる。

価値を求める。ある公園の利用者数と旅行費用の関係を図示したのが，図7-5である。

第2の方法は，個々の旅行者の旅行費用のみならず，旅行形態，個人属性などのミクロ的な情報も考慮して，個々の旅行者の旅行頻度を需要量とする需要曲線を推定して便益を計算する。この方法では，対象となる場所（公園）への訪問者に関して，居住地，居住地からの距離，往復時間，旅行費用とともに，所得，性別，年齢，旅行の好みなどの訪問者個人のミクロ的特性に関する情報を収集する。これらの情報から，旅行費用とともに個々の訪問者の個人特性も説明変数として含む，訪問頻度に関する需要曲線を推定する。そして，個々の訪問者について，公園の訪問に関する便益を推定する。それらを集計することで，訪問者全体の便益を推計するのである。

TCM は，公園などの需要が利用する際に必要とされる旅行費用によって決まるという，比較的簡単な考え方を基礎としている。これは，広く理解を得やすい方法である。さらに，旅行費用を交通費とみなして差し支えない場合には，公園訪問者の居住地からの距離によって，旅行費用を推定できることになり，容易に公園の価値を推計できる。公園以外には，図書館など公共施設の利用についてその便益を評価する際に応用可能である。

147

7　公共支出の評価

■ヘドニック・アプローチ

　ヘドニック・アプローチは，公共支出の便益が関連する他の財（とくに土地）の価格を左右すると考えて，計画を実施する前と実施後の価格の変化から，公共支出の便益を推定するものである。原理的には，どのような財の価格にも公共支出の便益は反映され得るが，通常は，公共財の価格は地価に反映されると想定して分析がおこなわれている。このため，資産価値法とも呼ばれている。

　この方法は，地価形成における資産還元仮説を前提としている。この仮説では，地価は将来の地代の割引現在価値として形成される。将来多くの地代収入が期待できれば，その土地の地価は高く評価される。ところで，公共支出の便益の高い場所ほど，人々がより住みたいと思うので，地代も高くなる。第6章の地方公共財の節でも説明したように，地域の公共サービスを利用するにはそこに居住しなければならない。したがって，公共支出が多いほど，地代が高くなるので，結果として地価も高くなる。公共サービスの便益の高い地域には多くの人が住もうとするから，便益分だけ地代・地価が上昇すると考える。

　ヘドニック・アプローチでは，地価は，都心からの時間距離，公共サービスの質を反映する周辺環境などの立地特性によって決まってくると考え，これらの特性を説明変数として，地価関数を推計する。そして，この関数を用いて，評価したい環境特性の変化が地価をどのように変化させるかを計測する。ヘドニック・アプローチは，都市緑地，都市公園，一定地域の大気の質など，地価に影響を与えると考えられる居住地域環境の質の計測に適している。

　この方法によって公共サービスの価値を推定するためには，以上で説明した資本還元仮説が成立することと，ヘドニック価格関数（地価関数）が正確に推定されることが必要である。ただし，ヘドニック価格関数を推定するためには，適切な土地取引市場の存在が前提である。実際にはほとんどの土地は保有されたままであり，ごくわずかの土地しか実際の売買市場で取引されないので，地価の推定には恣意性がある。また，地価のデータに影響を与え

ると考えられる公共サービス以外の諸要素のデータを収集することも必要となる。

■仮想的市場評価法（CVM）

ある公共支出計画の便益を推定するのに，当事者である経済主体の主観的評価を直接聞くという方法も考えられる。具体的な例として，2人の個人からなるモデルを想定しよう。各個人がある公共支出計画から得られる便益を b_1, b_2 とし，また，負担するコストを c_1, c_2 とし，総コストを c とする。各個人は自らの便益の金銭表示額を正確に知っている。このような便益の評価は，私的財の市場においては通常おこなわれていることであり，人々はある財の価格が，財から受け取る便益に対する支払い意思額（購入してもいいと思う価格）を下回るか，上回るかを判断して，その財を購入するかしないかを選択する。公共サービスに対しても，各個人が自らの本当の便益を正直に表示すれば，問題はない。各個人の便益の総額が費用を上回るかぎり，その公共支出をおこなうことが望ましい。

しかし，各個人は自分の本当の便益の大きさを正直に表示するだろうか。w_i を個人 i が表示する便益額とすると，政府は w_i に頼らず，何らかの代替的方法によって間接的に b_1+b_2 を推計することが考えられる。こうしたアプローチが，第1節で説明した費用便益分析や，この節でこれまで説明してきたその他のいくつかの代替的な方法である。もう1つのアプローチは，w_1+w_2 を総便益とみなし，なるべく各個人が正直に行動するように，便益と負担との関係を工夫するものである。ここで問題となるのが，第6章で説明したただ乗りである。

もし，ある個人の公共支出の負担額が，自分の表示する便益の大きさとは独立に与えられるなら，正直に便益を表示する誘因はない。$b_i<c_i$ の個人は，この公共支出計画から不利益を被るから，w_i をできるだけ過小表示して，結果として，計画の実施を阻止する（$w_1+w_2<c$）方がプラスとなる。逆に，$b_i>c_i$ の個人は，この公共支出計画が実施されるべく，w_i を b_i 以上に過大

7 公共支出の評価

表示するだろう。$w_1 + w_2$ は，各個人が正直に行動しない場合には，かならずしも本当の総便益（$b_1 + b_2$）に一致しない。

仮想的市場評価法（CVM；Contingent Valuation Method）は，公共支出による便益を事業者＝政府が評価するのではなく，仮想的状況をうまく設定して，ただ乗りの誘因を排除しながら，便益を享受する住民自身に答えてもらう現実的な手法である。住民に対してインタビューをして，事業の内容，効果について説明した上で，「その事業に対する便益と引き替えに，いくらまでなら支払えるか（最大限支払い意思額）」を答えてもらい，この解答結果をもとに，社会全体の便益を推定するものである。

たとえば，堤防などの治水の公共投資を想定しよう。その結果，洪水の起きる確率がかなり低下するとしよう。こうした堤防がない地域で，ある程度高い洪水の発生確率を前提として，人々はどのくらいの家賃を払って，一定の大きさの家に居住したいと思うだろうか。また，堤防がある地域では，その他の条件が上の地域と同じであるとして，人々はどのくらいの家賃を払って，同じ大きさの家に居住したいと思うだろうか。洪水の可能性が小さい分だけ，後者の地域での支払ってもよいと考える家賃の方が，堤防のない地域よりも高くなる。その差額の現在価値が堤防の金銭的な評価になる。仮に，前者の地域での家賃が 10 万円，後者の地域での家賃が 12 万円と消費者が解答したならば，その消費者にとって，堤防という公共投資の評価は，毎月 2 万円であり，堤防が 50 年の耐用年数があり，利子率がゼロであれば，その現在価値は，1200 万円ということになる。

CVM では，市場で扱われない自然環境や社会資本による便益などの非消費財について，仮想的市場を回答者の頭の中に想定してもらい，回答者はこの仮想的市場内で同様な選択行動をおこなうことにより，その公共サービスに対する最大支払い意思額すなわち便益を表示する。ここでは，仮想的な市場をうまく設定して，公共財計画についての本当の評価を政府に表示するメカニズムを構築することが，重要な課題である。

CVM では，回答者にもっともらしい仮想市場を表示することができれば，

7-3 費用便益分析に代わる方法

▶ 表 7-3　代替的な便益の推定方法

トラベルコスト法	特定の場所からうける便益を，その場所を訪問するための旅行費用で推定する
ヘドニック・アプローチ	公共支出の便益が地価に反映されると考えて，地価の変化から公共支出の便益を推定する
仮想的市場評価法	仮想的な市場を想定して，公共支出の便益を消費者から聞く

他の手法によって評価することのできないあらゆる財の評価が理論上可能となる。たとえば，オプション価値（人々がいつかその機能を利用するオプションを与える価値），存在価値（存在するだけで意味をもつ価値），遺贈価値（オプション価値をさらに，次世代に広げた価値）といったものにも拡大して適用可能である。ただし，その評価対象となる公共財・サービスの性質が，一般の私的財から大きく乖離してくると，回答者の仮想市場における選択行動は困難になり，結果としてさまざまなバイアスを生じるようになる。

check point 7.3

● キーワード

トラベルコスト法　　旅行費用　　ヘドニック・アプローチ　　地価
資本還元仮説　　仮想的市場評価法　　ただ乗り　　オプション価値

● 7-3節　練習問題
以下の文章の正誤を判断せよ。

1．トラベルコスト法は，特定の場所から受ける便益をその場所を訪問するために必要とされる費用によって評価するものである。
2．公園訪問者の居住地からの距離によって旅行費用を推定できるとしても，公園の価値を推計するのは容易でない。
3．公共サービスの便益の高いところには多くの人が住もうとするから，便益分だけ地代・地価が上昇すると考えるのが，仮想的市場評価法である。
4．補助金，税金政策をどのように対応させても，公共財計画についての本当の評価を政府に表示するメカニズムを構築することは，理論的には不可能である。

7-4　業績評価と政策決定

　実際の政策決定において便益評価をおこなうのは，担当の政策官庁である。その際，各省庁がおこなうそれぞれのプロジェクトごとに分析の手法は異なるから，出てきた数字である費用便益比を単純に比較するのは，限界がある。それでもこうした定量的な便益推計をきちんとおこない，また，その推計方法と結果を公表することで，より客観的な便益の推計になる。また，事前の推計とともに，公共サービスが実際に供給されはじめたあとで事後的な推計を実施することで，より精度の高い便益の推計がおこなえる。

　しかし，民間企業と同じように，利潤極大の原則で政府の活動が運営されていない以上，官僚それぞれの人々の業績を適切に評価し，かつ，異なった業務に従事している人々のあいだでの相対的な行政評価をきちんとやることは，難しい。公共サービスの便益を過大に推計しても，それが本当に過大だったのかどうかを事後的に判定することは困難であるし，また，それが判定できたとしても，そうした情報を活用して官僚の業績を査定することは，またまた困難である。

　大型プロジェクトでは，計画当初の予想よりも利用率が低く，当初の便益推計が事後的には過大だったと判明するケースが多い。しかし，その理由は，当初から官僚が正確な推計をしようと努力しないで甘めの予想を立てたのか，あるいは，当初はきちんとしたモデルに基づいて，適切な予想をするように最大限努力をしたにもかかわらず，日本経済全体が予想外に低迷したために，マクロの経済環境が悪化したという不可抗力要因が大きかったのか，判別することは難しい。

　国民にとっては，官僚の努力水準は観察できない。推計の精度が事後的にみて悪いと判明しても，それが官僚の努力の結果か，不可抗力の結果かは，判別できない。官僚は正直に推計しようと努力をすればするほど，精力を使

うので自らの効用水準（＝経済的な満足度）は低下する。すると，官僚が努力を追加的に増やすとき，追加的なメリットが何もなければ，追加的なデメリットである精力の消耗だけが生じてしまう。これでは，官僚はきちんと便益を推計しようというインセンティブ（誘因）をもたなくなる。

　公共サービスを担当する「ある省庁ある局の官僚」の業績評価を，他の公共サービスを担当する「別の省庁別の局の官僚」の行動に依存させるやり方は有益である。同じような便益推計の仕事をする官僚間での相対比較で給与（あるいは昇進）に格差を設定する方法である。さらには，次年度の予算配分に差をつけることも考えられる。事後的に便益推計の精度が相対的に高かった部局の官僚の処遇を改善したり，その部局の次年度予算配分を厚遇し，逆に，事後的に便益推計の精度が相対的に低かった部局では，官僚の待遇や予算配分に「罰」を加えることで，よりきちんと便益を推計するように仕向けるのである。こうすれば，同じような公共サービス間でマクロ経済環境に関する不確実性の生じ方は同じだから，個々の官僚（あるいは部局）の努力水準を間接的に観察できる。

　また，公共サービスの便益評価の手法や具体的な推計上の前提など，政策決定のプロセスについて広い情報開示が有益である。事前の評価だけでなく，事業途中の中間評価や終了後の事後評価をきちんと実施して，事前評価と実際の便益との乖離を精査し，それが大きい場合はその理由を明確にして，改善点をその後の公共支出計画の評価に活かすべきだろう。

check point 7.4

● キーワード

政策官庁　　便益推計　　業績評価　　情報開示

● 7–4節　練習問題

　大型プロジェクトで，当初の便益推計が事後的に過大であったと思われる具体的な事例をあげよ。

■ *Column 7* 大規模イベントの経済効果 ■

　オリンピックやサッカーのワールドカップなどのスポーツ・イベントや万博など大きな博覧会では，開催地の誘致合戦も大変である。それだけ国家の威信を示すという大義名分があると同時に，世界的な大規模イベントを開催する経済効果も大きいといえる。こうしたイベントではインフラ整備など大規模な公共事業をともなうので，地元への経済効果も大きい。日本で 1964 年に開催にされた東京オリンピックは，そうした公共事業の代表例だった。当時は高度成長を実現するために，産業基盤のインフラ整備が急務とされていた。東京オリンピックを契機に，東海道新幹線や高速道路など大都市圏の産業・交通基盤のインフラ整備を最重点に資金が配分され，実際にもその後の高い経済成長に十分な効果があった。

　さらに，1970 年代に入って，大阪万博を契機として，整備が遅れていた下水道や公園など生活関連の公共資本の充実がはかられるようになった。オリンピックなどの国家事業を誘致して，産業基盤整備の資本をまず優先して蓄積し，それが一定の水準に達したとき，ソフト面を重視した万国博覧会などを開催して，生活関連のインフラも整備するというインフラ整備のパターンは，最適な経済政策だった。

　一見，このような国際的イベントを開催することは良いことだらけにみえる。しかし，国際的なイベントを誘致・開催することは，こうした成功例ばかりでもない。マイナス面も無視できないだろう。1 つは，イベント終了後の反動である。たとえば，ギリシャでは 2004年のオリンピックで公共事業を過大に実施した結果，そのつけが重い借金返済となって，オリンピック後に経済や財政を悪化させた。最近のギリシャ危機の一因はこのオリンピック開催にある。このように，一大イベントを開催するときに，国民が頑張りすぎると，その後は反動で，気力，体力，経済力が落ち込んでしまう。その結果，バブルがはじけた状態となって，開催後に経済危機を招きかねない。

　景気対策として，こうしたイベントを誘致・開催する誘惑は，いつの時代にもある。とくに，不況期には，無理をしてでも国際的なイベントを誘致したくなる。しかし，イベント開催であっても，インフラ整備は長期的に公的資本ストックとして有益なものが建設・供給されなければならない。これは，公的インフラが人々にとってどれだけ利用価値があるのか，あるいは，便益が企業の生産活動にどれだけ寄与するかに加えて，維持費用がどれだけ将来に発生するかにも依存する。イベント終了後にインフラを維持する費用は無視できない。あまり役に立たない社会資本を整備しても，将来の維持費用が重荷になってしまう。

　したがって，2020 年に東京で開催されるオリンピックのような大規模イベントに際しては，経済状況の見通しを慎重にする必要がある。また，インフラ整備というハード面だけでなく，イベントでの円滑な運営，ソフト面での充実が求められる。観客や地域住民，企業，メディアのさまざまなニーズに的確に対応するには，地道な努力の積み重ねが求められる。大規模イベントを成功させるには，インフラ整備に偏重することなく，ソフト面でのきめ細かい配慮が重要になっている。

第 8 章

課 税

　この章では，公共支出の基本的な財源調達手段である課税を取り上げる。第1節では，直接税と間接税を比較する。とくに，個別間接税の経済的な負担が，税金を誰が納税するかとは無関係に，需要と供給の関係で決まることを示す。第2節では，わが国の所得税体系の考え方を説明するとともに，一般消費税と労働所得税の効果を比較して，その類似性を考察する。第3節では，最適課税の理論の基本的な考え方を説明する。また，支出税と最適課税を対比させて，それぞれの課税理論の特徴を明らかにする。さらに，最適課税論の限界を指摘して，税制改革の理論的な考え方を示す。第4節では，わが国における消費税増税への一般国民の抵抗感について，公平な納税への信頼感に注目して政治経済学の視点で考える。

8　課　税

□ 8-1　直接税と間接税 □

■直接税と間接税の定義

　公共支出の財源は税金か公債金である。まず最初に，本章では税金から説明しよう。税金には，大きく分類すると，直接税と間接税という区別がある。直接税は，納税者（あるいは法律上の納税義務者）が直接税金を納めるものであり，間接税は納税者が第3者を通じて間接的に納税するものである。たとえば，所得税は，納税者が自らの所得から直接納税するので，直接税であり，消費税は，財・サービスを購入する際に価格に上乗せされることで，その財の販売者が消費者に代わって間接的に納税するので，間接税である。直接税は，表面上の納税者と実際の税負担者とが一致している税であり，間接税は，表面上の納税者から実際の税負担者に税金の負担が転嫁される税であると，定義されることもある。

　しかし，所得税の場合も，企業が源泉徴収という形で，労働者に代わって間接的に納税しているといえなくもない。また，税金を誰が実質的に負担しているのかという「帰着」の観点からは，直接税と間接税の区別はあいまいになる。所得税の場合でも，たとえば，所得税に見合って賃金が上昇すれば，労働者ではなく企業が，実質的にその税金を負担することになる。さらに，その企業が製品の販売価格を引き上げれば，所得税の負担の一部は，その企業の財・サービスを購入する消費者が負担することになる。このように，誰が本当に納税しているかを経済学の立場できちんと区別するのは，意外に困難である。

　したがって，直接税と間接税のより有益な区別として，納税者の家族構成などの個人的な事情に配慮しているかどうかで分類する方法がある。すなわち，所得税のように，納税者の個人的な事情（たとえば，扶養家族の人数，年齢など）を考慮して税額が決定されるものを直接税，また，消費税のよう

に，納税者の個人的な事情とは無関係に税額が決定されるものを間接税と呼んでいる。この定義であれば，税金の転嫁があるのかどうか，最終的な税金の負担の帰着がどうであるのかとは無関係に，直接税と間接税を区別することができる。

■転嫁と帰着

　消費財に対する課税のミクロ的な効果を考察することで，転嫁や帰着の問題，すなわち，価格決定と税の経済的な負担の問題を分析してみよう。ある財に対する個別消費税率の導入によって，その財の価格や消費者の負担はどのように影響されるだろうか。消費者の税負担が実際にどれだけ増加するかは，消費者価格がどれだけ上昇するかどうかにかかっている。たとえば，間接税としての消費課税では，法律上は，税負担を消費者に100%転嫁すべきものとされているが，実際に100%転嫁できるかどうかは，経済的な要因に依存する。以下，この点を説明しよう。

　ある財に対する個別消費税の導入の効果を，部分均衡の枠組みを用いて分析しよう。部分均衡分析とは，課税の効果をその財の市場のみに限定し，それが他の財の市場に及ぼし得る効果を無視するアプローチである。

　図8-1において，縦軸はある財の価格Pを，横軸はその財の需要，供給量を表すものとする。右下がりのD曲線は需要曲線であり，右上がりのS曲線は供給曲線である。消費税率がない場合の均衡点はE_0点であり，均衡価格をP_0としよう。

　さて，ここで消費税の導入を想定する。企業はその財を販売するときに，いままでよりも1単位あたりT円だけ余計に税金（従量税）を支払わなければならないとする。消費税の場合，実際に税務当局に税金を納めるのは，つまり，法律上の納税義務者は，企業である。税率の引き上げによって，企業にとっては，その財を供給することがいままでよりも，1単位あたりT円だけ余計にコストがかかる。したがって，供給曲線Sはその分だけ上方にシフトして，S'になる。市場均衡点はE_0からE_1へと移動する。

8　課　税

図 8-1　企業が納税義務者のケース

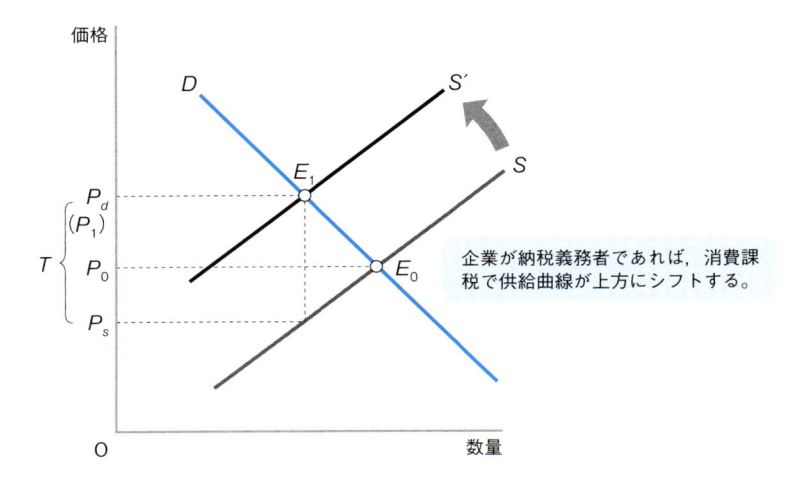

企業が納税義務者であれば，消費課税で供給曲線が上方にシフトする。

　ここで，消費税の導入の前と後を比較してみよう。消費者が実質的に支払う価格を消費者価格 P_d，企業が実質的に受け取る価格を生産者価格 P_s と呼ぶことにする。消費税の導入前は，その税率はゼロだから，消費者価格と生産者価格とはともに，市場均衡価格 P_0 に等しい。消費税の導入後は，消費者価格は P_1 に上昇し，生産者価格は $P_1 - T$ に低下している。すなわち，生産者が納税義務者であっても，課税分 T を生産者がそっくり負担するのではなく，その一部は価格の上昇という形で消費者に転嫁され，消費者が負担している。また，図 8-1 からも明らかなように，税率分だけ消費者価格が上昇して，100％ 消費者に税負担が転嫁されるケースはまれである。

■消費者が納税義務者のケース

　次に，消費者が納税義務者のケースを想定しよう。これは，直接税としての消費税，すなわち，支出税に対応する課税である。消費者はその財を消費する際に，いままでよりも 1 単位あたりで T 円だけ余計に税務当局に税負担を支払うものとする。消費者にとっては，その財の消費が T 円だけ実質的に割高になるから，図 8-2 に示すように，消費者の需要曲線が T 円だけ

図 8-2　消費者が納税義務者のケース

消費者が納税義務者であれば，消費課税で需要曲線が下方にシフトする。

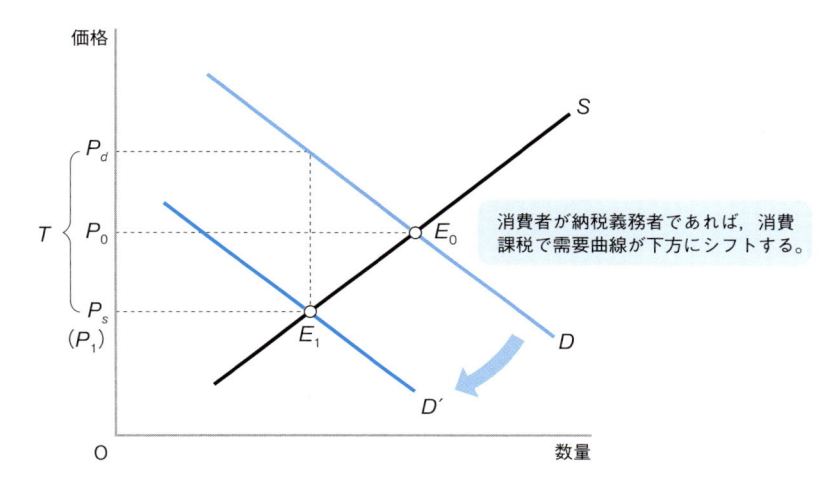

下方にシフトする。均衡点は E_0 から E_1 へと移動する。市場価格は低下することになる。

では，このケースでは，消費者価格と生産者価格はどのように変化するだろうか。今度は生産者には課税されないから，生産者価格 P_s は市場価格 P_1 と等しい。消費者価格は，市場価格に税金を上乗せしたものだから，税率の引き上げによって，上昇する。しかし，図 8-2 が示すように，消費者が税金をすべて負担する建て前でも，その一部は市場価格の低下によって，生産者にも転嫁される。

■経済的な負担と帰着

図 8-1 と図 8-2 を比較してみよう。消費税の納税義務者が生産者であるのか，消費者であるのかで，消費税の導入後の市場価格 P_1 は異なる。つまり，前者であれば市場価格は上昇し，後者であれば市場価格は低下する。しかし，経済的により意味のある変数は，消費者価格と生産者価格の動きである。

消費者価格は，図 8-1，図 8-2 どちらの場合も上昇し，逆に，生産者価格はどちらの場合も低下する。しかも，図 8-1，図 8-2 から明らかなように，

8 課 税

図 8-3 消費税の実質的な負担

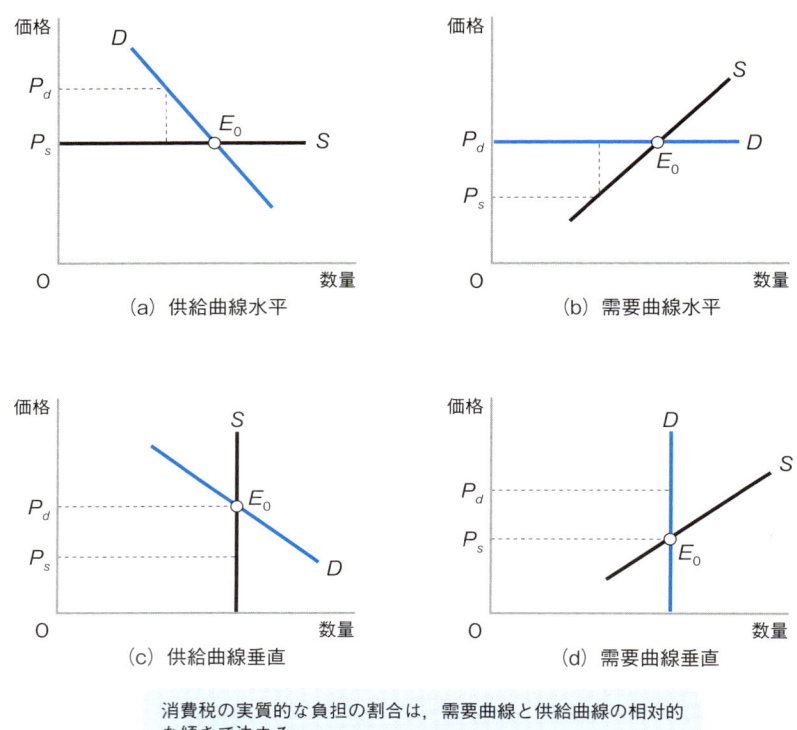

(a) 供給曲線水平

(b) 需要曲線水平

(c) 供給曲線垂直

(d) 需要曲線垂直

消費税の実質的な負担の割合は，需要曲線と供給曲線の相対的な傾きで決まる。

どちらの場合も，消費税の導入前の需要曲線と供給曲線のギャップが，ちょうど導入税額である T 円に等しくなるように，課税後の消費者価格，生産者価格が変化している。

いいかえると，税率の導入によって，消費者と生産者とで税負担分を実質的にどう負担するかは，誰が法律上の納税義務者であるのかとは無関係である。それは，導入の需要曲線と供給曲線の形状のみで決められる，きわめて経済的な要因に依存している。

消費税の導入による税負担が，実質的に誰にどれだけ転嫁されるかは，需要曲線と供給曲線の傾きの相対的な比率に依存している。たとえば，図 8-3

に示すように，供給曲線が水平のケース（a）や需要曲線が垂直のケース（d）では，消費者が税負担増を実質的にすべて負担する。需要曲線が水平のケース（b）や供給曲線が垂直のケース（c）では，企業がすべてを負担する。消費者需要の価格に対する反応が，生産者供給の価格に対する反応より相対的に大きいほど，消費者に比べて生産者の実質的な税負担の割合が大きくなる。

生活必需品は，一般的に需要が価格にあまり反応しないと考えられる。とすれば，そのような財は，税率分を消費者に転嫁しやすいだろう。逆に，贅沢品など需要が価格に大きく反応する財は，税率分をあまり消費者に転嫁できないことになる。また，所得税の場合も，家計の労働供給が賃金にあまり反応しないで，企業の労働需要が賃金に大きく反応すれば，労働者が実質的にも所得税のうちの大きな割合を負担する。逆に，家計の労働供給が賃金に大きく反応し，企業の労働需要が賃金にあまり反応しなければ，企業が所得税のうちの大きな割合を負担することになる。

■累進税と比例税

税金を徴収する1つの大きな目的は，第11章で説明する所得再分配である。課税ベース（所得など）の大きな家計には税負担も重く，課税ベースの小さい家計には税負担も軽くするのは，公平な税体系であろう。税制による再分配に関係する概念が，累進税と比例税の区別である。すなわち，課税ベースとともに税負担も比例的に増加する場合を比例税，課税ベースが増加すると，それ以上のスピードで税負担も増加する場合を累進税と呼んでいる。累進税の場合には，平均税率（＝$\frac{税負担}{課税ベース}$）が課税ベースとともに上昇し，比例税では平均税率が課税ベースとは独立の一定値をとる。

どのくらいの累進的な税構造が望ましいかは，第11章で議論したい。

8 課　税

―――――――――――――――――――――――――――― *check point 8.1*

●キーワード

| 直接税　　間接税　　転嫁　　帰着　　消費者価格　　生産者価格 |
| 納税義務者　　累進税　　比例税 |

●8-1節　練習問題
以下の文章の（　）の中に適当な言葉を入れよ。

1．（　）は納税者の個人的な事情を考慮して税額が決まる税である。
2．（　）は所得再分配のために用いられる。
3．需要曲線が水平であれば，（　）がすべての税金を実質的には負担する。
4．（　）は需要があまり価格に反応しないと考えられるので，消費税を消費者に転嫁しやすい。

□ 8-2　課税体系の考え方 □

■わが国の所得税の特徴

　ここで，わが国の所得税の特徴を整理してみよう。わが国の所得税の課税原則は，大きくいって，次の3つにまとめられよう。

(1) 総合課税の原則

　まず，包括的所得を課税ベースとしていることである。ここでいう所得とは，必要経費を控除したものであり，また，さまざまな人的な控除も考慮したものである。そして，いろいろな所得を合算した合計額としての包括的所得を課税ベースとしている。これは，総合課税の原則と呼ばれている。ただし，すべての所得を合算するといっても，実際には，現金化された所得しか対象とされていない。実現していない資本利得（キャピタル・ゲイン）とか，持ち家の帰属家賃や家事労働などの市場で取引されない活動に対しては，所

▶ 表8-1　わが国の所得税率表（国税）

税率（％）	課税所得階級（万円）
5	〜195 以下
10	195 超〜330 以下
20	330 超〜695 以下
23	695 超〜900 以下
33	900 超〜1800 以下
40	1800 超〜4000 以下
45	4000 超

（2015年分以降）

得が発生したものとはみなしていない。

(2) 累進課税の原則

第2の原則は，累進的な課税原則である。表8-1は，わが国の所得税（国税）の税率表である。表8-1に示すように，課税所得に対して所得の多い人ほど，より大きな税率が適用される。したがって，所得に対する税負担の割合を示す平均税率（$=\dfrac{税負担}{所得}$）は，所得とともに増大している。これは，所得分配の不平等を，累進的な所得税の制度によって，ある程度改善しようとするものである。

(3) 個人ベースの原則

第3の原則は，個人ベースの原則である。いろいろな人的な控除はあるものの，基本的には，所得はその人個人の所得に対して課せられる。したがって，課税される所得金額が同じであれば，その人の家庭環境，たとえば，結婚をしているかいないかとは無関係に，同じ税金を支払うことになる。

■総合課税と分離課税

表8-2にまとめるように，さまざまな所得を合算して課税ベースを決める

8　課　税

▶ 表8-2　税金の考え方

	総合課税	分離課税
考え方	包括的な所得に同じ税率で課税	異なる課税ベースに別々の税率を適用して課税
メリット	累進的な税率を適用して，所得の再分配が実現できる	課税ベースの経済的な性質を考慮して税率を調整できるため，効率的な課税
デメリット	水平的な公平性が損なわれる	課税体系が複雑になる

▶ 表8-3　総合課税と水平的公平

個　人	A	B
第1期所得：課税前	100	200
第2期所得：課税前	110	0
第1期消費：課税前	100	100
第2期消費：課税前	110	110
第1期税負担	10	20
第2期税負担	11	0.9
第1期消費：課税後	90	90
第2期消費：課税後	99	98.1

のが総合課税の原則である。総合課税は，包括的な所得に対して課税することを意味する。特定の所得のみを合算せずに課税する単独課税や，所得を複数のカテゴリーに分類して異なる税率を適用する分離課税は，総合課税の原則をおかす。

　包括的な所得を課税ベースとする総合課税は，もっとも望ましい課税体系だろうか。表8-3のような数値例で考えてみよう。個人Aは第1期と第2期にそれぞれ100，110だけの所得がある。個人Bは第1期のみ200の所得がある。利子率は10%とする。個人Aは第1期に100，第2期に110だけ

消費をする。個人Bも毎期個人Aと同じだけ消費をする。個人Bはそのために，第1期の所得のうち100を貯蓄して，利子を10だけ稼いで，それで第2期の消費にあてる。さて，税金がなければ，A，Bともにまったく同じ消費水準（100，110）を享受している。2人は同じ経済力をもっている。

ここで，税率10%の総合課税が実施されるとしよう。個人Aは，第1期に10だけ税金を支払い，残りの90を消費に回す。第2期には11だけ税金を払って，99だけ消費に回す。個人Bは，第1期に20だけの税金を支払い，残りは180となる。そのうち，個人Aと同じく第1期に90だけ消費すれば，貯蓄に回るのは90となる。ところが，第2期に90の貯蓄からの利子9に対しても税金0.9が課せられる。結局，第2期の消費に回せる額は，99−0.9＝98.1となる。課税後は，個人Aの方が個人Bよりも多くの消費を享受している。同じ経済力のある人を平等に課税するというのが，水平的公平の原則である。包括的な所得に対する総合課税は，この原則を維持できない。これは，総合課税方式が公平ではないことを意味する。

■クロヨン

さらに，水平的公平の原則とかかわる問題は，クロヨン（9対6対4），あるいはトーゴーサン（10対5対3）と俗にいわれる業種間捕捉率格差の存在である。すなわち，課税所得の捕捉に関して，給与所得，事業所得，および農業所得のあいだで著しい業種間格差がみられ，水平的公平の原則が阻害されているという指摘である。これは，サラリーマンの場合には9割近くの所得が捕捉されているのに対して，自営業者の場合にはその本当の所得の6割程度しか捕捉されず，農家の場合には本当の所得の4割程度しか捕捉されていないという現象を指している。このような業種間での税負担の不公平感は，一部は感情的なものによると思われるが，実際に本当の所得を税務当局とは別の資料を用いて推計し，税負担の業種間格差を計測してみると，ほぼクロヨンに見合う捕捉率格差の存在が裏づけた研究結果もある。

このような業種間格差が発生し得る理由は，各所得の発生形態が著しく異

なるために，所得捕捉の容易さが所得ごとに大きく相違するからである。農家であれば，生産物を自家用にも消費することができる。自営業であれば，事業用の車で私的な用事を済ませることができる。ところが，サラリーマンの場合には，仕事と家庭とがはっきりと区別されていて，所得の捕捉が容易である。もっとも，サラリーマンの場合には，会社のお金で遊ぶことができるかもしれないし，市場価格よりも優遇された社宅や福利厚生施設を利用できるかもしれない。いいかえると，これは，各所得の発生形態の相違による徴税コストの問題，あるいは，脱税，節税の問題に密接に関係している。

　自営業や農業の場合の方が，サラリーマンよりも所得が不安定であり，政策的に優遇すべきであるという意見もあり得る。しかし，業種間で何らかの理由により，所得税負担に格差をつけることが政策的に必要だとしても，クロヨンのように不透明な形で実施するよりは，業種別に別の所得税体系を用意するなどして，明示的に実施する方が望ましい。したがって，正直に行動するものだけが損をしないように，税制の仕組みを簡素化して，税制度の透明度を高めることが必要だろう。

■付加価値税

　次に，一般的な消費税の経済的な効果について説明しよう。課税ベースの広い間接税には，売上税や取引高税などいくつかの種類があるが，わが国で導入されている消費税は，付加価値税の一種である。

　ここで，付加価値税の仕組みについて，簡単に説明しよう。**表 8-4** は，付加価値税率が 10% の場合について，製造，卸売，小売の 3 段階を通じる財の流れを示している。まず，製造段階において 500 円の財を卸売段階に対して売るときに，買い手（＝卸売業者）が 10% の税を負担して 550 円を支払い，売り手（＝製造業者）は 50 円の税を納税する。卸売段階においては，付加価値合計 700 円に対して，10% の税を加えた 770 円で小売段階に販売する。このとき，卸売業者は，70 円の税金のうち，前段階で支払われた 50 円を控除して，20 円を付加価値税として，納税する。つまり，卸売業者は，

▶ 表 8-4　消費税の計算

	原　価	付加価値	税	販売価格
製造段階	0	500	50	550
卸売段階	550	200	20	770
小売段階	770	300	30	1100
合　計		1000	100	

製造業者からの送り状（インボイス）に記載された前段階の付加価値を差し引いて納税する。同様に，小売段階で消費者に財を販売するときも，小売業者は，前段階の税額70円を差し引いて，30円を納税する。

　消費者は，1100円でこの財を購入し，そのうち，1000円の10%の100円が付加価値税に相当する。納税義務者は買い手に税の負担を転嫁し，結局，最終的な買い手である消費者が税の全額を負担している。

　ただし，経済的にみると，消費者が本当に全額負担しているかどうかは，また別の問題である。課税前の消費者価格が1000円で課税後の消費者価格が1100円であれば，消費者が全額の税を負担していることになる。しかし，表8-4のように，課税後の消費者価格が1100円であるときには，実は，課税によって需要が落ち込む分だけ，課税前の消費者価格は1000円を超えているケースが一般的であろう。そうであれば，第1節でもみたように，税金は消費者だけでなく，生産者にも一部負担されることになる。

■一般消費税と労働所得税

　付加価値税のような一般的な消費税は，課税ベースが消費全体であるから，実は，労働所得税と同じ経済的な効果をもっている。以下，これを説明しよう。現在と将来の2期間についての家計の生涯にわたる予算制約を考えてみよう。表8-5の数値例のように，現在200，将来120の労働所得があるとし，利子率は20%としよう。現在時点では，労働所得（200）を現在の消費

167

8 課　税

▶ 表8-5　一般消費税と労働所得税

	現　在	将　来	現在価値
労働所得	200	120	300
消　費	150	180	300

（150）と貯蓄（50）に振り分ける。将来時点では，貯蓄から得られる所得（10）も加えて，120の労働所得と60の貯蓄からの所得（元本50＋利子分10）を将来の消費に回す。

　現在と将来の予算制約を統合してみると，生涯全体を通じての消費の大きさである消費の割引現在価値は，$150+\frac{180}{1.2}=300$ であり，これは，現在と将来の労働所得の現在価値 $200+\frac{120}{1.2}=300$ に等しいことがわかる。すなわち，消費可能な量は，労働所得のみで決まるのであって，貯蓄による利子所得とは無関係である。貯蓄は，消費を現在と将来に振り分ける機能をもっているが，生涯全体として消費可能な大きさを変えることはできない。したがって，生涯全体としての課税ベースでみると，消費と労働所得は等しい。

　この結果，消費に対する一般的な課税は，労働所得に対する一般的な課税と，経済的な効果が同じになる。消費に課税しても，現在と将来の消費が等しく影響を受けるから，現在と将来の消費の相対価格は不変である。現在と将来の消費の手取りが少なくなることは，労働所得の手取りが少なくなることと同じである。いいかえると，労働所得税を減税して，その財源を一般的な消費税に求めても，何の経済的な効果もない。これが，消費税と労働所得税の同等性の命題である。

■税支払いのタイミング効果

　消費税と労働所得税の同等性は，重要な命題であるが，その限界にも注意する必要があろう。労働所得税が累進的な場合には，以上の命題は成立しない。累進的であれば，どの時点での収入かによって，現在価値でみて同じ課

税ベースでも，税負担は異なるからである。

　もう1つの注意すべき点は，貯蓄に与える効果である。一般的に，労働所得は勤労しているときの所得であり，生涯のうちでは若い時期に限定される。消費は引退したあとでも必要となる。すなわち，労働所得税の場合，税支払いは比較的若い時期に集中するが，消費税の場合は税支払いは生涯の全期間でなされる。したがって，消費税の場合，労働所得税と比較して，同じ消費水準を引退したあとの将来時点でも維持するためには，将来の時点での税支払いのために，現在時点であらかじめ備えておく必要がある。将来の税支払いに備えるために，現在時点での貯蓄は，労働所得税よりも消費税の方が多くなる。これは，税支払いのタイミング効果として知られている。

　税支払いのタイミング効果がはたらくために，消費税の方が労働所得税よりも，民間の貯蓄を増加させる。これは，一般的には資本蓄積にプラスにはたらくだろう。中長期的に資本蓄積の増加が望ましいとすれば，労働所得税から消費税への代替は，マクロ的に望ましいことになる。

■包括的所得税と支出税

　望ましい課税ベースとして何を採用すべきかという問題は，課税のあるべき姿を議論するときに重要な論点である。大きく分けると，包括的な所得を課税ベースとする立場と，支出＝消費を課税ベースとして採用する立場の2つの考え方がある。前者の包括的所得税の立場では，ある一定期間（1年間）に生じたすべての所得の合計＝包括的所得を区別することなく総合的に捕捉し，それに税率を適用して，課税額を決定するものである。したがって，労働所得にも利子所得にも同じ税率が適用される。これに対して，支出税の立場では，支出＝消費を課税ベースとするから，利子所得には課税しない。すでに説明したように，現在価値でみた消費と労働所得とは等しいから，支出額に課税するのと労働所得に課税するのとは同じになる。したがって，支出税体系は利子所得非課税で労働所得のみに課税する所得税体系とも，解釈できる。

8　課　税

───────────── check point 8.2

● キーワード

| 総合課税　　分離課税　　包括的所得　　クロヨン　　付加価値税 |
| 一般消費税　　労働所得税　　税支払いのタイミング効果　　支出税 |

● 8-2節　練習問題
以下の文章の（　）の中に適当な言葉を入れよ。

1．（　）は，あらゆる所得をまとめた（　）に課税する。
2．（　）は，課税ベースごとに異なる税率を適用する。
3．クロヨンの問題は，（　）の原則に関係している。
4．課税ベースでみると，消費と（　）とは同じである。
5．支出税では，（　）所得には課税しない。

□ 8-3　最適課税の理論 □

■一括固定税と攪乱税

　包括的な所得に対する課税には，効率性の観点からの批判もある。課税は，政府にとって必要な財源を確保する手段として用いられる。効率性の観点から望ましい税制は，家計の負担をできるだけ少なくして，必要な税収を確保することであろう。この節では，効率性の観点から，望ましい課税の方法を検討してみよう。

　効率性の観点からもっとも望ましい税は，一括固定税あるいは定額税である。これは，課税ベースが経済活動とは独立な税であり，1人あたり定額の固定税である。労働所得税では，労働供給の変化により税負担も変化するが（このような税を攪乱税という），一括固定税では，どのように経済活動が変化しても税負担は変わらない。この一括固定税と比較して，労働所得税など

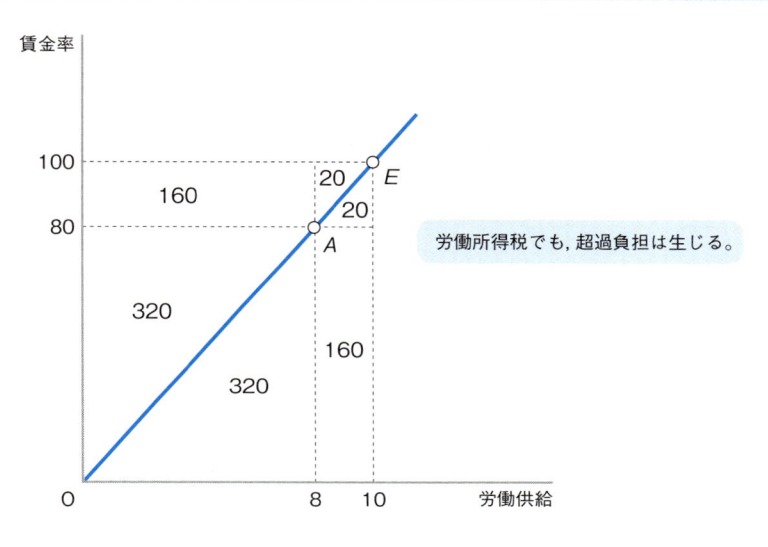

図 8-4 労働所得税の超過負担

[図: 賃金率と労働供給のグラフ。E点(10, 100)、A点(8, 80)。領域の数値: 160, 20, 20, 320, 160, 320]

労働所得税でも、超過負担は生じる。

の通常の税金は余計な負担を家計にもたらしている。これを<u>超過負担</u>と呼ぶ。

超過負担を**図 8-4** のような数値例で考えてみよう。課税前に賃金率が 100 であるとして、10 の労働供給をしている。課税ゼロの所得は 1000 である。また、20% の税率で労働所得税が課せられるとすると、課税後は手取りの賃金率が 80 になり、労働供給が 8 に減少するとしよう。課税前所得は 800 で、課税後所得は 640 である。政府の税収は、160 である。では、家計の実質的な負担はどうであろうか。

課税ゼロのケースから考えてみよう。家計の所得は 1000 であった。しかし、10 だけ働くことで余暇の時間を犠牲にしている。簡単化のために、所得のうちの半分はそうした余暇の犠牲で相殺されると考えよう。したがって、家計の実質的な利得は 500 である。次に、20% の所得税のケースを考えよう。課税後は、家計の手取りの所得は 640 になるから、実質的な利得は 320 になる。課税による家計の実質的な利得の減少は、500−320＝180 である。したがって、政府の税収 160 が家計の所得の穴埋めに使用されたとしても、180−160＝20 だけ、家計の実質的な利得は減少している。この 20 の大

171

きさが労働所得税による超過負担である。なお、一括固定税の場合は、160の一括の税負担があとで家計に還元されるとすれば、家計は何ら課税されないのと同様であるから、家計の実質的な利得は減少しない。

図8-4からもわかるように、超過負担の大きさは、課税によってその経済活動（労働所得税の場合は労働供給）がどれだけ抑制されるかに依存する。とくに、限界税率（課税ベースの追加的な拡大でどれだけ税負担が増加するか：$\frac{税負担の増加}{課税ベースの拡大}$）が高いほど、超過負担も大きくなる。たとえば、税率が40％になると、上の例では超過負担は80になる。なぜなら、家計の実質的な利得が180へと320減少するのに対して、政府の税収は240にしか増加しないからである。税率が2倍になるとき、超過負担は4倍に増加する。すなわち、超過負担は税率の2乗に比例する。

これが、課税による負の誘因効果である。この効果は、労働所得税、利子所得税、消費税など課税ベースの異なる課税方法では異なってくる。したがって、効率性の観点からは、負の誘因効果の大きい課税ベースにはあまり高い税率で課税するのは望ましくない。逆に、負の誘因効果のあまりない課税ベースには、ある程度高い税率で課税しても、それほどの悪影響は生じない。包括的な所得に対して同じ税率で課税する総合課税では、課税ベース間での負の誘因効果の相違を無視している。それぞれの課税ベースの背後にある経済的な事情が異なるとすれば、そうした事情の相違を無視した総合課税では、民間部門に余計な負担が生じる可能性がある。

■最適課税のルール

こうした観点から、資源配分の効率性を重視する考え方が、最適課税の理論である。最適課税問題では、政府は、一定の税収を確保するという財政上の制約を満たしつつ、代表的家計の効用水準をもっとも高めるように、複数の財・サービスに対する消費税率を決める。このような最適課税問題の解は、ラムゼイのルールとして知られている。ラムゼイのルールは、次の2つの命題にまとめられる。

図 8-5 逆弾力性の命題

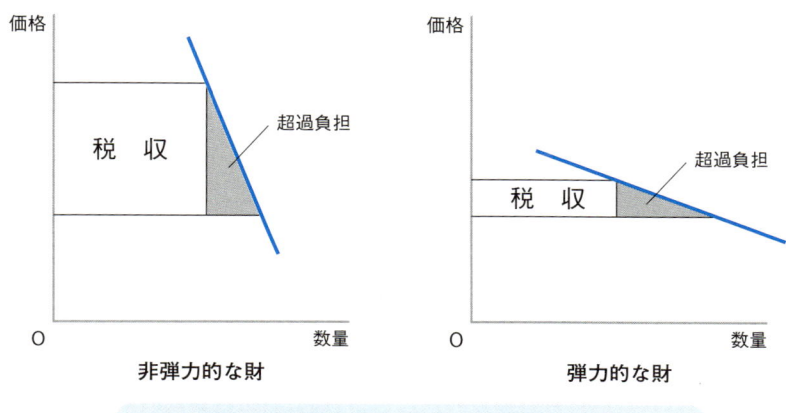

非弾力的な財 / **弾力的な財**

税収と超過負担の比率を一定にするのが，逆弾力性の命題である。

(1) 逆弾力性の命題

「最適消費税体系においては，各財の補償需要が相互に独立である場合，各財に対して個別の税率は，自己価格弾力性に逆比例するように決定されなければならない。」

ここで補償需要というのは，価格が変化したとき，効用水準を一定に保つように所得が補整されるときの需要であり，ミクロ経済学の代替効果の大きさに対応している。その補償需要が相互に独立であるとは，他の財の価格が変化しても，その財の補償需要が影響されないことをいう。これは，クロスの代替効果がない状況である。また，自己価格弾力性とは，その財の価格が変化したときに，その財の需要が反応する程度を表すものである。価格が上昇するときに，より大きく需要が減少すれば，自己価格弾力性が大きい。

逆弾力性の命題は，各財のあいだでのクロスの代替効果が無視できるとき，価格に対して非弾力的な財に対して，より高い税率をかけるべきであることを主張している。図 8-5 で示すように，非弾力的な財ほど，課税しても，超過負担はそれほど大きくならないから，高い税率をかけても，資源配分の非効率性は，あまり生じない。この命題は，図 8-5 でいうと，税収と超過負担

の比率が各財で同じであることに対応する。すなわち，税率を変化させるとき，そこから生じる税収の変化と超過負担の変化がちょうど各財で等しくなるまで，税率を変化させるのが最適といえる。

(2) 均一税率の命題

「それぞれの財の余暇に対する（補償需要の）価格弾力性が等しいとき，労働供給に対する単一の課税か，あるいは，余暇以外の各財に対する均一の税率での課税が望ましい。」

この命題は，他の条件が一定であれば，異なる財にあまりバラバラな税率を適用すべきでないことを意味する。なぜなら，税率を大きく変化させると，超過負担はそれ以上に変化するからである。上で説明したように，とくに税率の高い財の超過負担は，税率の高さ以上の規模で大きくなり，これが全体としての超過負担を大きくする。したがって，他の条件が同じであれば，すべての消費財に対して同じ税率で，すなわち，均一税率で課税する（＝労働供給のみに課税する）のが望ましくなる。

この命題の応用として，余暇と相対的により補完的な財により高い税率で課税するのが望ましいという命題も，導出されている。

■複数家計の存在

最適課税の理論は，もっとも単純なケースとしては，同質の家計のみが存在する経済を想定している。しかし，現実には家計間での経済格差は無視できないだろう。所得格差のある複数の家計が存在する場合の最適課税のルールは，資源配分に関するものと所得分配に関するものの両方を含んだ折衷的なもので与えられる。上で説明したように，資源配分の効率性からは，できるかぎり非弾力的な財に高い税率を課すことを主張する。他方で，所得分配の公平性からは，低所得者が相対的に多く消費する程度を示す分配特性の高い財に対して，高い税率で課税すべきでないことを主張するだろう。

一般的に，分配特性は公平性の観点から配慮すべき財を意味するから，必需品的な財ほど高くなる傾向がある。必需品的な財は，通常の場合には，価

格弾力性が低いと考えられるから，分配上の観点からは，非弾力的な財に対して重課すべきではないことを意味する。これは，消費課税において，資源配分の効率性と所得分配の公平性という2つの目的のあいだにトレード・オフが存在することを示している。

■支出税と最適課税

　ここで，支出税を最適課税の観点から評価してみよう。支出税は，所得ではなくて，消費支出を課税ベースとする税である。毎期毎期の所得よりは消費の方がより安定しているから，水平的な公平性の立場（同じ経済水準の個人間での税負担が同じでなければならないという基準）からは，包括的所得税よりは支出税の方が望ましいといえるだろう。

　さらに，効率性の観点からみても，包括的な所得税よりも支出税の方が望ましいという議論がある。支出税は，利子所得あるいは資産所得の非課税を主張している。これは，利子所得に対する二重課税がないという意味で，包括的所得税よりも支出税の方が効率的であり，経済活動に中立的であるという考え方に基づいている。

　しかし，最適課税のルールが示すように，効率性の観点から判断すると，こうした結論はかならずしも一般的には成立しない。労働供給よりも貯蓄の方がより非弾力的であれば，むしろ，利子所得税の方に重い税率をかける方が望ましい状況もあり得る。現実の世界で労働供給が制度的に固定されており，非弾力的であるとみなせば，支出税の立場もある程度は正当化できる。しかし，各課税ベースについて，課税による負の誘因効果がどの程度あるのかは，先験的には仮定できないだろう。したがって，負の誘因効果の大きさあるいは代替効果の大きさと，望ましい税率との関係を理論的にきちんと理解しておくことが重要になる。これが，最適課税問題の基本的な課題である。

■最適課税論と税制改革の理論

　このように，最適課税論は課税のあり方を理論的に検討する上では，きわ

めて有益な分析手法である。それでもラムゼイ型の最適課税論の想定は、現実経済への適用可能性の観点から判断すれば、きわめて制約的なものでもある。すなわち、最適問題を解くときに必要な各家計の選好の形あるいは市場均衡の状態に関して、政府が現実に知り得る情報は、きわめてかぎられたものでしかない。また、政府が一度に実現可能な租税体系の変更は、既得権などこれまでの税制のもとでの利害にしばられて、部分的、段階的なものでしかないのが、現実であろう。さらに、個人間の格差がある場合の社会的公平性の判断は、第11章でも説明するように、個々の経済主体の利害に直接からむものであるから、広く社会全体に受け入れられる価値判断を形成するのは、民主主義社会ではなかなか困難だろう。

　最適課税論のこのような政策上の制約をふまえて、最適課税論を白紙の上に新しく書いた租税論であるとして、その現実関連性のなさを批判する人も多い。このような問題点を克服するには、現存する租税体系を出発点として、それを段階的に改革していく過程を考察する租税改革の理論も有効であろう。すなわち、租税体系の事前的な意味における最適状態の特徴づけを最適課税論で検討すると同時に、現実の税制を出発点として、その部分的な変化の過程あるいはその調整過程にも関心を向けるべきである。こうした問題意識は、租税改革の理論として、最近では多くの研究成果が蓄積されている。

check point 8.3

●キーワード

| 一括固定税　　攪乱税　　超過負担　　逆弾力性の命題　　均一税率の命題 |
| ラムゼイのルール　　税制改革の理論 |

●8-3節　練習問題
以下の文章の正誤を判断せよ。

1．一括固定税は課税ベースとは独立に税額が決定されるので、超過負担は生じない。
2．効率性の観点からは、課税の誘因効果の大きな課税ベースに高い率で課税すべきである。

3．最適課税の理論では，一般的に，効率性と所得分配の公平性のあいだで，トレード・オフの関係がある。
4．最適課税の理論は，現実の税制のあり方を議論するときには，あまり参考にならない。

8-4　消費税増税の政治経済学

　わが国では厳しい財政事情を考慮すると税収増は必要であり，課税ベースの拡大は望ましい。所得税と相続税の最高税率の引き上げは，格差是正の大義名分はあるが，対象となる人々が限定されるので，税収増の効果が不透明であるし，攪乱効果も予想される。消費税は広く薄く課税できるので，有力な税である。わが国で消費税増税を政治的に実現するには，税収がきちんと使われるという安心感，信頼感が不可欠である。その1つの有力な方法は福祉目的税化である。これは，消費税を福祉目的の財源に限定するという大義名分をつけることで，社会保障需要に必要な増税に対する国民感情を和らげる効果を狙ったものである。

　しかし，民主主義の政策決定を想定すると，当面の選挙対策を最優先するなど，政府の税制改革は短期的な視点で実施されやすい。高齢者の世代の社会保障給付を支える財源として消費税が安易に用いられると，必要以上に税率が引き上げられて，非効率，不公平な歳出が既得権化するという，大きな政府の弊害が表面化するかもしれない。社会保障制度の中身を抜本的に見直して，福祉目的税という名のもとに，安易に税負担や給付を拡大しないようにすべきである。

　ところで，増税の大前提は，財政における公平性の確保である。消費税を増税する際には，とくに負担感が大きい弱者への対策が不可欠である。政府は逆進性緩和等の観点から，消費税率が10%になる段階で食料品など生活

8 課　税

必需品に軽減税率を適用することを検討している。ところが，軽減税率は富裕層にも恩恵が及ぶから再分配効果は限定的になるし，対象品目を合理的に決定することも困難である。逆進性の緩和策としては，累進的な所得課税や給付による再分配政策の方がより効果的だろう。

　なお，日本の消費税では，インボイスを必要としない帳簿方式がとられている。複数税率の下では，仕入税額控除を正確に行うためにインボイス方式の導入が必要であるという意見が多い。インボイスには，商品の価格，仕入先に支払われた税額などが明記されており，これによって控除額が確認され，脱税や二重課税の防止に効果があるとされる。また，マイナンバー制度などの納税者番号制度の導入は，公平な徴税制度に不可欠である。

check point 8.4

● キーワード

消費税　　福祉目的税　　税における公平性　　軽減税率
マイナンバー制度　　納税者番号制度

● 8-4節　練習問題
1．マイナンバー制度について，説明せよ
2．ふるさと納税について，説明せよ。

■ *Column 8*　納税者投票 ■

　住民が地方税を納税する際に，同時に，その使途もある程度特定化できるという納税者投票は，とくに，地方自治体で有力な監視メカニズムになる。たとえば，地方自治体は，教育や福祉，公共事業などいくつかの目的別に，独立した行政組織を設立する。その組織の財源として，納税者投票で指定された税金の配分を用いる。そうすれば，その地域で多くの住民がどのような行政サービスを期待しているのかと，実際に供給されるサービスと因果関係が明確になる。

　また，そうした行政組織は通常の地方政府の枠内にとどまる必要もない。たとえば，公務員を雇用するかわりに，民間にサービスを委託してもいい。委託する場合の財源として，税金を当てるケースで，その税金の配分割合が納税者の意向で決定される。地域行政サービスの多くは，民間でも十分に供給可能である。むしろ，地方公務員という硬

直的な身分保障のない方が，より柔軟でより効率的に，また，住民の意向に沿ったサービスを提供できる。しかし，完全に民営化すると，採算面ではやっていけない。十分な料金を徴収できないからである。したがって，ある程度の財政支援は何らかの形で不可欠である。その際に，住民の意向を反映した配分が，納税者投票で実現できる。

とくに，住民税の納税に際して，納税者＝住民が，自分の納税額の使い道を指定する。住民税の均等割り部分は現在1000円から3000円程度であり，名目的存在にすぎない。これを拡充すると，納税者投票が住民投票にかわる役割を果たすことができる。そもそも，地域の公共サービスは住民全員の負担（＝会費）でまかなわれるべきである。たとえば，20歳以上のすべての住民が年間10万円の住民税を人頭税として支払うとしよう。学生や専業主婦のように所得がなくても，全員が課税義務を負う。20歳以上の住民が生活している以上，何らかの経済的手段をもっているはずであり，納税する能力はある。そして，生活保護世帯など，本当に所得機会のない人に対しては，社会保障給付がおこなわれているはずであり，その財源で人頭税を払う（人頭税の分だけ生活保護費が上乗せされると考えてもよい）。こうすれば，20歳以上のすべての住民が税金を払うので，その使途を特定することは，住民投票と同じ性格をもってくる。

公共事業が不足していると感じている住民は，自分の支払う住民税から公共事業への支出比率を高く設定する。逆に，公共事業がもう必要ないと感じている住民は，住民税の配分先として別の支出を指定する。また，こうした柔軟な財源調達は，NPOへの財政的な支援とよく似ている。有能であるけれども，その能力を地域経済社会に十分に貢献していない人が多く存在する。そうした人は，必要な場が与えられれば，「社会的に貢献したい，自分の能力や働きを評価されたい」と感じている。潜在的な人材をうまく活用するには，NPOの財政基盤を整備することが不可欠である。納税者投票と独立行政組織とが連結することで，現行のNPO活動以上に，効果的で強力なサービスが提供できる。そうなれば，地域社会も活性化する。

第 9 章

財政赤字と公債

　この章では，税金以外で政府支出の財源を調達する方法である公債発行による財政赤字の問題を取り上げる。第1節では，公債発行の問題点をまとめるとともに，財政運営のさまざまな考え方を紹介する。第2節では，財政赤字の経済的な負担を取り上げて，クラウディング・アウトと将来世代への負担の転嫁について説明する。また，公債の負担がないという中立命題を紹介して，その理論的な妥当性を検討する。第3節では，予算編成と政治という観点から，財政赤字の問題を考える。また，財政再建の考え方を紹介して，なぜ財政赤字削減の法的拘束が必要かを説明する。

9 財政赤字と公債

☐ 9-1 財政運営の考え方 ☐

■公債発行の問題点

　政府支出のための財源は，税金以外の方法で調達する場合もある。それが，公債発行による財政赤字である。政府の税収と支出の差額が財政赤字であり，これは，公債発行によって民間から借金をすることでまかなわれる。わが国も含めて多くの先進諸国では中長期的に財政赤字が生じており，大量の公債が発行され，公債残高が増加している。こうした現状は，どう考えたらよいだろうか。この章では，財政赤字と公債発行の経済的効果を考察する。

　財源を課税調達する場合と異なり，財政赤字や公債発行それ自体に弊害があるという考え方は，かなり一般的にみられる。財政当局が財政再建の目標として，財政赤字を解消して，公債発行（あるいは赤字公債の発行）を止めることを掲げるのも，公債発行に何か特別の弊害があると考えているからである。公債発行の問題点としては，さまざまな点が指摘されているが，その主要なものは次のようにまとめられよう。

(1)　公債発行は，民間資金を圧迫してクラウディング・アウトを生じさせるか，あるいは，通貨の過大な供給を通じてインフレーションを引き起こす。

(2)　とくに，赤字公債の発行は，負担を将来世代に転嫁させて，世代間の公正を阻害する。公共投資の財源として発行される建設公債と異なり，政府消費の財源として発行される赤字公債の場合，将来世代には政府支出の便益は及ばず，その負担のみが転嫁されるからである。

(3)　大量の公債発行が続くと，公債の利払いや償還に追われてしまい，財政硬直化の大きな原因になる。とくに，赤字公債の償還のために，借換債が発行されると，借金のために借金をするという悪循環に陥る。

(4)　民主主義による政治的な圧力のもとでは，課税の場合と違って，公債

発行による財源調達は安易に用いられやすい。その結果，財政の膨張や放漫化を招く。

■均衡財政

公債発行の問題点については，第2節以降で検討したい。その前に，本節では財政赤字や公債発行にかかわる財政運営についてまとめてみよう。**表9-1**にまとめるように，公債発行に関する政策的立場としては，その削減を主張する立場，その拡大を主張する立場，何らかの最適水準への調整およびその実現を主張する立場の3つがあるだろう。

まず，最初に公債発行の削減，あるいは，財政収支の均衡を主張する立場からみていこう。公債発行の削減を最優先するのは，公債発行のコストを重要視する財政当局であろう。財政当局は，予算編成の自由度が損なわれるのを危惧する傾向が高いので，上の問題点の(3)をもっとも心配している。

また，政治のコントロールがかならずしもうまく機能していない現実の予算編成を考慮すると，(4)の問題点も重要であろう。とくに，政府が国民全体の経済厚生の最大化を意図して行動していない点を強調する公共選択論の立場から，(4)の問題点が強調されてきた。

政府の財政活動が大きくなり，複雑化するにつれて，税金を負担する人々と政府から補助金や公共サービスを享受する人々とが，乖離するようになる。主として負担をする人々は，税負担の増加に抵抗する。また，主として便益を受ける人々は，ますます便益が拡大することを要求する。両方の人々の政

▶ 表9-1　財政運営の考え方

均衡財政	財政赤字の削減，財政収支の均衡を最優先
ケインズ政策	景気対抗手段として財政赤字を活用
無税国家	短期的に財政黒字，長期的にその運用益で無税
クッション政策	課税の超過負担を最小化，限界税率の一定

治的な圧力のもとで，税負担はそれほど増加せず，政府の支出は拡大する。その結果，財政赤字が増大していく。こうしたメカニズムが現実的であるとすれば，均衡財政の制約を制度的に設定しておくことも，次善の財政運営として正当化できるだろう。財政赤字の拡大に制約を課す法的なコミットメントの是非については，第3節で検討したい。

　しかし，均衡財政を最優先させると，確かに財政収支は短期的に安定しやすいが，公債発行のメリットやマクロの経済の安定性，さらには短期的に税収を変動させるコストには，何ら配慮していないことになる。また，もし以下で説明するような中立命題が成立しているとすれば，世代間での政府による所得の再分配政策は，民間部門の遺産を通じる自発的な移転によって相殺され，均衡財政が必要かそうでないかの問題自体があまり意味をもたなくなる。

■ケインズ政策の有効性

　財政赤字あるいは公債発行を積極的に活用しようとする代表的な立場は，景気対抗手段として財政赤字を活用することを主張するケインズ的立場である。すなわち，景気が低迷しているときには，財政赤字を拡大させて，公債を増発し，景気を刺激しようとする。逆に景気が過熱しているときには，財政赤字を縮小させて，公債発行を削減し，総需要を抑制するものである。こうしたケインズ政策がうまくいくためには，第1に，マクロの裁量的な財政政策が効果をもつこと，また，第2に，適切なタイミングで裁量政策が実施されることが，必要である。

　最初の点から検討しよう。不況期に景気を刺激するために，減税や公共投資の財源として公債を発行するというケインズ政策が，短期的にこのような安定化効果をある程度もつことは，否定できない。しかし，その定量的な大きさに関しては議論の余地がある。こうした効果がそれほど大きくなければ，景気が回復しても財政収支はそれほど好転せず，財政赤字はなかなか解消されない。また，第2の点も，適切なタイミングで裁量的な財政政策が発動で

きるのかについては，疑問もある。財政運営の変更には予算関連法案など国会の議決を必要とする。機動的な政策運営には限界があるだろう。

　財政の安定化機能は，従来は，財政運営のもっとも重要な機能と考えられてきた。わが国の財政政策も，このような観点から運営されていたと理解することができるだろう。しかし，最近では，次に説明するように，財政状況が厳しくなるとケインズ政策の量的効果がかなり相殺されることも指摘されている。短期的な経済の安定を最優先するケインズ的な景気対抗政策には，限界があるだろう。

　また，不況期には積極的な財政政策は発動されやすいが，逆に，好況期には緊縮的な財政政策は発動されにくいという，政治的なバイアスも考えられる。人々は不況期の減税や公共投資の増加には賛成しても，好況期の増税や公共投資の削減には賛成しにくい。その結果，ケインズ政策は不況対策としてのみ用いられる傾向になる。その場合には，仮にケインズ政策が適切に実施されたとしても，長期的には財政赤字は累積していくだろう。

　公債の累積的な発行は，つねに破局的な財政状況と隣合せの危険をもっている。公債発行は将来世代に負担を転嫁させようとするから，現在世代としては，課税調達のときよりも過大な政府支出を望む誘惑がはたらく。これは，財政破綻の可能性を高めるだろう。あまりたくさんの公債を発行しすぎると，将来それを償還するためには，巨額の増税が必要になるか，大幅な政府支出の削減が求められることになる。増税にも政府支出の削減にもそれなりの限度があるとすれば，公債を発行し続けると，政府の予算が破産する状況に追い込まれるかもしれない。

■無税国家

　ケインズ的な景気対抗手段によらず，また，均衡予算原則を批判する考え方として，より中長期的視点から公債発行のあり方を議論するものがある。そのうちの1つが無税国家論であり，いま1つがクッション政策（限界税率一定の原則）と呼ばれるものである。

無税国家の議論は，長期的にあらゆる税を廃止し，政府の財源調達をすべて過去に蓄積してきた資産の運用益でまかなうことを主張する。無税国家論は，政府支出がある程度抑制できる状況では，減税のメリットを明確に主張する1つの立場として有益である。長期的に税金がゼロであれば，家計の貯蓄や企業の投資活動に好ましい影響がもたらされるので，経済全体が活性化するというメリットを，国民全体が享受できる。しかし，そのためには，短期的に大幅な増税をして，政府の財政収支をしばらくは黒字にする必要がある。そうして蓄積された政府資産を運用することで，必要な公共サービスをおこないながら，長期的に税金をゼロに引き下げることが可能になる。したがって，長期的なメリット（税金ゼロ）の裏側には，短期的なデメリット（大幅な税負担）がある。

　無税国家論は，長期的なメリットの方が短期的なデメリットよりも大きいことを主張している。とくに，資本所得に対する課税では，短期的に増税して長期的に税金をゼロにすることで，望ましい経済成長を達成できることが，理論的に展開されている。その意味で，無税国家論は，公債発行に関する常識論のもつ根拠のなさを指摘する点で有益である。ただし，中長期的な財政運営の政策論として全面的に受け入れるには，限界があるだろう。

■クッション政策

　次に，限界税率一定の原則は，マクロではなくミクロの観点から，財政赤字の政策的意味を問題とする。すなわち，課税にともなう超過負担を最小にするという，ミクロ的視点からの最適課税問題の考え方を公債管理政策に応用したものである。

　第8章でも説明したように，たとえば所得税の限界税率を上昇させることは，労働供給とレジャーに関する合理的な個人の選択に重大な歪みを与え，資源配分の効率性からみて重大な損失をもたらす。第8章でも説明したように，最適課税問題では，近似的に，資源配分の効率性からのコストは限界税率の2乗に比例することが知られている。したがって，このコストをできる

図 9-1 クッション政策

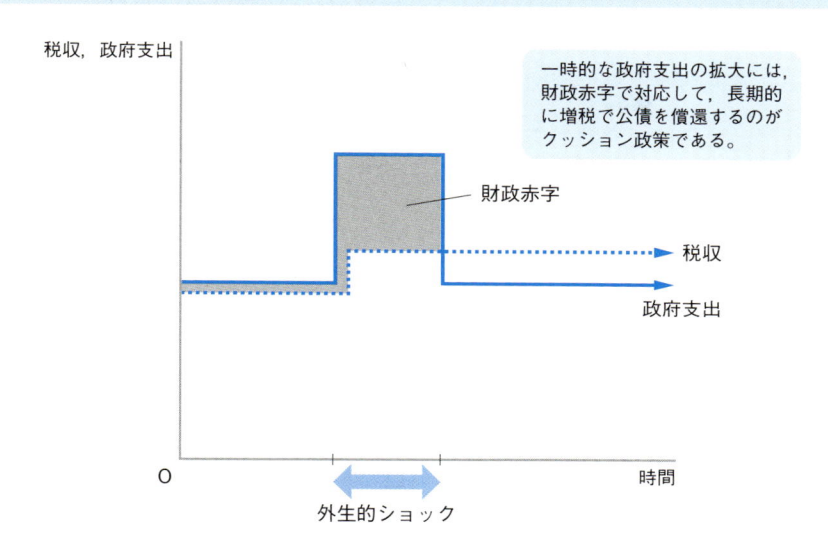

一時的な政府支出の拡大には，財政赤字で対応して，長期的に増税で公債を償還するのがクッション政策である。

かぎり小さくするには，長期的に限界税率を一定にすることが望ましい。

そのために，税率や税体系は短期的にはそれほど変動しないことが望ましい。しかし，外生的なショック（たとえば，国際金融危機や東日本大震災など）のために，税収や政府支出は短期的に変動するかもしれない。したがって，公債発行は，予想しない景気後退，政府支出の一時的な拡大などの外生的なショックを吸収するように，クッションとして変動すべきであると主張する。図 9-1 に示すように，政府支出がある期間だけ一時的に増加するとすれば，それに合わせて税収を変動させるよりは，その期の税収の増加をある程度抑制して，長期的に少しずつ税収を増加させることが望ましい。外生的なショックがある期間は政府支出が税収を上回るから，財政赤字になり，公債が発行される。この公債は長期的な財政黒字で次第に償還される。この考え方は，中長期的視点から，財政の安定化と経済の安定化をはかるものとして，それなりにもっともらしいといえる。

歴史的にみると，公債の対 GDP 比率は，第二次世界大戦のような戦争のときか 1970 年代の石油危機のような不況期に上昇する傾向がみられる。こ

れは，わが国のみならず，アメリカやイギリスでもみられる傾向である。外生的なショックのため，一時的に政府支出が拡大したり，税収が落ち込んだりするとき，均衡予算を維持するよりは公債の発行で対応するのが，現実的といえる。これは，税制を変更するのにも，政府支出の内容や大きさを変更するのにも，現実の世界ではさまざまの調整コストがかかるためと考えられる。

check point 9.1

● キーワード

公債発行　　財政赤字　　均衡財政　　ケインズ政策　　無税国家 クッション政策

● 9-1節　練習問題
　以下の文章の（　）の中に適当な言葉を入れよ。

1．財政赤字は，（　）と政府支出との差額である。
2．景気対策として財政赤字を積極的に活用するのが，（　）政策である。
3．長期的に税金をゼロにすることを主張するのが，（　）論である。
4．クッション政策は，（　）の考え方を公債管理政策に応用したものである。

□ 9-2　財政赤字の負担 □

■ クラウディング・アウト

　この節では，財政赤字の負担について考えてみよう。第1節でも説明したように，マクロ的な財政赤字のコストとしては，クラウディング・アウトがある。政府が公債を発行すると，それを市中で消化するから，民間投資に向かうはずの民間貯蓄が公債の保有に回っている。その分だけ民間の投資需要に向けられる資金が食われてしまう。これがクラウディング・アウト（押し

のけ）効果と呼ばれる現象である。

　公債発行による政府支出の拡大が民間投資を抑制するこの効果は，民間投資の利子率に対する反応（投資の利子弾力性）が大きいほど，また，貨幣需要の利子率に対する反応（貨幣需要の利子弾力性）が小さいほど，大きくなる。なぜなら，貨幣需要が利子率に敏感に反応するほど，公債残高の増加で利子率が上昇しやすくなり，また，投資が利子率に敏感に反応するほど，利子率の上昇に対して，投資需要がより抑制されやすくなるからである。これが実際に起きると，公債発行の圧力で金利が上昇して，民間企業が資金を借りにくくなって，「官業の民業圧迫」という問題となる。

　ところで，不況期には民間投資の利子率に対する反応（投資の利子弾力性）が小さく，また，貨幣需要の利子率に対する反応（貨幣需要の利子弾力性）が大きい。したがって，不況期には公債を発行しても，クラウディング・アウト効果はそれほど深刻ではない。逆に，好況期にさらに公債を発行する場合には，クラウディング・アウト効果は大きく，金利上昇のコストも大きいだろう。

■将来世代への負担の転嫁

　公債発行のコスト，あるいは，財政赤字の問題点として重要なもう1つの大きなポイントは，将来世代への負担の転嫁である。いったん公債を発行すれば，いずれは償還しなければならない。わが国では60年で公債を償還すると定めているが，その財源はさしあたっては公債の形（＝借換債）を想定しても，結局は税金である。現在世代が公債を発行して財源を手当し，何らかの政府支出をおこなったその後始末を，60年かけて処理している。したがって，現在世代の政策に直接かかわってこない将来世代の人がその一部を負担する。

　公債の負担のもっともらしい定義は，ある世代の人が一生のあいだに消費できる大きさがどれだけ減少するかで公債の負担を捉えるものであろう。すなわち，課税調達のときより公債発行のときの方が，その世代の人の消費量

9 財政赤字と公債

が減少すれば，その世代に公債の負担があるということになる。ところで，公債を発行すると，それを償還するためにやがては増税をしなくてはならない。この増税が，自分の生きている期間のうちにおこなわれなければ，将来の世代の人がその増税を負担する。将来世代の人は，公債発行のときにかぎって，償還のための増税を負担するから，現在世代の人から将来世代の人へ負担が転嫁されたといえる。このように考えると，公債の負担が将来世代に転嫁される可能性は否定できない。

また，より長期的な視点では，資本蓄積の減少で公債の負担を定義し，公債発行によって将来世代に負担が発生することを主張する議論もある。公債発行の場合，人々が公債を保有することになるが，これは民間貯蓄の一部が公債の消化にあてられることを意味するから，その分だけ資本蓄積が減少する。課税調達の場合には，民間の貯蓄とともに消費の一部も減少するから，資本蓄積の減少分はそれほど多くない。なぜなら，課税によって可処分所得が減少すると，貯蓄も消費も同様に減少するからである。したがって，課税調達と比べて公債発行では，資本蓄積がより減少する分だけ，将来世代の利用できる資本ストックがより小さくなり，将来世代に負担が生じる。

ただし，公債の与える効果は，かならずしもすべての将来世代にとって，共通であるとはかぎらない。将来世代といっても，どのような将来世代を問題とするかは，重要な点である。すなわち，公債の負担が将来世代に転嫁されるとしても，それは現在世代に近い将来世代ではなく，現在世代から遠く離れた将来世代である。現在世代に近い将来世代は，公債発行によって調達された財源でなされる減税や公共投資の便益をある程度享受できるので，公債の発行によってむしろプラスとなる可能性が高い。また，遠く離れた将来世代にとっては，当初の公債発行額がある程度小さければ，経済成長とともに公債の相対的な規模が小さくなっていくので，公債の実質的な負担は生じない。公債の負担は，公債発行額がかなり大きくて，それを借換債でどんどん先送りするケースでのみ，しかも遠く離れた将来世代にのみ生ずるという意味で，より限定的に解釈すべきである。公債調達は現在世代にとって負担

感がなく，むしろ便益をもたらすから，最初は公債発行額が増加しやすい。

■ リカードの中立命題

このように，公債発行によって将来世代に何らかの経済的な負担が転嫁されることは，公共経済学の常識であった。これが，とくに公共消費の財源として発行される赤字公債の問題点として強調された点である。公共投資の財源となる建設公債と違って，赤字公債の場合に政府支出の便益が将来世代に何ら残らないとすれば，公債の負担のみが将来世代に転嫁されることになる。しかし，最近になって，公債発行によっても，将来世代に何ら負担が転嫁されないとする主張（中立命題）が展開され，かつ，実際の経済にもあてはまるという実証研究も存在する。以下ではこの公債の中立命題を検討しよう。

公債発行と公債償還とが同一の世代に限定されているなら，ある一定の政府支出を公債発行と課税調達とでまかなうのでは，まったく同じ効果をもつであろう。課税調達のときと現在価値でみて同じ税金を支払うのであれば，公債発行と課税調達とに実質的な差はない。この議論は，「リカードの中立命題」と呼ばれている。人々が生涯にわたる予算制約式に基づいて消費・貯蓄行動をするかぎり，どの時点で課税されても税負担の現在価値は同じであって，生涯にわたる予算制約も同じとなる。課税と公債とで何ら相違はない。

リカードの中立命題を表 9-2 の簡単な数値例で考えてみよう。政府支出は一定とし，今年 1 兆円の減税を実施し，その財源として公債を発行するとしよう。公債は，1 年満期であり来年には償還しなければならないとする。利子率を 5% とすると，来年には 1 兆 500 億円だけ償還のために増税しなければならない。今年の 1 兆円の減税の代わりに，来年 1 兆 500 億円の増税がお

▶ 表 9-2 税負担の現在価値

	今　年	来　年	再来年	現在価値
来年償還する場合	−10000	10500	0	0
償還しない場合	−10000	500	500	0

こなわれることになる。人々の税負担の総額はどう変化するだろうか。**表9-2**が示すように，税負担の現在価値はゼロである。

　すなわち，今年の減税と来年の増税とは，ちょうど相殺されてネットではゼロとなる。税負担の総額が変わらなければ，その人の長期的な可処分所得も変化せず，したがって，今年と来年の消費も変化しない。今年の減税政策によって今年の消費は刺激されず，また，来年の増税政策によっても来年の消費は変化しない。

　では，公債の満期が来年にくるのではなく，もっと先まで伸ばされるときは，上の議論はどうなるだろうか。政府は，公債を償還することをせず，毎年毎年利子だけを支払い続けるとしよう。来年以降，政府は毎年500億円だけ利子を支払うから，その分だけ増税しなくてはならない。したがって，今年1兆円減税する代わりに，来年以降500億円だけ毎年増税がおこなわれる。税負担の総額の現在価値を求めると，今度のケースでも，今年の減税と来年以降の増税とはちょうど相殺されて，ネットではゼロとなる。公債をいつ償還するかは，利払いのための増税をきちんと考慮に入れると，それほど重要なことではない。

■**バローの中立命題**

　ところで，公債の償還を先送りし，借換債をどんどん発行していけば，現在の世代が死んでから，現在の公債が償還される。あるいは，償還しないで利払い分だけ増税がおこなわれる。上の数値例でのケースのように，無限の先まで増税が及ぶこともある。このとき公債を発行し，それを先送りする現在世代は，償還のための増税という負担を，将来世代に転嫁することができる。世代の枠を考慮すると，リカードの中立命題は成立しない。これまでの標準的な議論では，こうした状況が念頭に置かれていた。

　この場合にも課税と公債の無差別を主張するのが，遺産による世代間での自発的な再配分効果を考慮する「バローの中立命題」である。図9-2に示すように，バローは，利他的な遺産動機（＝子の効用をあたかも自分の効用と

図 9-2　公債の中立命題

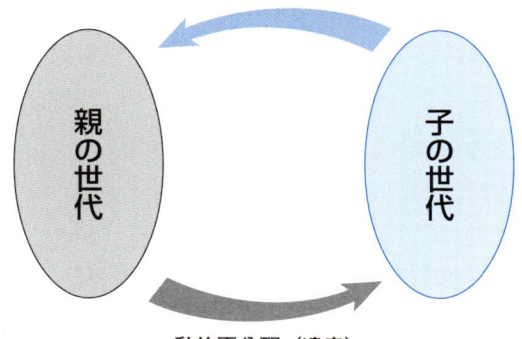

公的再分配（公債の負担の先送り）

親の世代 ← → 子の世代

私的再分配（遺産）

世代間の公的な所得再分配政策を，遺産による私的な再分配で完全に相殺するのが，中立命題である。

同じようにうれしいと感じること）をもつことで，親の世代が子の経済状態にも関心をもつことを指摘し，その結果，子の子である孫の世代，さらに孫の子であるひ孫の世代の効用にも関心をもつことを示した。これは，結局無限の先の世代のことまで間接的に関心をもつことを意味するから，公債の償還がいくら先送りされても，人々は自らの生涯のあいだに償還があるときと同じように行動する。とすれば，公債発行と償還のための課税が同一の世代の枠を超えても，中立命題が成立する。

たとえば，公債発行による財源で減税がおこなわれるとしよう。人々は減税によって増加する可処分所得の一部を消費に回さない。増加する可処分所得＝減税分はすべて貯蓄に回され，子の遺産の増加になる。その結果，将来，子の世代に公債の償還のための増税がおこなわれるときに，遺産の増加でそれを完全に相殺できる。したがって，減税を受ける親の世代も増税を受ける子の世代も，ともに，政府による公債発行という世代間の再分配政策の影響を実質的に回避できる。公債発行による減税によって消費は増加せず，公債償還による増税によって消費は減少しない。

9　財政赤字と公債

■理論的な論争

　公債の中立命題は，経済環境と経済主体の行動に関して，いくつかの重要な仮定を前提としている。これらの仮定の中で，とくに，(1) 流動性制約のない完全な資本市場の存在，(2) 非攪乱的な課税，(3) 利他的な遺産動機という仮定が重要である。リカードの中立命題は，(1)・(2) を前提としており，バローの中立命題は (1)・(2)・(3) を前提としている。以下これらの点について，説明しよう。

(1)　流動性制約

　貯蓄をする場合の利子率と借金をする場合の利子率とは一致せず，借り入れの利子率の方が高いのが現実であろう。現実には，かなりの人々にとって貯蓄よりは借金の方がやりにくく，借り入れにある程度の制約があるだろう。これを「流動性制約」と呼んでいる。もっとも極端な場合には，借り入れをしてまで所得以上の消費をしたいけれども，一切できずに，所得がすべて消費に回っている。そうした流動性制約が存在するとき，減税によって可処分所得が増加すると，同額だけ消費が増加する。すなわち，中立命題が想定していたように減税分がそのまま貯蓄されずに，消費に回される。その結果，流動性制約のあるときには，公債の中立命題は成立しなくなる。

(2)　非攪乱的な課税

　一般的に，税収を一括固定税のみで徴収することは不可能である。ミクロの経済活動に影響する攪乱的な税制を認めると，公債発行は中立的ではなくなる。なぜなら，攪乱的な課税のタイミングを変更すると，ミクロ的な価格が変化して，民間の行動に影響を与えるからである。たとえば，所得税を減税すると，課税後の実質的な賃金率が上昇して，勤労意欲が刺激されるかもしれない。利子所得税が減税されると，課税後の実質的な利子率が上昇して，貯蓄意欲が刺激されるかもしれない。こうした代替効果があれば，公債発行による課税のタイミングの変更は，実質的な効果をもつことになる。

(3)　利他的な遺産動機

　バローの中立命題の必要条件の1つは，利他的な遺産動機が完全にはたら

いていることである。政府による世代間の再分配を完全に相殺するには，ちょうどそれに見合った自発的な遺産の調整が必要である。しかし，負の遺産を残すことが現実の世界でできないとすれば，異世代間での自発的な所得の再分配にも限界が生じる。もし，負の遺産（子から親への贈与）が必要とされても，遺産は負になれない（非負制約）から，遺産による調整が実現できないケースが考えられる。バロー的な遺産動機をもっていても，その程度があまり強くなければ，すなわち，親が子の世代の効用をあまり自分の効用に置き換えない場合，非負制約の条件が効いて中立命題が成立しない可能性が生じる。すべての世代がプラスの遺産を残し，利他的な遺産動機が有効となるメカニズムがはたらくためには，親が子どもをかなり強く愛する必要がある。

　このように，バローの中立命題においては，遺産動機が重要な経済的活動として考えられている。確かに，遺産の大きさは現実の資本蓄積に大きな影響を与えている。日本やアメリカの実証研究では，資本蓄積のうち2分の1以上が遺産と関係する貯蓄であるとの結果も報告されている。しかし，現実の遺産が大きいからといって，それはかならずしも利他的な遺産行動を意味するとはかぎらない。人々は，自らの生存期間が不確実なために，結果として意図せざる遺産を残してしまう可能性もあるだろう。あるいは，遺産という行為自体に効用を感じるかもしれない。また，親と子のかけひきで遺産が決まる（戦略的遺産行動）かもしれない。たとえば，老後の面倒を一番良くみてくれた子どもだけに遺産を残すという行動である。一般に，遺産動機が利他的なものでなければ，中立命題が成立しない。

check point 9.2

● キーワード

クラウディング・アウト　　将来世代　　負担の転嫁　　中立命題
借り入れ制約　　遺産　　利他的動機

9 財政赤字と公債

●9-2節　練習問題

今年2兆円の所得税の減税が実施されるとする。その財源として公債が発行されると，どのような効果が予想されるか。

1．公債の中立命題が成立しない場合，
2．公債の中立命題が成立する場合，
それぞれのケースで説明せよ。

□ 9-3　予算編成と政治 □

■財政の硬直化

第1節でも説明したように，財政赤字のコストとして重要なものの1つは，財政の硬直化である。本来なら政府が政策的な支出に使えるお金が公債残高の利払い費（＝公債費）へ向かうから，その分だけ財政が硬直化する。

しかし，硬直化には2つの意味がある。政策的に使われる総額が抑制されるということと，個々の政策的な経費の中身が硬直化するというのは別の問題である。政策的な経費の最適な配分という観点からは，公債費の増大が財政硬直化の原因とはいえない。政策的な支出の中身については，その都度見直しが必要であり，それは公債費とは別に可能な予算編成作業である。すなわち，利払い費の増大によって新規の歳出ができにくいとしても，既存の経費の削減による新規の歳出は可能である。経済環境が長期的に大きく変化していく中で，当初は意義があった既存の経費でも，その後はあまり意味のないものに変質してしまうことが多いだろう。そうした経費を削減して新しい内容に変えていくことは，公債費が増大したとしても，可能な作業である。その意味で，中身に関する財政の硬直化は，公債費の増大とは切り離して議論すべきであろう。

■金利形成と財政危機

　ところで，財政赤字の規模と公債の金利の関係はかならずしも単純ではない。一般的には，財政赤字の規模が大きく，大量の公債を発行すれば，より高い金利をつけないと市場で公債が消化されない。しかし，1990年代に入ってからのわが国のように，財政赤字が拡大して大量の公債が発行されているにもかかわらず，歴史的な低金利状態の場合もある。ここで，金利形成と財政危機との関係を考えてみよう。

　現在，財政収支が赤字であるにもかかわらず，公債が低い金利で消化されているとすれば，投資家が財政システムの将来を楽観しており，やがては財政収支が黒字となり，長期的に政府の収支が破綻しないと考えているからである。しかし，財政収支の赤字が拡大して，公債残高が累積していけば，将来財政収支が十分に黒字になるという予想を修正せざるを得ないだろう。もし，民間の投資家がこのように認識すれば，政府の公債に対する信頼性はかなり揺らぐことになり，金利の上昇などの財政破綻の兆候が観察される。

　ここで，金利形成と財政危機における政府の対応との関係について考えてみよう。政府の財政運営を信頼しないで，市場が公債を消化するのを拒否すると，誰も新規の公債を保有しなくなると共に，既存の公債を保有している投資家もその公債の即時償還を政府に求めるだろう。こうした財政危機が生じたとき，政府のとり得る対応は2つある。1つは，デフォルト（債務不履行）を宣言して，既発の公債の債務を拒否することである。もう1つは，すべての公債をただちに償還することを決めて，そのための財源を確保するために，増税することである。

　第2の選択は，短期的な増税のコストがどの程度大きいかに依存する。理論的にはGDPの大きさまで短期的に増税することは可能であろう。しかし，課税構造が遍在している場合には，大幅な増税にはその課税ベースとなる経済主体からの抵抗，負担も大きくなり，短期的な増税のコストはかなり大きくなるだろう。逆に，課税構造が効率的，均一的であれば，短期的な増税のコストはそれほど大きくはならない。したがって，課税構造がどの程度不均

衡であるかどうかで、デフォルトするか、きちんと償還するかが決まる。

■ **リスク・プレミアム**

以上説明したように、課税構造が不均衡であるほど、政府にとってデフォルトする誘因が高くなる。政府の行動を市場が合理的に予想すれば、そうした状況では公債を将来きちんと償還してくれないと予想できるから、公債の保有はかなりリスクのある投資行動となる。その分だけ、公債の利子率が高くないと投資家は公債を保有しようとしない。その結果、利払い費が増大して、ますます財政危機を引き起こす可能性も高くなる。したがって、課税構造が不均衡であるほど、公債は高い金利でないと市場で消化されなくなる。これが、課税の不均衡によるリスク・プレミアムである。

また、政府が単独与党政権であり、財政政策の自由度がかなり高い場合には、デフォルトを宣言しないで増税するときに、与党の基盤としている圧力団体以外に重い課税をすることができる。そのような課税は与党政府にとってあまり負担にならないから、課税で対応する誘因が高くなる。逆に、連立政権の場合には、連立を構成するいずれかの政党の圧力団体にとって、増税が負担とならざるを得ない。連立を構成する政権が国民の多数であるほど、この可能性は大きくなる。したがって、連立政権の場合には増税よりもデフォルトを選択する誘因は高い。合理的な期待を市場がもっているなら、連立政権が発行する公債には高い金利がつくことになる。これが、連立政権のリスク・プレミアムである。

■ **予算編成のプロセス**

ところで、財政赤字発生のメカニズムは、その国がどのような予算編成のプロセスをもっているかにも依存している。予算編成のプロセスは、一般的に以下の3つに分割できるだろう。
(1) 財政当局が予算を作成（査定）する。
(2) 政府内での折衝を経て、予算の原案が決定されて、国会で成立する。

(3) 各省庁が予算を執行する。

これら3つのうちでは，最初の2つのプロセスが重要である。

また，予算編成の制度としては，2つのタイプがある。中央集権的な制度と分権的な制度である。集権的な制度では，内閣あるいは財務省が予算編成で各省庁に対してより強い権限をもっている。また，国会は政府が提出した予算案に関して修正する権限をあまりもっていない。逆に，分権的な制度では，政府内での各省庁間での民主的な交渉を重視し，財政当局に特別な権限はない。また，議会の少数野党でも予算を変更する可能性がある。2つのタイプを比較すると，集権的な制度では財政規律を課すのが容易であり，財政赤字の拡大を回避でき，財政改革も容易である。しかし，少数派に対する配慮を欠き，多数派の利益になるような予算が実行される。分権的な制度では逆の特徴をもつ。

■2つの政策決定のルール

また，予算案の決定については，2つの政策決定ルールが考えられる。閉鎖ルールと開放ルールである。閉鎖ルールでは一度採択された予算案は，修正されることなく実行される。開放ルールでは，成立した予算案でもその後の修正（あるいは補正）が何度でも可能である。その都度，投票がおこなわれて新しい予算案ができあがる。

閉鎖ルールでは，最初に予算案を作成する財政当局に強い権限がある。2分の1以上の賛成さえあれば，予算は成立して確定するので，与党に大きな便益さえ保障してやれば，少数派の便益のことは考慮しなくてもよい。予算は短期間に確定できる。

開放ルールでは，多数派が勝手な予算配分を決めると，少数派が多数派の一部を取り込んだ別の新しい多数派の（補正）予算を作成して，当初の予算を変更することが可能になる。したがって，当初の多数派もあまり勝手な予算配分はできない。その結果，少数派の便益も考慮したより公平な予算案が策定される。しかし，最終的な予算案の確定には時間がかかる。

9 財政赤字と公債

閉鎖ルールは集権制度に対応し，開放ルールは分権制度に対応する。また，連立政権は開放ルールであり，単独与党政権は閉鎖ルールに対応する。閉鎖ルールのメリットは，予算編成にかかわる時間の費用を節約できる点にある。財政危機を解決するには時間との戦いでもある。そうした状況では閉鎖ルールの方が対応は早い。しかし，財政赤字がそれほど大きくなければ，時間はあまり重要でないので，より公平な開放ルールの方が望ましい。その意味では，2つの政策決定のルールはトレード・オフの関係にある。

■予算制度の透明性

また，予算制度がどの程度透明性をもっているのかも，重要なポイントである。たとえば，わが国では通常，予算というと，国の一般会計の財政状況を議論することが多い。しかし，政府の予算として，国の特別会計や，地方政府の予算，年金財政＝社会保障基金，さらには，民間では対応が困難な資金供給を政策金融機関や独立行政法人等の財投機関に対しておこなっている財政投融資も，大きな役割を果たしている。複数の会計や地方公共団体，社会保障基金に対する会計上の恣意的な操作など，また，みえない形での債務の処理など，財政当局は本当の予算の中身，とくに財政赤字を隠す傾向にある。また，将来の経済見通しを故意に過大に推計することで，将来の税収見積もりを過大に推計して，将来の財政赤字の大きさを隠すこともある。

一般的に，戦略的に予算を用いる例としては，以下のようなものがある。

(1) 経済成長率を過大に推計して，税収を過大に見積もることで，財政赤字を過小に予想する。その結果実際に財政赤字が拡大しても，予想外のショックのためであるとして，責任のがれをする。

(2) 新しい政策の効果を楽観的に予想する（減税や公共投資拡大による景気刺激政策の効果を過大に推計したり，税率の引き上げによる税収見積もりを過大に予想する）ことで，財政改革の準備を遅らせる。

(3) 一般会計以外の会計や予算以外の手段で，一般会計上の数字の辻褄合わせをする。

(4) 都合の悪い事態を将来へ先送りすることによって，今年の当初予算の数字を操作する。

政治家も単純明快で透明な予算を好まない。その理由が2つ考えられる。1つは，財政錯覚の議論である。有権者は政府支出の便益を過大評価し，課税のコストを過小評価する。もう1つは，政治家が情報の上で戦略的な有利性をもつために，あえて予算制度を不透明で複雑なものにするという考え方である。

■財政再建の考え方

財政赤字の削減は，かならずしも財政改革の最終的な目標ではない。財政再建は，歳出の中身を見直すことと同時に，歳出を抑制し，税収を増加させて，公債発行を抑制して，将来世代への負担を回避することでもある。以下では，どのようにして，歳出の抑制や補助金の整理あるいは増税が可能であるかを考えてみよう。各利益団体（労働組合，農業団体，弁護士や医師会などの職業団体，業界団体，公益団体など）は，自らの利益となる補助金や税制上の優遇措置，自らのみの便益となる特定の公共事業など，差別的な利益を求めてさまざまな政治活動をおこなっている。財政再建は，各利益団体がどの程度それぞれの固有の利益（＝既得権益）をあきらめて，財政収支の改善に協力するかという問題でもある。

いま，単純化のために，そうした固有の利益は（ネットの）税負担でのみ発生するとしよう。補助金をマイナスの税負担と考え，また，特定の地域や団体のみが利益を受ける公共事業も一種の補助金のばらまきであるとみなして，マイナスの税負担と考える。国民一般に便益が及ぶ一般的な政府支出，たとえば，外交や国防，基本的な行政サービス，検疫などの公共サービスが，各利益団体からのネットの税負担の総計を財源として，おこなわれることになる。

それぞれの利益団体は総額としてどれだけの税負担に応じるだろうか。これは，それぞれの利益団体の利己的な便益と費用が一致する点で決まるだろ

う。既得権益をあきらめる利己的な便益は，増税に応じることで公債の利払い費が減少し，その分だけ一般的な公共サービスが増加することである。これは，財政赤字の削減で，財政の硬直化が緩和される効果を意味する。各利益団体も国民の一部であるから，財政状況が良くなり，政府の一般的な公共サービスが拡大すれば，それからメリットを受ける。また，各利益団体にとって財政再建に協力して既得権益をあきらめる費用は，増税に応じることで，自らの私的な消費に使える可処分所得が減少することである。

したがって，それぞれの利益団体にとってもっとも都合がいいのは，他の利益団体の既得権の整理縮小で増税がおこなわれることである。このとき，自らは懐を痛めることなく，財政再建のメリットを享受できる。公共サービスは外部性をもっているので，自らが負担しなくても，その便益を享受できる。これが，受益者負担の原則が成立しないことから生じるただ乗りの現象である。政治の指導力が希薄な状況では，各利益団体はただ乗りの誘因を排除できず，財政再建は遅れることになる。

■最適な財政再建目標

政治が完全に指導力をもって，各利益団体への税負担を最適に割り振れるとすれば，どのような財政改革の時間的な経路が最適であろうか。最適な財政再建目標は，現在と将来との割引率や利子率などの経済環境で決定される。たとえば，利子率が高ければ，公債を発行することのコストが割高になるため，早めに増税政策をとる方が望ましく，公債残高も長期的に低位で安定させる方がよい。また，世代間の経済厚生を評価する割引率（＝時間選好率）が高くて，将来世代よりも現在世代の方を重視するのがもっともらしいとすれば，財政再建の目標をある程度は緩やかにして，現在世代の税負担の上昇をそれほど急激には上げない方が望ましい。この場合は，長期的な公債残高の対 GDP 比目標はそれほど低位でなくてもよい。

しかし，政治があまり指導力を発揮できないケースでは，各利益団体の自発的な既得権の整理，協力に待つ他はない。そのような場合には，どのよう

なルールで財政再建の枠組みが決定されているかが問題となる。ここでは，いったん決めたスケジュールを将来見直すことをしないのか，あるいは，過去に決めた財政再建のスケジュールをもう一度見直す余地を残すのかが，ポイントとなる。

まず，いったん決めた財政再建のスケジュールを見直さないケース（これをコミットするケースと呼ぶ）では，各利益団体はただ乗りする誘因をそれほどもたない。これに対して，いつでも増税の内容を見直す可能性を残すケース（これをコミットしないケースと呼ぶ）では，各利益団体のただ乗りの誘因はかなり強くなる。他の利益団体がこれまでどの程度増税に協力したのかがわかれば，自分がこれからはそれほど協力しなくても，財政再建が可能になると判断して，過去にいずれ手放すことに同意した既得権益も，いざ手放す時期が来れば，やはり手放さないという誘因がはたらくだろう。

コミットするケースでは，いつの時点で既得権を手放すかをあらかじめ，スケジュールの上で決定し，各利益団体間で合意が形成されると，それを見直すことは不可能である。そうであれば，最初からそうした合意に参加しないと，財政再建が成立しないので，各利益団体はある程度のただ乗りの誘因はあっても，そうした合意に参加するだろう。その結果，コミットするケースの方がしないケースよりも，長期的に実現する公債残高の対GDP比の水準は低く，また，相対的に速い速度で財政再建を達成できる。ただし，政府が自由に既得権を見直せるケースと比較すると，それでも長期的に実現する公債残高の対GDP比は高く，再建までの収束のスピードも遅い。

■財政赤字削減の法的拘束

あまり自由度の高い財政再建のシステムは，最初はうまくいっても，いずれ失敗する可能性がある。財政再建のシステムを構築する場合は，ある程度拘束力のある枠組みが必要であろう。

1990年代に入って，先進諸国の多くの国では，財政赤字を削減するために，法的な拘束を課してきた。表9-3にまとめているように，アメリカでは，

9 財政赤字と公債

▶ 表9-3 財政再建の法的拘束

アメリカ	包括財政調整法（OBRA）の中で，医療保険などについて個別の具体的な歳出削減に加えて増税策を盛り込み，シーリング制度やpay-as-you-go原則（財源なくして増額措置なし）を導入。
日　本	財政構造改革法（1997年）で，2003年までに財政赤字の対GDP比3%，赤字国債発行ゼロの達成目標を設定。しかし，すぐに執行停止。
Ｅ Ｕ	(1)　年次の財政赤字はGDP比でみて3%以内に抑える。 (2)　公債残高はGDP比でみて60%以内に抑える。

　包括財政調整法（OBRA；Omnibus Budget Reconciliation Act）を制定して，医療保険などのついての歳出削減や増税策，あるいは，財源なくして増額措置なしなどの原則を導入してきた。ヨーロッパでは安定成長協定（SGP；Stability and Growth Pact）がEUの取り決めとして，経済通貨同盟の安定性を維持するために，締結されている。個々の加盟国が目標とすべき予算基準（マーストリヒト基準）は，以下の2つである。(1) 年次の財政赤字はGDP比でみて3%以内に抑える，(2) 公債残高はGDP比でみて60%以内に抑える。ただし，ある国がこの基準を超えているかどうかを判断する際には，景気循環調整済みの財政赤字，公債残高，不況期の長さ，財政赤字が経済を活性化する効果などの諸条件にも留意することになっている。

　わが国でも，1997年に財政構造改革法が成立し，財政赤字の削減目標や，歳出削減の目標が設定されたが，1997年後半のアジア経済・金融危機に直面して，この法律の実施は断念された。それ以降，景気回復のための財政運営が最優先されて財政状況は悪化した一方で，財政健全化をはかる法律的な拘束は有効に機能していない。

9-3 予算編成と政治

────────────────────────────── check point 9.3
● キーワード

| 財政の硬直化　　財政危機　　デフォルト　　予算編成　　閉鎖ルール
| 開放ルール　　予算制度の透明性　　財政再建　　法的拘束　　利益団体
| 既得権

● 9-3節　練習問題
以下の文章の正誤を判断せよ。

1．政策的な経費の最適な配分という観点からは，公債費の増大が財政硬直化の原因というわけではない。
2．課税構造が効率的であるほど，政府にとってデフォルトする誘因が高くなる。
3．連立政権では政治的な安定があまりないので，連立政権が発行する公債も高い金利がつく。
4．政策決定者は情報の上で戦略的な有利をもつために，あえて予算制度を不透明で複雑なものにする傾向がある。

■ *Column 9*　ギリシャの財政危機 ■

　ギリシャでは長年の放漫財政から国の信用が失墜し，欧州連合（EU）や国際通貨基金（IMF）の資金援助でなんとか延命してきた。しかし，その引きかえに緊縮財政や構造改革を怠ったため，EUから強い形で改革の実施を強いられている。それに多くの国民が抵抗し，将来の展望は開けていない。

　緊縮策に苦しむギリシャと巨額の支援を重ねるEUが続けてきた駆け引きは，最終的には，ユーロ体制に残るか否かにかかわってくる。ギリシャが緊縮財政や構造改革を拒めば，ユーロ圏に残るのは難しくなる。しかし，EUがギリシャを見捨てれば，ユーロ統合の歴史には深い傷がつくし，金融市場が混乱して，EU全体にも大きな損失をもたらすだろう。

　緊縮財政に反対している勢力はそれでも，ユーロ圏に残留できると考える。ギリシャ離脱による損失を恐れ，EU側がいずれ妥協してくるだろうという瀬戸際戦術である。だがドイツを筆頭に，支援国側も厳しい態度を崩していない。

　ギリシャ危機はさまざまな見方が可能であるが，一括補助金とひも付き補助金の相違という視点で解釈することもできる。EUはギリシャが労働市場の流動化などの構造改

革，公務員人件費や年金給付の削減などの財政緊縮策と引きかえであれば支援する。これは「カネも出すが口も出す」という条件付き，ひも付きの支援である。これに対して，ギリシャ国民は EU からの財政支援を期待しているが，それを自由に使いたいと考えている。緊縮財政を実施しないで，EU からの資金援助で当座の借金返済をしのぎたい。口を出さない一括補助金での支援なら受け入れるが，条件付きの援助には拒否反応が強い。EU がギリシャの財政運営，構造改革を信頼しているなら，一括の補助金の援助でもひも付きの援助でも結果は同じであっただろう。しかし，援助が浪費されてしまって，ギリシャ経済の構造的な問題の解決につながらなかったから，EU は条件付きの援助でギリシャに口を出している。

　ギリシャがユーロから離脱するのは，子どもが親子の縁を切るのと似ている。親にとっても子どもと縁を切るのは，避けたい事態である。したがって，子どもが援助のお金を浪費して，困窮した場合，親は子どもと縁を切るよりは，もう一度子どもが更生するだろうという甘い期待で，さらに子どもに援助してしまう。子どもはそれを見越して，最初から浪費に走る。いざとなれば，親が追加の援助で助けてくれるだろうと考えている。ギリシャ問題も，ギリシャのユーロ離脱がドイツなど EU 主要国にとっても避けたい事態であれば，ギリシャがそれを見越して，なかなか緊縮財政を実施しない。

　ギリシャ国内では，緊縮財政をしなくても，ユーロから離脱する事態は避けられると予想する人が多い。そうであれば，無理して緊縮財政を実行することはない。緊縮財政を実行しなければ援助しないという EU の口出しは，結局実行されない虚構の脅しになってしまう。これは，援助を受ける側でモラル・ハザードをもたらす「ソフトな予算制約」と呼ばれる問題である。

第 10 章

年　金

　この章では，政府の移転支出政策の代表的な項目である公的年金を取り上げる。第1節では，公的年金制度の特徴を説明するとともに，私的年金とは別個の公的年金が必要とされる理由を検討する。第2節では，世代間の再分配政策を評価する手法として注目されている世代会計を説明するとともに，世代間の公平をどのように判断すべきかを考える。第3節では，高齢化・少子化社会での年金改革の効果について，簡単な数値例を用いて，検討する。とくに，人口構成の変化によって，賦課方式から積み立て方式への移行が，移行世代に二重の負担をもたらす点を説明する。

10　年　金

10-1　公的年金制度

■公的年金制度とは何か

　政府あるいはそれを代行する公的機関によって運営されている公的年金制度は，一方で高齢という要件を満たした高齢者に一定の年金を給付し，他方でまだ高齢に至らない若中年者に社会保険料を課している。社会保険の典型である公的年金制度は，以下に示す2つの特徴をもっている。

　第1は，公的に運営されていることである。年金事業も，ものによっては，私的に，つまり民間によっておこなうことができる。どうしてそれを公的に運営する必要があるのだろうか。その根拠を明らかにする必要がある。

　第2は，その制度に国民全体を強制的に加入させることである。加入するかどうか，高齢になってから給付される年金額としてどのくらいのものを必要としているか，また，そのためにどのくらいの保険料を納めることを望むか，といった諸点に関する意思決定に際して，各個人の自由意思をまったく認めていない。こうした強制という事柄に関しても，その根拠を明らかにする必要がある。

■わが国における公的年金制度の概要

　図10-1は，わが国における公的年金制度の概要を示したものである。現在わが国では，20歳以上の個人（学生を含む）はかならず公的年金制度のどれかに加入しなければならない。「国民皆年金」という言葉はそのことを意味している。各個人は自分が加入すべき制度に対して，所定の保険料を強制的に徴収させられるが，その一方で，支給開始年齢に達すると老齢年金を支給される。

　1985年に改正がおこなわれて以降，わが国の公的年金制度は2階建てとなっている。すなわち，20歳以上のすべての国民はかならず1階部分に相

10-1 公的年金制度

図 10-1　公的年金制度の概要

公的年金制度の仕組み

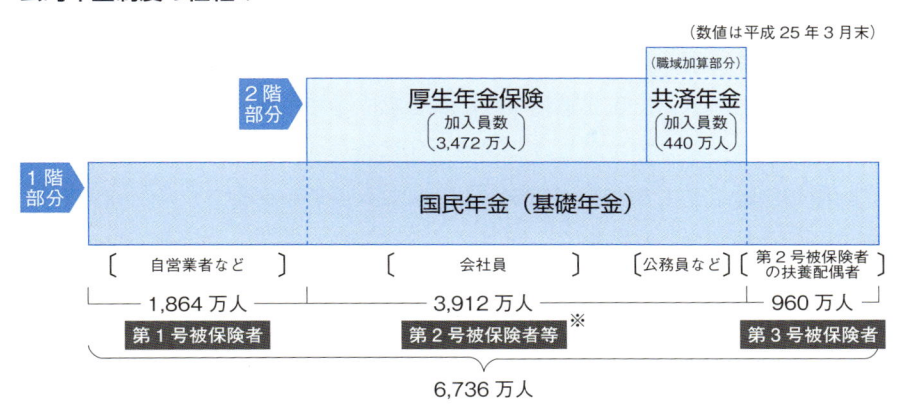

（数値は平成 25 年 3 月末）

2階部分	厚生年金保険 加入員数 3,472万人	（職域加算部分） 共済年金 加入員数 440万人	
1階部分	国民年金（基礎年金）		
	〔自営業者など〕	〔会社員〕 〔公務員など〕	第2号被保険者の扶養配偶者
	―1,864万人―	―3,912万人―	―960万人―
	第1号被保険者	第2号被保険者等※	第3号被保険者

6,736万人

公的年金制度の規模

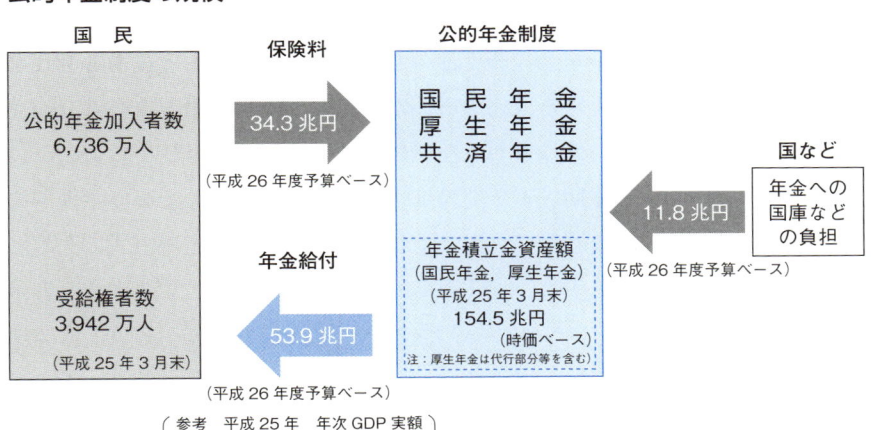

国民
- 公的年金加入者数　6,736万人
- 受給権者数　3,942万人　（平成25年3月末）

保険料　34.3兆円（平成26年度予算ベース）→

公的年金制度
- 国 民 年 金
- 厚 生 年 金
- 共 済 年 金

年金積立金資産額（国民年金，厚生年金）（平成25年3月末）154.5兆円（時価ベース）
注：厚生年金は代行部分等を含む

←　11.8兆円（平成26年度予算ベース）　国など　年金への国庫などの負担

年金給付　53.9兆円（平成26年度予算ベース）←

参考　平成25年　年次GDP実額　実質 525.5兆円

※　第2号被保険者等とは、被用者年金被保険者のことをいう（第2号被保険者のほか、65歳以上で老齢、または、退職を支給事由とする年金給付の受給権を有する者を含む）。
（出所）厚生労働省HP「公的年金制度の概要」

10　年　金

当する基礎年金（国民年金）の被保険者となり，支給開始年齢に達すると，基礎年金を支給される。それに加えて，2階部分（報酬比例年金）がある。一般被雇用者（民間サラリーマンおよび船員）は厚生年金保険の被保険者に，国家公務員は国家公務員共済組合の被保険者に，地方公務員は地方公務員共済組合の被保険者に，私立学校の教職員は私立学校教職員共済組合の被保険者に，さらに，農協等の職員は農林漁業団体職員共済組合の被保険者となり，支給開始年齢に達すると，2階部分に相当する年金が支給される。なお，平成27年10月からは被用者年金制度が一元化され，共済年金部分が厚生年金保険に統一されることになっている。

■2つの年金制度

　年金の方式としては，表10-1に示すように，大きく分けて，積み立て方式と賦課方式の2つの方式がある。積み立て方式は，青年期に毎年ある額を積み立てて，年金の基金として市場で運用し，将来老年期になってから，運用収益とともに年金基金を老後の生活のために使うものである。ある世代の中で早く死ぬ人と長生きする人とのあいだでは助け合いがおこなわれるが，年金の収支は世代ごとにおこなわれ，世代間での所得の移転はない。これに対して賦課方式は，ある期に青年期の世代が負担する年金の額を，その期の老年期の世代にそのまま回して，老年世代の年金給付にあてる方式である。年金基金は積み立てられずに，世代間での所得の移転がおこなわれる。わが

▶ 表10-1　年金の比較

年金方式	積み立て方式	賦課方式
世代内の再分配効果	あ　り	あ　り
世代間の再分配効果	な　し	あ　り
積立金	あ　り	な　し
年金の収益率	利子率	賃金上昇率＋勤労人口成長率

国の年金制度は，原則としては積み立て方式であるが，実体は賦課方式にかぎりなく近く，修正積み立て方式と呼ばれている。

■長生きのリスク

　人々の寿命が長くなってきている。高齢期が長期化すれば，必要とされる生活費も増加する。各個人の寿命は不確実であるから，要する生活費の大きさも不確実なものとなる。

　高齢になると退職するから，それまで勤労によって得ていた（労働）所得が入らなくなる。その意味で生活の安定度が低下する。もし高齢者に対する雇用が十分に存在し，高齢者が健康であるならば，自ら働くことによって生活費を稼ぐことができる。しかし，高齢者雇用がかならず確保されるという保障はない。また，健康に関しても不確実な要素が多々ある。身内・家族によって扶養してもらうという家庭内扶助方式もあるが，時代の移り変わりとともに，家族形態に関する人々の意識も変化してきており，そうしたやり方も確実なものではなくなってきている。

　さらに，高齢期の生活費そのものも変動する。多くの人々は引退したあとでも，現役世代（勤労する若中年者世代）が享受している一般生活水準に見合った生活水準を送りたいと望むであろう。だとするならば，インフレーションが高進したり，実質経済成長に基づいて現役世代の一般生活水準が上昇した場合には，生活のために要する費用も当然その分だけ増加する。インフレーションがどの程度進むか，また，一般生活水準がどの程度上昇するかは，事前に正確には把握できない。これも不確実性の1つである。

　以上に述べてきたように，高齢期には事前に把握できないいくつかの不確実性，すなわちリスクが存在している。公的年金制度は世代内での所得を再分配して，このような長生きのリスクを軽減する効果をもっている。世代内の再分配とは，早く死んだ人の年金負担額が，長く生きた人の年金の給付に回されることである。これは，生存期間が不確実であり，また，人々が長生きのリスクを好まないのであれば，正当化される。しかし，世代内の再分配

は，私的な年金制度であっても，年金保険である以上当然もっている特徴である。あえて，公的な年金に特有のメリットではない。

■公的年金の所得再分配効果

　私的な年金になく，公的な年金に特有の再分配機能は，賦課方式の年金がもっている世代間の再分配機能である。これは，年金を世代間の助け合いとして理解するのであれば，望ましい性質である。ただし，世代間で助け合うとしても，どの程度の助け合いが望ましいのか，また，社会的にみて望ましい助け合いの程度が賦課方式の年金で本当に実現するのかは，別の問題である。賦課方式の場合には，世代間の人口の大きさの変動で，世代ごとの損得が大きく左右される。戦後のわが国のように，世代ごとの出生率が大きく変動している場合には，世代別の損得も大きく変動する。このような世代別の年金収益率の変動が望ましいかどうかは，議論の余地がある。

　また，賦課方式による年金は，どの世代に属するか，すなわち，いつ生まれたのかによる所得再分配政策であるが，年齢がその人の経済的な豊かさや貧しさの指標として有益かどうかも，疑問であろう。日本経済全体があまり豊かでなかった時代，そして，高度成長によって毎年実質賃金が上昇していた時代には，年齢は経済状態を反映する有益な指標であった。しかし現在では，年齢をみるだけではその人の経済状態はかならずしもよくわからない。老人といっても，資産をたくさんもっている裕福な人もいれば，ほとんどその日暮らしの生活しかできない貧しい人もいる。それらさまざまな人に対して，一律に年齢を基準として，再分配をおこなうメリットは少ないだろう。

■公的年金の存在理由

　ここで，公的年金の存在理由について，整理してみよう。年金は，私的な貯蓄とかなり近い性格をもっている。また，最近では私的な年金制度も整備され，老後に毎年一定の金額を死亡するまで受け取ることも，個人的な私的年金として利用できるようになっている。それにもかかわらず，公的年金が

存在し，しかも，国民すべてが何らかの公的年金に強制的に入らなければならない理由は，何だろうか。

　人々は，あまり将来のことを考えないで若い時期に消費行動をするので，ともすれば，老後になってからあわてる傾向がある。したがって，政府が個人の意思決定の足りないところを補うために，公的な年金を整備する必要があるという議論がある。これは，個人の消費・貯蓄行動が近視眼的なものであり，人生の後で考えると最適とはいえない場合が多いので，政府がある程度強制的に，老後のための準備をしてやろうというものである。私たちは一度しか人生を経験できない。老後の準備という選択についても，若いときに使いすぎて老後の備えがなくなってしまうと，もう一度やり直しをすることができない。このようにやり直しが効かない選択において，取り返しのつかない事態を避けるために，政府が介入することを「価値財」の公的な供給と呼んでいる。

　この点は，個人の主権をどの程度尊重すべきかという，価値判断にもかかわっている。人によっては，たとえ将来の消費水準が貧しくなっても，遊べる時間と体力のある若いときに，大いに消費をして楽しみたいと考えるものもいるだろう。逆に，老後にどんな病気になるかもわからないから，できるだけ貯蓄をして，将来に備えようというものもいるだろう。いわば，「キリギリスかアリか」という，個人の選好の問題でもある。個人の判断をあくまでも尊重して，政府が介入すべきでないという議論も，有力であろう。

　ただし，現状では，若いときに貯蓄をしないで，老後に資産がほとんどない人を，そのまま見過ごすわけにはいかない。結果として生活保護など何らかの公的援助をせざるを得ない。とすれば，それを見越して，ますます私的な貯蓄をしない人が増えるだろう。モラル・ハザードと呼ばれる現象である。そうすると，正直に老後のために貯蓄をする人が，損をすることにもなりかねない。したがって，ある最低水準の貯蓄を公的に整備するのは，それなりの理由があるだろう。

10　年　金

check point 10.1

●キーワード

| 公的年金　　賦課方式　　積み立て方式　　温情主義　　価値財 |
| モラル・ハザード |

●10–1節　練習問題
以下の文章の（　）の中に適当な言葉を入れよ。

1．（　）の年金では，世代間の再分配は生じない。
2．（　）の年金では，世代間の再分配がおこなわれる。
3．小子化が進むと，（　）の年金では若い世代ほど収益率が（　）くなる。
4．公的年金には，公的運営と（　）という特徴がある。

□ 10-2　世代間の再分配政策 □

■世代会計

　財政赤字の拡大と大量の公債発行，高齢化と出生率の低下など，中長期的な視点で，今後の年金改革を考える必要があるだろう。こうした諸問題に関連して，最近注目されているのが世代会計という視点である。世代会計は，租税や年金など政府と民間部門との移転の動きを，各世代別の「受け取り」と「支払い」に分類して，それを現在価値化して集計したものである。このような世代に焦点をあてる新しい財政指標は，1990年代になって登場するようになった。

　最近，世代会計という世代別の勘定が注目されるようになった背景には，次のような状況がある。現実の政府の再分配の多くの部分が，意図するか意図せざるかを問わず，世代内の再分配ではなくて，世代間での再分配にかかわる政策に重点を移してきた。同じ世代内での所得再分配としては，第11

章で取り扱う累進的な所得税による税負担を通じた再分配や，失業保険，生活保護など移転支出を通じた再分配がある。これらは社会的な公平性のために重要な政策であるが，量的な大きさは相対的に低下傾向にある。

そのかわりに，再分配政策として大きな金額になってきたのが，年金制度や公債発行などによる世代間の再分配政策である。とくに，年金制度は次第に賦課方式的な色彩が強くなるとともに，年金給付額，負担額とも上昇して，世代間で巨額の再分配をおこなうようになっている。また，公債が大量に発行され，その償還のための課税が将来予想される以上，これも世代間の再分配政策とみなすことができる。さらに，公的医療保険でも，その主要な受給世代は高齢者であり，高齢者医療の財源には多くの公費（その多くは財政赤字）が投入されているから，これも世代間再分配の色彩が強い。

■世代間の不公平

世代会計は，しばしば，世代間の不公平を指摘する手段として用いられやすい。これは人々の価値判断とも関係しており，どのような状態が公平かを客観的に示すことは困難である。しかし，20年ほど前までは当時の老年世代（65歳以上）と当時の勤労世代（40歳以上）とのあいだでの勤労世代から老年世代への公的な再分配は，方向としては正当化できただろう。当時の老年世代は悲惨な戦争を経験したのに対して，当時の勤労世代は実質賃金率の上昇という形で，高度成長期の資本蓄積の成果を享受してきたからである。さらに，当時の老年世代にとっては平均寿命の伸びが予想外の速度で進み，青年期に十分な貯蓄をする環境になかったという背景もある。

問題は，現在の老年世代と現在の勤労世代とのあいだの負担である。出生率の低下により現在の勤労世代は，少ない人数で多数の現在の老年世代（＝団塊の世代）の老後を支えるという厳しい状況に直面している。一方で，団塊の世代が経験した高度成長は今後は期待できそうにない。また現在は，平均寿命が長いということが若い時期から十分に予想できたので，老後の資金を前もって準備しておく時間的な余裕がある。とすれば，団塊の世代へ勤労

世代が所得を移転するのは，世代間の公平性からみて正当化されないだろう。逆にいうと，今後の世代間の負担について，社会的にあまり正当化できそうにない効果を，現在の年金制度が内在していることになる。

ある人がどの世代に属するかは，その人にとって選択不可能なことであり，世代間での既得権は公平性の問題を引き起こす。世代別の負担の長期的な動向は大まかには前もって予想できるものであるから，年金制度のスリム化などの対策をいまのうちから考えることが，大切である。

■老人パワーと政策

第2章でも説明したように，老年世代は投票率も高く，政治的な発言力は大きい。その結果，老人世代の意向を反映した年金政策やその他の社会保障政策がおこなわれる可能性も高い。ただし，老年世代が自らの利益のみを政治的に追求する場合でも，かならずしも将来世代にとって不利な公共政策ばかりが政治的に決定されるとはかぎらない。勤労世代の経済環境が良くなれば，そこから多額の税収を確保することができ，それを老人世代の便益に回すこともできるからである。

したがって，老年世代が政治の権力をもっている場合でも，勤労世代にも便益となる政策が実施される場合もある。たとえば，勤労世代に対する教育投資などの人的な投資を支援する財政，税制上の支援政策や社会保障政策，あるいは勤労世代の勤労意欲を刺激する公共投資政策などが考えられる。

ところで，勤労世代が他の地域や外国へ移動する可能性を考慮すると，どのような結果が得られるだろうか。老年世代は，勤労世代の人的資本の蓄積につながるような財政政策よりも，一般的に経済環境を改善する公共投資の方を優先するだろう。なぜなら，人的な投資を促進しても，その後で，勤労世代が他の地域や外国に流出する場合には，課税ベースが逃避してしまうので，老年世代にとって，税収増が期待できないからである。その結果，本来望ましい水準よりも，人的な投資に対する公的支援が過小になり，その分だけ，物理的な公共投資が過大になる可能性がある。わが国の年金制度でも，

財政投融資を通じて，年金積立金の一部が公共投資の財源として使われている。

check point 10.2

● キーワード

世代会計　　老人パワー　　世代別負担

● 10-2節　練習問題
　以下の文章の（　）の中に適当な言葉を入れよ．

1．（　）は，世代別に政府からの受益と負担の（　）を推計したものである．
2．年金制度は，（　）方式の性格が強くなったので，世代間の再分配もよりおこなわれるようになった．
3．（　）世代は，投票率も高いので，政治的な発言力は大きい．

□ 10-3　高齢化・少子化社会の年金改革 □

■人口変化のモデル

　これまでの公的年金の制度は，設立当時の時代の経済状況のもとでは，それなりに有益であった．現在わが国も含めて，多くの国では，年金制度は事実上，賦課方式で運営されている．これは，年金制度を広く国民に普及させていく際に，最初の老年世代にまず給付をおこなう賦課方式の方が，最初は積み立てばかりで給付が後回しになる積み立て方式よりも，国民の支持を得やすいという理由がある．また，賦課方式の収益率が世代間の人口成長率であるから，戦後のベビーブームで出生率が上昇しているときには，経済的な効率性からみても，積み立て方式よりも有利な年金制度であったという理由も考えられる．

　しかし，現在では経済状況も大きく変化し，賃金所得が大幅に上昇するよ

217

10 年　金

図 10-2　人口の変化の世代モデル

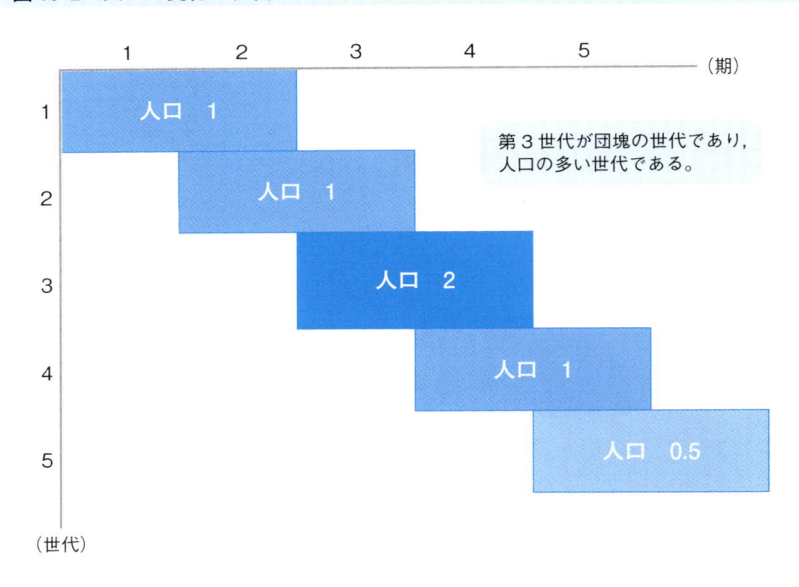

	1	2	3	4	5	（期）
1	人口 1					
2		人口 1				
3			人口 2			
4				人口 1		
5					人口 0.5	

（世代）

第3世代が団塊の世代であり，人口の多い世代である。

うな高度成長は期待できなくなってきている。また，最近になって出生率は大きく低下している。とくにわが国では，出生率の低下が急激であり，賦課方式の年金の収益率は大きく落ち込んでいる。これからは，公的年金は老後の生活に必要な最小限の給付水準に対応する積み立て方式に変更し，それ以上の年金は私的な年金の拡充によって対応すべきであろう。この節では，賦課方式から積み立て方式への移行という年金改革の意味と問題点を，簡単な世代モデルを用いて考察してみよう。

　各世代が第1期（青年期）と第2期（老年期）の2期間生存し，1期ずつ遅れて新しい世代が誕生するという簡単な2期間世代重複モデルで考えよう。世代間での人口の変化の効果を分析するために，図 10-2 に示すように，第3期に生まれる第3世代のみ人口が2であり，その他の世代の人口は1であるとしよう。第3世代が，ベビーブーマーの世代（団塊の世代）であり，第3期に出生率が上昇し，第4期に出生率が低下する。これは，もっとも単純化したモデルで出生率の変化を表現したものである。なお，単純化のため利

子率をゼロと仮定している。また，1人あたりの年金給付額10を，すべての期の老年世代に与える確定拠出方式を想定しよう。

■賦課方式の年金制度

まず最初に，確定拠出の賦課方式の年金制度における各世代の損得をみておこう。第2期，すなわち，第1世代が老年期になったとき（$t=2$）に賦課方式の年金が導入されたとしよう。**表10-2**が示すように，ネットの利得は，第1世代と第3世代でプラスであり，第4世代でマイナスになる。

第1世代のネットの利得がプラス（＝10）になるのは，賦課方式が導入された時点で老年期になる世代（第1世代）が，年金給付を受け取るのみで，何ら年金負担をしていないからである。賦課方式である以上，導入時点の世代が得をするのは当然である。第3世代がネットで得（＝5）をしているのは，出生率の変化によるものである。第3世代は他の世代よりも人口が大きいので，第2世代に対して給付をする際に，1人あたりの負担が10ではなくて，5で済む。賦課方式は世代間での助け合いであるから，世代の人口が異なれば，1人あたりの年金給付額を一定とするとき，1人あたりの負担額は変動する。第4世代がネットで損（＝−10）をするのは，第3世代の人口が第4世代よりも大きいために，1人あたりでより多くの額（＝20）を負担しないと，第3世代の1人あたりの年金給付が10の水準を維持できないことによる。

わが国の現状は第3期から第4期に入った時期であろう。年金制度が国民皆年金として整備され，老年世代が年金給付を広範囲に受け取りはじめている。現在の老年世代は，年金負担の割に給付水準が高いから，世代としての

▶ 表10-2　賦課方式（確定給付）での世代別損得

世　代	1	2	3	4	5
ネットの利得	10	0	5	−10	−10

10 年　金

年金の収益率は非常に高い。しかし，団塊の世代（第3世代）が老年期を迎えた第4期には，これまで同様の年金給付水準を維持しようとすれば，団塊の世代のあとの世代（第4世代）に対して，重い負担を課すことになる。このような世代間での年金の損得のばらつきは，どう評価できるだろうか。

この点は，公的な年金の存在理由でも議論したように，決定的な解答のない問題である。しかし，世代間であまり大きな格差が生じるのは好ましくないであろう。上の例でいうと，第4世代のネットの利得がマイナスである以上，第4世代は自ら進んで年金に加入する誘因はない。年金は単なる税金にすぎなくなる。世代間の損得をなくすもっとも有効な方法は，賦課方式から積み立て方式へ移行することである。なぜなら，積み立て方式では，定義によって世代間での再分配はおこなわれず，各世代の年金の収益率は利子率（上の例ではゼロ）に等しくなる。

■積み立て方式への移行

では，賦課方式から積み立て方式への移行は，各世代のネットの利得にどのように影響するだろうか。いま，第3期に積み立て方式に移行できたとしよう。このときの各世代の1人あたりのネットの利得は，**表10-3**に示されている。**表10-2**と比較すると，第3世代のネットの利得がプラス（=5）からマイナス（=−5）に変化しており，また，第4世代ではネットの利得はマイナス（=−10）からゼロになっている。

第3期に積み立て方式に移行すると，第3世代は自分の老後のために10だけ積み立てるとともに，第3期に年金の給付時期を迎える第2世代のためにも，5だけ負担をしなければならない。なぜなら，第2世代は第2期が青

▶ 表10-3　積み立て方式への移行

世　代	1	2	3	4	5
ネットの利得	10	0	−5	0	0

年期であるから，そのときは積み立て方式が採用されていなかったので，年金基金を何らもっていないからである。したがって，第2世代の面倒をみる分だけ，第3世代のネットの利得はマイナス（＝−5）になる。これが，積み立て方式への移行で，そのときの青年世代（＝第3世代）が被る二重の負担である。

しかし，二重の負担といっても，自らの老後のために積み立てるのは，自らの利益であるから，何ら負担感はない。10だけ老後に積み立てれば，その分10だけ老後の所得となる。問題は，第2世代の老後の給付のために第3世代が負担する5の支払いである。これは，賦課方式をやめるコストであり，第2期に第1世代がいきなり受給世代として便益を受けた大きさに対応している。

また，第4世代にとっては，すでに第3期に積み立て方式に移行しているので，第3世代の老後の年金給付を負担する必要はなく，出生率の低下は年金の収益率に何ら影響しない。第4世代以降は，純粋に積み立て方式の効果が現れ，利子率に等しい収益率が享受できる。

したがって，積み立て方式への移行は，第4世代からみれば望ましい政策である。しかし，第3世代からみれば，ネットの利得がプラスからマイナスへ大きく変化するため，望ましくない政策ということになる。第3期には第4世代は存在せず，第3世代は青年世代として投票権をもつから，このような年金改革は，政治的には実現性が乏しい。この点が，積み立て方式への移行の大きな問題点である。すなわち，移行してからは世代間での損得はなくなるが，移行の過程で大きく損をする世代が存在するのである。

第3世代が損をするのは，第2世代の年金給付を負担するというコストがあるためである。もしこれがなければ，積み立て方式への移行によって，第3世代のネットの利得はゼロになる。賦課方式ではプラスであったので，ゼロになるというのも，第3世代にとっては望ましくないが，マイナスになるよりは損の大きさは小さい。したがって，より現実的な年金改革は，第2世代の面倒をみるという負担を，第3世代だけに負わせないで先送りするとい

10　年　金

う考え方である。すなわち，第3期に公債を発行してその財源で第2世代の年金給付にあて，その公債を長期間で徐々で償還してやればよい。そうすれば，第3世代以降の世代があまり負担を感じることなく，第2世代の面倒をみることが可能になる。これは，段階的に積み立て方式に移行するのと同じである。

■ 確定拠出方式への移行

2004年の年金改正で，わが国は徐々に確定給付方式から確定拠出方式に移行することになった。以下では，1人あたりの年金拠出額10を固定する確定拠出方式に第3期に移行するとしよう。第3期から年金負担額は1人あたりで10となる。表10-4が示すように，ネットの利得は，第2世代と第4，5世代で相対的に改善され，第3世代で悪化する。第2世代が得をするのは人口構成の変化による。確定拠出では，保険料が固定されているため，自分の子どもの第3世代の人口が増加しているので，自分の給付水準が増加する。したがって，団塊の世代の前の世代が得をする。第3世代は損をする。これは，自分たちの人口が多いにもかかわらず，自分の子どもの世代の人口が減少するために，1人あたりでの給付水準が減少するからである。第4世代も人口が減少する過程にあるから，そのネットの利得はマイナスであるが，人口規模が減少する分だけ公的年金の規模が小さくなるので，その損失の大きさも小さくなる。第5世代は，それ以降の人口構成が一定に戻るという仮定が維持されるかぎり，ネットの利得はゼロという定常状態に回復する。

表10-2，表10-4を比較してわかるように，確定給付方式よりも確定拠出方式の方が，人口変動の効果はより早く現れる。人口が前後の世代と比較し

▶ 表10-4　確定拠出への移行（第3期から）

世　代	1	2	3	4	5
ネットの利得	10	10	−5	−5	0

て大きな団塊の世代にとっては，確定給付方式の方が得になる。その分だけ団塊後の世代の負担も大きくなる。したがって，確定給付方式から確定拠出方式に変更すると，第3世代は損をするが，第4，5世代は（相対的に）得をする。子どもの世代や孫の世代である第4，5世代の利益を重視するのであれば，第3期に確定給付から確定拠出への変更は望ましい。

人口減少下での確定拠出方式では，年金拠出総額＝年金給付総額が小さくなる。その分だけ公的年金による強制的な世代間再分配の程度も小さくなる。これは，ネットの利得がマイナスになる世代にとっては相対的に得な変化である。よって，団塊後の世代の負担感を緩和するためには，確定拠出方式への移行は望ましい。

しかし，いずれの方式も賦課方式の枠内での変更である。第4世代にとっても人口の減少が続く以上，確定拠出方式に変更しても，ネットの利得がマイナスであることに変わりはない。また，第5世代にとっても，人口の想定が上での数値より厳しくなり，少子化が将来も続くとすれば，ネットの利得はマイナスになる。少子化が避けられないのであれば，賦課方式自体を変更しないと，世代間の不公平性は解消されない。

check point 10.3

● キーワード

| ベビーブーマーの世代 | 出生率 | 積み立て方式への移行 | 二重の負担 |

● 10-3節　練習問題

賦課方式から積み立て方式に移行するときに，二重の負担の問題をどう処理すればよいか。

■ *Column 10* 　個人勘定賦課方式 ■

　勤労世代の保険料で同時点での老年世代の給付にあてるという現行の賦課方式制度を基本的に維持するとしても，それを個人勘定に抜本的に移行することで，より公平で効率的な制度に改革することができる。すなわち，報酬比例部分について，その保険料を同時期の親世代への一般的な給付に回すのではなくて，自分の親に限定してその給付にあてる方式への改革である。

　現行の公的年金保険料（報酬比例部分）はそのまま維持する。現役世代はその保険料を政府に納める。この点では現状と同じである。相違点は，給付の対象である。現行制度では勤労世代すべての人々からの保険料収入を合算して，老年世代に彼らの過去の保険料支払いと連動する形で配分するが，この試案では，保険料を納める人ごとに自分の親にそのまま給付する方式に変更する。

　この方式は賦課方式の1つであるから，現行賦課方式制度からの移行は容易である。単に，勤労世代の保険料の給付先が，一般的な高齢者ではなくて，自分の親という具体的な対象に特定化されるだけである。マクロレベルでは現行の賦課方式とほとんど相違がない。したがって，積み立て方式への移行で必要になる二重の負担も発生しない。しかし，保険料を納付する勤労世代や給付を受ける老年世代の個々人にとって，個人勘定化されると，ミクロレベルでは相当な差がでる。中でも，自分の保険料納付先が自分の親に限定され，給付される対象が具体的に明示されるから，民間の自発的な再分配との調整が容易におこなわれる。

　公的年金を通じる世代間の再分配が極端に不公平になっても，個人勘定であれば，親子間での所得再分配に帰着するので，民間でそれを調整することが容易になる。また，子ども（勤労世代）にとって，保険料給付が増大しても，それがすべて自分の親に給付される財源に回るのであれば，実質的な負担増を感じないだろう。その分だけ，民間の勤労意欲や経済活動を抑制する効果も小さくなる。

　また，この方式では自分の子どもの数とその所得が多くなれば，親の給付額も増加するので，親は子どもを多く産み，きちんと育てる誘因をもつ。中長期的には少子化対策としても有効である。さらに，単に子どもを多く産むだけでは，親の老後の年金給付は増大しない。子どもの賃金所得が大きくなってはじめて，親の給付額も増加する。たとえ，子どもの数が少なくても，その子どもが多くの賃金所得を稼げば，それに連動して親の給付額も増加する。したがって，この方式は親が子どもをきちんと育てる誘因も与える。

　最近，親による子どもの虐待事件が数多く報道されている。その背景はいろいろあるだろうが，1つの経済的な要因として，親が子どもを育てる明確な経済的動機を失っていることも大きい。子どもは，育児が楽しいから生み育てるという消費財に変化している。子どもを育てること自体が楽しいと感じられない親にとって，子どもはじゃまな存在になり，虐待に走りやすい。こうした傾向を変えて，子どもを育てることが親にとってもメリットのあるものだと再認識させる1つの経済的な手段が，個人勘定賦課方式の年金制度である。

第 11 章

再分配政策

　この章では，所得再分配政策を取り上げる。第1節では，個人間の所得再分配の問題，すなわち，高額所得者と低額所得者とのあいだでの所得格差を是正する問題を取り上げる。どの程度の再分配が望ましいのか，また，それを実現するために，どの程度の累進的な所得税が望ましいのかを，検討する。第2節では，地域間での再分配政策のあり方を検討する。地域間での人口移動や公共財の波及効果を考慮すると，公平性の観点からの地域間再分配政策にはデメリットがあることが，簡単な数値例を用いて示される。また，地方分権の経済的な意義を考える。

11 再分配政策

> ## 11-1　個人間の再分配政策

■2人のモデル

　この節では，個人間の所得再分配の問題，すなわち，高額所得者と低額所得者とのあいだでの所得格差を是正する問題を取り上げよう。現実の公共経済政策においても，累進的な所得税あるいは生活保護などの福祉政策を通じて，所得格差の是正に大きな比重が置かれている。人々のあいだで所得の格差が存在するとき，どの程度の再分配政策が望ましいのだろうか。また，それはどのような要因に依存して決定されるのだろうか。

　まず，最初に所得分配の必要性を強調している伝統的な議論から紹介しよう。これは，累進的な所得税の正当性を説明する議論でもある。単純化のために，所得格差のある2人のモデルで考えよう。表11-1の数値例で考える。H，Lという2人の人がいる。それぞれの人の当初の所得を $Y_H=50$，$Y_L=10$ とし，$Y_H>Y_L$ の関係があるとしよう。Hの人は裕福な人，Lの人は貧しい人を代表している。所得から得られる効用 U_H，U_L は，2人に共通の表11-1のような効用関数で評価される。この効用関数は，所得の増加関数であるが，増加の程度は逓減的であると考える。すなわち，所得が多いと，1円の追加的な所得の増加から得られる効用の増加は，それほど大きくないだろう。再分配がおこなわれなければ，$U_H=85>U_L=10$ が成立する。

　政府は，Hの人から税金をとり，それをLの人へ補助金として与える所

▶ 表11-1　個人の所得と効用

所　得	10	20	30	40	50
効　用	10	40	60	75	85
限界効用		30	20	15	10

226

得の再分配政策をおこなう。では、どの程度の再分配が社会的に望ましいだろうか。これは、不平等の状態について、社会的にどのような価値判断をもっているかという問題でもある。

この社会的な価値判断として有名なものが、次の2つである。

(1) $W = U_H + U_L$

(2) $W = Min[U_H, U_L]$

(1) 式は**ベンサム的な価値判断**（ベンサム基準）を意味しており、社会全体の効用の総計を大きくすることが政府の目的になる。(2) 式は**ロールズ的な価値判断**（ロールズ基準）であり、$[U_H, U_L]$のうちで、もっとも恵まれない人にのみ政府が関心をもつ。その人の経済状態が改善されれば、他の人の経済状態がどうなっても、社会的に望ましいということを意味している。

■**再分配政策**

さて、Y_HとY_Lを再分配して得られる2人の効用の組合せに対応する社会厚生の値を、表11-2にまとめてみよう。再分配をまったくしなければ、ベンサム基準では社会厚生は95、ロールズ基準では社会厚生は10になる。Hの人から10だけ税金を徴収してそのままLの人へ補助金として移転すると、社会厚生はベンサム基準で115へ、ロールズ基準で40へそれぞれ増加する。

▶ 表11-2　再分配と社会厚生

再分配の程度	0	10	20
Hの所得	50	40	30
Lの所得	10	20	30
Hの効用	85	75	60
Lの効用	10	40	60
社会厚生：ベンサム基準	95	115	120
社会厚生：ロールズ基準	10	40	60

11 再分配政策

図 11-1　再分配と社会厚生

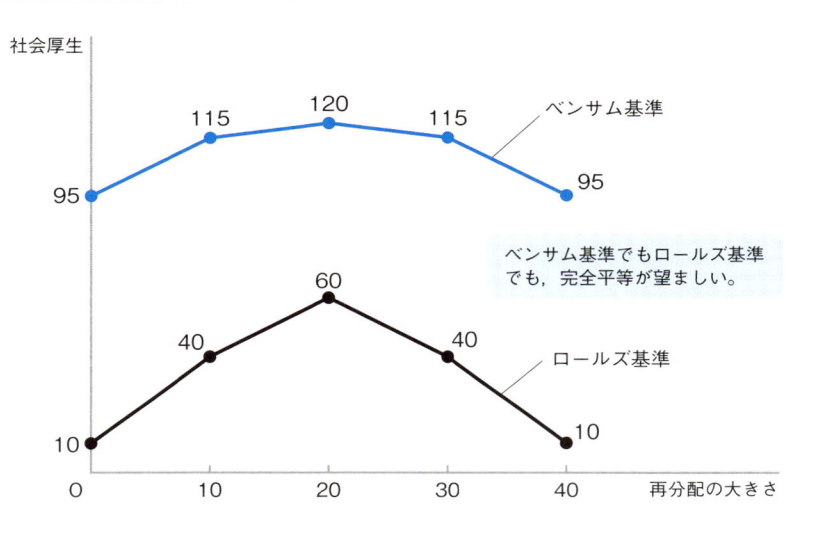

```
社会厚生
                120
         115         115     ベンサム基準
                                
  95                         95

                             ベンサム基準でもロールズ基準
                             でも，完全平等が望ましい。
                60
         40          40      ロールズ基準

  10                         10
  0    10    20    30    40   再分配の大きさ
```

また，H から L へ 20 だけ再分配すると，社会厚生はベンサム基準で 120 に，またロールズ基準で 60 にそれぞれ増加する。しかし，H から L へ 30 だけ再分配すると，今度は 10 だけの再分配と同じ社会厚生しか得られない。結局，H から L へ 20 だけ再分配するのは，どちらの価値判断であっても最適になる。これは，図 11-1 にも示されている。

いいかえると，ベンサム的な価値判断であっても，ロールズ的な価値判断であっても，完全に平等な所得になるように，所得を再分配するのが社会的に望ましい。完全平等点では，両人の課税後の所得は $\frac{Y_H+Y_L}{2}=30$ という平均所得に等しい。

完全平等を実現する所得税制は，容易に求められる。

$$T = Y - 30$$

すなわち，平均所得以上の所得をすべて税金として徴収し，これを平均以下の所得しかない人に補助金として配分すればよい。この所得税体系を図示したのが，図 11-2 である。これからもわかるように，最適な限界税率 $\left(\frac{\Delta T}{\Delta Y}\right)$（＝課税前所得が 1 単位増加したときに税金がどれだけ増加するのが

図 11-2　完全平等の所得税

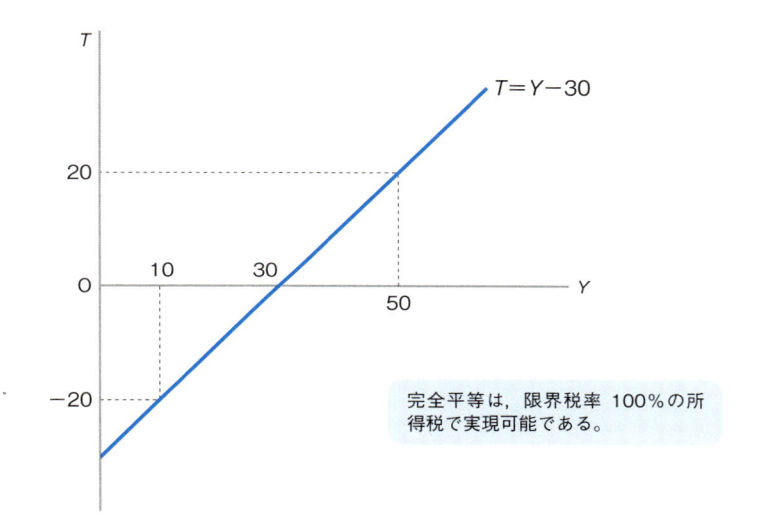

完全平等は，限界税率 100％の所得税で実現可能である。

望ましいか）は 1（＝100％）になる。これは，極端な累進所得税率といえよう。逆にいうと，極端な累進所得税は，このような理論的な枠組みにおいて正当化されるのである。

■悪平等

　上のモデルの最大の問題点は，100％という高い限界税率のもとでも働く人がいるかどうかである。Hの人にとっては，平均所得（30）以上の所得を稼いでも，それをすべて税金でもっていかれるのであれば，平均所得以上の所得を稼ぐ意欲がなくなるだろう。もしHの人が平均所得までしか稼がないのであれば，Lの人に回す補助金がなくなり，再分配が不可能になる。

　Hの人からどうしても税金をとるためには，平均所得が減少すれば，それに応じて税負担も調整して，つねに平均所得以上の所得のある人から税金を徴収するしかない。しかし，何も稼がなくても，あるいは，いくら稼いでも，結果としては平均所得しか手元に残らないのであれば，誰もが稼ぐ意欲を失う。モラル・ハザードの現象が起こる。すなわち，すべての人の所得がゼロ

11　再分配政策

になって，所得格差がない悪平等が実現することになる。

■最適な限界税率

　限界税率の高い累進所得税ほど，平均税率が所得と共に増加する速度が大きく，より累進的な所得税と解釈できる。では，悪平等という弊害を回避しつつ，社会的公平性を実現するには，どの程度の累進的な所得税が望ましいのだろうか。

　累進的所得税の最適な限界税率は，次の３点に大きく依存しているだろう。

(1)　労働供給の賃金に対する反応

　第１は，労働供給の課税後の賃金に対する反応の大きさである。これは，効用水準が当初の水準で固定されるように，実質所得が補償されている状況で，課税後の手取りの賃金が１％変化したとき，労働供給が何％変化するかを意味し，労働供給の課税による代替効果の大きさに対応している。たとえば，家計の労働供給の代替効果が大きく，課税後の賃金率の減少により労働供給が大きく落ち込めば，再分配をおこなうことの効率面でのコストが大きくなる。そのような状況では，望ましい再分配の程度はあまり大規模なものにはならないだろう。

　労働供給の課税による代替効果がどのくらい量的に重要かは，効率性の面からのコストの大きさを決める。もし，労働供給の反応が大きければ，累進税の税率を高くして，再分配機能を強化することのコストが，無視できなくなる。したがって，労働供給の反応が大きいほど，最適な限界税率は低くなるだろう。

(2)　社会的な価値判断

　第２は，不平等に対する社会的な価値判断である。最適な再分配がどの程度望ましいかは，１つには公平性に関する社会的な価値判断に依存している。社会がより不平等に関心をもつほど，より大きな規模での再分配が望ましくなり，最適な累進度も高くなる。

　たとえば，社会の構成員の経済状態を等しく考慮に入れるベンサム基準の

もとでは，政府の目的はすべての構成員の効用の総計を最大化することであり，たとえ金持ちだけの効用が増加しても，社会的に望ましいと判断される。したがって，最適な限界税率はあまり高い水準にはならない。これに対して，もっとも恵まれない人の経済状態のみに注目し，もっとも恵まれない人の経済状態さえ改善されれば，他の人の経済状態がどう変化しても社会的には改善されると考えるロールズ基準のもとでは，政府の目的はもっとも効用の低い人の効用の最大化である。金持ちの効用が上昇しても，それは何ら社会的に望ましいとは判断されない。この場合にはかなり累進的な税体系が選択されるだろう。したがって，不平等に対する関心が高いほど，最適な限界税率は高くなる。

(3) 所得格差の程度

第3は，社会全体での所得格差の程度である。労働所得のばらつきがかなり大きいと，政府としてもより再分配をする必要が生じてくる。逆に，課税前の所得にあまり不平等がみられないときには，無理に高い限界税率を課して，所得の再分配をはかる必要はなくなる。したがって，所得格差が大きいほど，最適な限界税率は高くなる。

以上の議論からもわかるように，効率面を重視すれば最適な限界税率は低くなり，公平面を重視すれば最適な限界税率は高くなる。これは，効率性と公平性とが相反する方向にはたらくという意味で，両者のあいだにトレード・オフ関係があるという。

■リスク・シェアリング

ところで，所得が多いか少ないかは，本人の努力の結果である場合も多いが，運・不運の場合もある。たまたま景気が悪くなって所得が落ち込むケースも考えられるし，幸運に恵まれて所得が増加する場合もある。運・不運の結果として所得の変動が予想されるときには，事前にリスクをシェアするような再分配政策が望ましくなる。

いま，すべての人が，Y_H，Y_L 2つの所得のどちらかになる可能性がある

11 再分配政策

図 11-3　リスク・シェアリング

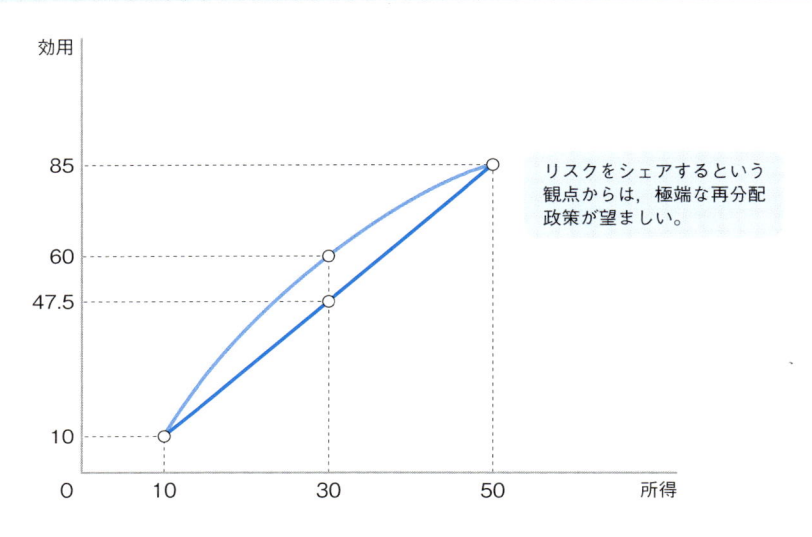

（グラフ：横軸 所得、縦軸 効用。所得 10 のとき効用 10、所得 30 のとき効用 60（曲線上）および 47.5（直線上）、所得 50 のとき効用 85）

> リスクをシェアするという観点からは，極端な再分配政策が望ましい。

とし，その確率が $\frac{1}{2}$ であるとしよう。事前には所得は 10 か 50 かどちらかであり，その確率はそれぞれ $\frac{1}{2}$ である。平均的な期待所得は 30，また平均的な期待効用は 47.5 になる。図 11-3 に示すように，確実に 30 だけの所得が得られるとすれば，そこからの効用は 60 になり，所得格差のある場合の平均的な期待効用 47.5 を上回る。運が良くても悪くても，政府の再分配政策の結果，手取りの所得が 30 になれば，(10, 50) のいずれになるかわからない状態よりも，満足度は高くなる。したがって，すべての個人は完全平等を実現する再分配政策で得をする。本人の努力とは無関係に変動する所得については，モラル・ハザードの弊害が生じないので，政府による極端な再分配政策（＝完全平等）が望ましい。

check point 11.1

● キーワード

| 所得格差 | 社会厚生 | ベンサム基準 | ロールズ基準 | 完全平等 |
| 累進所得税 | 悪平等 | 最適な再分配 | リスク・シェアリング | |

● 11-1 節　練習問題

表 11-1 の数値例で，社会厚生が $U_H + 2U_L$ で表されるときの最適な再分配の程度を求めよ。なお L の方が再分配によって H よりも所得が大きくなれば，社会厚生も $U_L + 2U_H$ に変更になるとして考えよ。

□ 11-2　地域間の再分配政策 □

■税収の地域間格差

最後に，地域間の再分配政策について考えてみよう。地域間の経済格差の問題を考える大きな論点の1つは，経済力の格差を反映した税収の地方間格差問題である。東京を中心とする大都市の都府県で税収が多いのに対して，過疎の地方では，税収の総額はもちろん，1人あたりの税収もかなり小さい。その分だけ，国からの補助に依存する割合が大きくなる。わが国の地方財政制度では，地方交付税という地域間再分配システムが税収の地域間格差を補整する役割をもっている。

ナショナル・ミニマムや全国レベルでの公共財を円滑に供給するためには，地域間での均整的な発展も必要であり，ある程度の地域間での再分配政策は必要である。とくに，基本的な公共投資については，ある程度の地域的な観点は重要だろう。しかし，それ以上の単なる所得の再分配政策には，問題が多い。

地方では人口が少ないため，ある公共財を供給するのに1人あたりの負担が多くなり，したがって，国からの補助が必要であるという議論もある。たとえば，川に橋を架ける場合，都会であれば，人口が多いから1人あたりの負担は少なくて橋を容易に建設できるが，地方では人口が少ないために，国や他の地方からの補助なしでは橋が架けられないというケースである。しかし，第6章でもみたように，公共財の最適供給ルールが意味するのは，便益

233

11 再分配政策

▶ 表11-3 ナショナル・ミニマム

地　域	A	B
人　口	1	10
公共財の費用	5	5
公共財の総便益	3	30
ナショナル・ミニマムの便益	1000	1000
税　収	1	10

の総額とコストとの比較である。人口が少ない地方では便益の総額も小さいから，むしろ，上の例では橋を架けること自体が非効率と考えられる。

次のような**表11-3**の数値例で考えてみよう。地域A，Bの人口がそれぞれ1，10とする。公共財の費用が5，1人あたりの便益が3であれば，A地域では費用の方が総便益よりも大きくなり，B地域では総便益が費用よりも大きくなる。したがって，この公共財はB地域でのみ供給するのが望ましい。

これに対して，ナショナル・ミニマムとみなされる公共財は，どの地域でも人口にかかわらず総便益がきわめて大きな財である。たとえば，総便益がどちらの地域でも1000であるとしよう。こうしたナショナル・ミニマムの公共支出はA，B両地域とも実施すべきである。しかし，A地域では税収が1しかないから，B地域から4の移転を受けてはじめて，この公共財が供給される。これが，地域間での再分配政策を正当化する1つの理由である。

■人口移動の効果

地域間で再分配を実施する際に考慮すべき大きなポイントは，地域間での人口移動である。人々が自由に居住地を選択できるとすれば，個人間での格差はあり得ても，地域間での格差は考えられない。人々はもっとも有利な地域に居住するから，ある地域が経済的に恵まれていない条件をもっていると

すれば，誰もそこには居住しないだろう。もちろん，すべての個人が自由に居住地を選択するというのも現実には成立しないだろう。しかし，人口移動がまったくないというのも極端な想定である。一部の人のみが居住地を選択できる場合でも，地域間の再分配政策は，そうでない場合よりも好ましくない結果をもたらす可能性がある。

　表11-4（ⅰ）のような数値例で考えてみよう。いまA地域に1人，B地域に2人居住しているとしよう。A地域では1人あたりの所得は10であり，B地域では1人あたりの所得は40とする。第8章でも説明したように，労働を供給する（あるいは，所得を獲得する）のにコスト（＝超過負担）がかかるので，それぞれの個人の実質的な利得（＝満足度の金銭的な大きさ）は所得の半分であるとしよう。したがって，A地域の個人の利得は5，B地域の個人の利得は20である。A地域よりもB地域の方が利得が高いので，地域間の移動が可能な個人はB地域に居住するだろう。A地域に1人，B地域に2人という当初の人口分布は，一部の人々（このモデルでは3人のうちの1人）が地域間で移動可能であって，A地域よりもB地域を選択しているという想定を考えている。

　ここで，政府が地域間での再分配政策を実施して，B地域の個人からそれぞれ10だけ税金を徴収し，10＋10＝20をA地域の個人に与えるとしよう。再分配後の所得はともに30で完全平等化するが，各人の利得はA地域の個人が25（＝5＋20），B地域の個人が10（＝30－20）となる。ベンサム的な価値判断では，社会全体の総利得は再分配の前後でともに45である。ロールズ的な価値判断では，社会全体の総利得は再分配の前で5，後で10になる。したがって，こうした再分配政策は社会的公平性の価値判断からみてももっともらしいといえる。

　ところが，B地域の個人にとっては，再分配政策によって利得が20から10に税負担分だけ減少している。そして，再分配のあとではA地域の個人の方が利得が25と，B地域の個人よりも大きくなっている。したがって，B地域の住民はA地域に移動する誘因がある。この数値例では，B地域の

11　再分配政策

▶ 表11-4　人口移動と再分配政策

(ⅰ) 人口移動なし

地　域	A	B
当初の所得	10	40, 40
所得獲得のコスト	5	20, 20
当初の利得	5	20, 20
再分配後の所得	30	30, 30
再分配後の利得	25	10, 10
当初の社会厚生：ベンサム基準	45	
当初の社会厚生：ロールズ基準	5	
再分配後の社会厚生：ベンサム基準	45	
再分配後の社会厚生：ロールズ基準	10	

(ⅱ) 人口移動あり

地　域	A	B
当初の所得	10, 10	40
所得獲得のコスト	5, 5	20
当初の利得	5, 5	20
再分配後の所得	20, 20	20
再分配後の利得	15, 15	0
当初の社会厚生：ベンサム基準	30	
当初の社会厚生：ロールズ基準	5	
再分配後の社会厚生：ベンサム基準	30	
再分配後の社会厚生：ロールズ基準	0	

住民のうち1人だけが移動できると想定している。したがって，その個人は，政府による地域間の再分配政策を予想して，B地域ではなくてA地域に居住を変更するだろう。

その結果を示したのが，表11-4（ⅱ）である。当初は再分配政策を予想してA地域に2人居住して，A地域での所得が10，10になる。政府が所得の完全再分配を実施すれば，B地域の個人から20の税金を徴収して，10ずつA地域の2人の個人に配分する。したがって，再分配後の利得は，A地域の個人が15ずつ，B地域の個人がゼロになる。もとからA地域に住んでいる個人とB地域にとどまっている個人の利得は減少し，BからAへ移動した個人の利得だけが増加している。その結果，再分配政策が何らおこなわれていない表11-4（ⅰ）の初期状態と比較すると，社会厚生はベンサム的な価値判断では（45から30へ）低下し，ロールズ的な価値判断では（5から0へ）低下する。人口移動を考慮すると，政府の再分配政策はかならずしも意図するような望ましい結果をもたらさないのである。

■公共財の波及効果

人口移動がなくても，地方公共財が地域間で波及効果をもつ場合には，再分配政策は望ましくない可能性がある。これを表11-5の数値例でみておこう。表11-5に示すように，地域A，Bそれぞれの所得が40，50とする。A地域では所得のうち$\frac{1}{20}$を公共財の負担にあてて，また，B地域では所得の$\frac{1}{5}$を公共財の負担にあてているとしよう。私的財の消費に回る大きさは，Aでは38，Bでは40となる。また，公共財はAで2，Bで10だけ供給される。この公共財は全国レベルで便益をもたらす波及効果の大きなものであり，かつ，その便益の程度は供給量の10倍の金銭的な評価になるとしよう。したがって，両地域とも12×10＝120の便益を公共財から享受する。総便益は，A地域で158，B地域で160になる。

さて，中央政府が完全な再分配政策を実施するとしよう。表11-5に示すように，両地域の所得はともに45になる。公共財の負担はAで2.25，Bで

11　再分配政策

▶ 表11-5　公共財の波及効果

	再分配前		再分配後	
地　域	A	B	A	B
所　得	40	50	45	45
公共財の供給量	2	10	2.25	9
私的財の消費量	38	40	42.25	36
公共財の便益	120	120	112.5	112.5
総便益	158	160	154.75	148.5

9になる。したがって，私的財からの便益はAで42.25，Bで36である。公共財からの便益は（2.25＋9）×10＝112.5となる。その結果，総便益はAで154.75，Bで148.5となる。いずれの地域でも総便益は再分配政策によって減少してしまう。

■地域間再分配政策の評価

　地方交付税のような地域間再分配政策が有効であるのは，地域間での公共サービスの波及効果もなく，人口移動もない状態である。これは，地域の行政単位がある程度大きくなれば，一応成立する条件と考えられないこともない。逆にいうと，行政単位，地方政府の単位としてあまりに小さい単位を想定すると，上の2つの条件は成立しにくくなり，地域間のリンクが密接になって，交付税の再分配効果は有効ではなくなる。したがって，地域間の再分配政策が必要であるとすれば，再分配の対象とする行政区域をより大きなものとして再編成し，そうした大きな行政区域間での再分配政策を想定すべきである。

　地域間格差の問題は公平性ではなく，むしろ効率性の問題として議論する方が有益である。集積のメリットの高い首都（＝東京）へ一極集中することが，わが国全体の資源配分からみて効率的であれば，あえて，地方に人口を

戻すための地方振興政策は必要ない。集積のメリットがあるから人々が集まるのであり，そのかぎりでは市場は失敗しておらず，東京への一極集中を政策的に排除する必要はない。むしろ，地方の中核都市における集積のメリットをより活かすような，地方内での行政区域の拡大や見直しが有効であろう。

　原理的にいえば，各地方での経済的な満足度＝効用水準を上昇させるもっとも有効な方法は，単なる再分配政策ではなく，公共サービスの生産性の上昇である。所得を地域間で再分配して格差を是正しようとするのは，以上の数値例が示したように，人口移動や公共サービスの地域間での波及効果が多少でもある世界では，かならずしも有効ではない。公共サービスの生産性の上昇は，そのような場合においても効用を増大させる効果をもっているし，しかも，これは他の地域にもプラスの波及効果をもっている。公共サービスの生産性の改善は，その地域での行政効率の上昇を意味し，また，公共調達の改善による費用低下も意味する。行財政改革や規制の緩和により，まず公共サービスを供給する政府の生産性を上昇させることを，すべての地方での政府の経済活動を活性化させ，人々の経済厚生を上昇させるために，最重要課題の1つとして取り組まれなければならない。

　地域間で生産性に格差がある場合に，生産性の高い地方を優遇する政策をとることで，全国的に経済活動が活性化し，結果として，生産性の低い地域での経済厚生も上昇する可能性がある。逆に，過疎の地方に資金を投入すると，経済全体のパイが小さくなり，地方にとっても結局はマイナスにはたらく。その意味からも，単なる所得補填としての後ろ向きの地域間再分配政策には，思い切った見直しが必要となる。全体のパイを大きくすることで，後進地域でもメリットが生じる。

■税率競争と地方債

　公共財の供給という支出に関する地方間の競争が重要であるように，課税面でも地方政府間での競争のメカニズムを導入することは，重要である。両者をセットにして自主的に選択することで，特色のある各地方政府の財政活

11 再分配政策

動が可能となり，住民にとって地方政府間での選択の幅も広がっていく。しかし，地方政府の予算制約がきちんと理解されていないと，支出面では増加傾向，課税面では減少傾向のバイアスがかかるだろう。現在の住民が将来の住民の負担にただ乗りすることになる。

これに対する1つの政策的対応は，地方債の発行に対する中央からの制度的な規制であろう。もちろん，市場メカニズムが完全であれば，そのような規制がなくても，各地方政府が発行する地方債に対する資本市場での格付けの評価を通じて，この問題が処理される。財政規律の甘い地方の発行する地方債は，高い金利でないと消化されなくなる。現実には，資本市場での機能が完全ではないとすれば，何らかの起債制限も必要となる。

地方債に関しては，地方債の償還を嫌って，増税がおこなわれる前に住民が別の地方に移動する可能性もある。住民が，地方債を財源として支出される便益だけを享受し，かつ，その地方債の償還のための課税を回避しようとする行動は，地方債の食い逃げ効果と呼ばれている。しかし，このような行動がうまくいくかどうかは，はっきりしない。なぜなら，その地方に住んでいる人が，他の地方に移動するために土地を売却しようとしても，将来の増税が予想されている以上，安く買いたたかれるからである。つまり，将来の増税分だけ地価が減少すれば，現在その土地をもっている人が，売却する際に，将来の増税分を前もって負担し，食い逃げはできなくなる。

■地方分権

政府が失敗する可能性を考慮すると，住民のニーズが政府の政策に適切に反映されるメカニズムを導入する必要がある。市場で利潤最大を意図して行動している企業の場合と異なり，政府の行動を客観的に評価し，是正する仕組みは困難である。採算の悪い公共サービスであっても，公共の福祉の観点から必要なものもあるだろう。最終的には，公共の福祉という観点から，再分配政策や補助金政策をどこまでおこなうかを政治プロセスで決定せざるを得ない。中央政府の場合には，選挙による政権交代が唯一の手段であるが，

中央政府レベルでの政治改革はあまり進展がみられない。

　第2章でも説明したように，地方政府の場合には，選挙による議会・与党や首長の交代のほかに，住民の直接請求やリコールなども容易におこなうことができるし，また，住民が自分にとって望ましい地方を選択するという，足による投票も可能となる。各地方政府間での評価を住民が容易におこなえる点からは，地方分権システムのメリットは大きい。そのためにも，1つの地方政府の中で税負担と公共サービスの便益がある程度対応している，自立した財政的基盤の整備が必要である。

■「広く薄く」と「選択と集中」

　再分配政策は，その財源を得るための課税とそれを給付する社会保障政策の2つの側面をもっている。最近「ベーシックインカム」という概念が注目されている。これは，就労や資産の有無にかかわらず，すべての個人に対して生活に最低限必要な所得を無条件に給付するという社会政策の構想であり，「広く薄く」給付する一方で，財源は累進課税で富裕層から徴収するという「選択と集中」を主張する。従来の所得保障制度が何らかの受給資格を設けているのに対して無条件で給付する点，また生活保護や税制における配偶者控除など世帯単位の給付制度もある中で個人単位を原則とする点が特徴である。逆に，財源を確保する際に「広く薄く」課税し，弱者と特定して，「選択と集中」で給付するという考え方もある。どちらが望ましいだろうか。

　確かに所得税や相続税などで累進的な課税を強化すれば，再分配効果も期待できるから，一石二鳥である。他方で，消費税は経済状態の貧しい人でも負担するので，そうした税金を増税すると，弱者いじめと糾弾される。多くの人は課税それ自体に再分配効果を求めるべきだと考えている。しかし，ある特定の個人から多くの税金を徴収しようとすると，さまざまな租税回避行動を誘発する。その結果，再分配に必要な財源が十分に確保できない。広く薄く課税してはじめて，多くの財源を確保できる。

　再分配の給付面で広く薄くばらまくと，弱者でない人にも給付することに

なるので，政策の効果が弱くなる。弱者に給付対象を限定することで，ある程度の少ない財源でも十分な手当をすることが可能となる。ただし，誰か弱者かを特定するのは難しい。

　所得や資産は経済力をもっとも的確に反映する指標であるが，客観的に政府が個人情報を把握するのは困難である。これに対して，年齢や住所，家族構成は客観的な情報であるが，これだけで再分配の対象を特定するには，無理がある。とくに，一定の年齢以上の高齢者に一律に年金を給付する政策では，高額所得，資産のある裕福な高齢者にも給付されてしまう。過疎地に住んでいる人を対象に補助金を出す政策でも，過疎地に住む裕福な人が得をする。他方で，東京など大都市に住む貧しい人には，地域間再分配政策の恩恵は及ばない。

　国民は自分に有利な情報しか政府に開示しないし，うその情報を開示することもある。再分配政策に直接かかわる受給者，あるいは多くの税負担を期待される高額所得者がそれぞれ，情報を有利に操作することで，私的な利益を得ようとする可能性がある。しかし，納税者番号制度が整備されて，国民の正確な所得・資産情報を政府が把握できれば，「選択と集中」で給付するメリットは大きくなる。

■バウチャー（voucher）
　政策手段としてのバウチャーとは，「教育訓練」や「保育サービス」というように使い道が限定されて，個人が政府から受け取る補助金である。具体的な方式としては，事前に利用券が支給され，それを使ってサービスを利用するという形や，ICカードなどで使用限度額を管理する形もある。また，利用したあとで，政府から個人に補助金が出る場合もバウチャーと呼ぶことができる。その意味では，日本育英会の奨学金（低金利の形で補助金が出ている）や雇用保険の制度である教育訓練給付も一種のバウチャーとみなせる。

　たとえば，教育補助金としてバウチャーを導入すると，政府の補助金は利用者個人に直接交付される。利用者は希望する施設を選択し，施設の側では

利用者から選択されるように公立私立を問わず競争が強まり，結果として利用者のニーズに沿ったサービスが提供されやすくなる。このような選択と競争がバウチャーの目的であり，構造改革を進める世界の国々で続々と導入されている理由でもある。バウチャーは，利用者の選択が重要と思われる政策分野（学校教育，職業訓練，保育，家事，高齢者介護，住宅など）で有効だろう。バウチャーは個人に対する補助金だから，個人の所得状況をふまえ，補助金の金額をきめ細かく設定することができる。さらに，バウチャーはサービスを提供する側の競争を強めて効率化を促すという効果もある。

　こうした補助金の出し方は，補助金を出す方がもらう方に「口を出すかどうか」という問題にかかわってくる。たとえば，一般的な親子関係で考えてみよう。親は子どもを援助する際に，学業に専念するなど生活態度の改善につながる使い道に限定して，支援したい。これに対して，子どもは自由に使えるお金の方がありがたい。援助の使い道に親が口を出すのをいやがる。親の監視がなくても子どもが学業に専念するなら，一括の補助金のように使い道を指定しない援助でも，親はかまわない。しかし，親の監視なしでは，子どもが学業に専念しないで，親のカネを無駄に浪費してしまうなら，親としては学費などあらかじめ学業に特定できる援助を選択する。親が子どもを監視する一番有効な手段は，使途の特定だからである。バウチャーはこうした理由で効果を発揮できる。

　政府はバウチャーの形で補助金を交付するほかに，引き続き施設で提供されるサービスに関する一定の基準を定め，それが守られているか監視することになる。政府は利用者の安全に直結する事項などに絞って基準を定めれば十分で，いままでより少ないコストで重要な点を確実に監視できるようになる。うまく活用できれば，従来の補助金制度よりも安いコストで効果的な対策が期待できるだろう。

■再分配の３原則
　再分配政策を有効に，かつ，望ましい方向で実施するには，以下の３原則

11 再分配政策

が重要である。
(1) 対象を特定する
(2) 期間を特定する
(3) 経済的制約を考慮する

第1は,再分配政策で給付すべき対象者をきちんと特定する。そうすることではじめて再分配政策は意味をもつ。一般的には社会的弱者をその対象とすべきだろう。弱者でない人に給付したり,弱者であるのに給付対象から外したりしない対策が必要である。これは当然の原則であるが,実現は難しい。その際に,弱者の定義が問題となる。通常は,所得水準,あるいは資産水準の大小で人の経済状態を判断している。しかし,所得や資産の定義や捕捉は,実は相当やっかいである。また,現在の弱者が将来も弱者であり続けるともかぎらない。この点を克服して,透明性の高い形で実行することが,信頼性のある再分配政策にとって重要である。

第2に,期間を厳格に設定する。再分配政策は,未来永劫に実施すべきものではない。とくに,弱者が(潜在能力でみて)自助できるなら,その努力を助ける方向に誘導すべきである。再分配政策の目的は,単に弱者を救済することではない。弱者が自立した経済生活をできるように,スキルを身につけて,自力で経済力をつけるのを支援することである。そのためには,単にお金を給付するだけでは不十分である。その使い道を将来の経済力向上に役立つように仕向けることが重要である。

将来も給付が続くと想定すると,それをあてにして,自助努力ができる人でも,そうした努力を怠る可能性がある。もちろん,通常の再分配政策では,所得や資産がある一定レベルに到達すれば,給付対象からはずれるが,それだけでは不十分である。所得や資産の水準とある程度切り離して,期限が来れば給付対象から外すという政策が有効である。期限を事前のルールとすることで,将来の準備として早めに自助努力をする誘因が生まれる。

第3に,経済的制約を十分に考慮する。経済的反応を無視して,いまある所得格差,資産格差が一定のままで変化しないと想定して,そのもとで望ま

しい再分配政策を構築しても，その対象である各個人の行動が変化してしまえば，当初の目的は達成できない。再分配政策が有効であるには，経済的制約を十分考慮したものでなければならない。再分配政策があるときとないときでは，人々の行動も異なる。また，再分配政策の内容，規模によっても人々の行動は影響される。さらに，人々の再分配政策に対する考え方，評価，行動自体が，再分配政策の効果やその維持可能性にも影響する。こうした経済的制約（さらには経済的以外の広い意味での社会的な制約）を十分に考慮して，はじめて意味のある再分配政策が実施できる。

———— check point 11.2

● キーワード

| 経済格差　　地方交付税　　ナショナル・ミニマム　　人口の移動 |
| 公共財の波及効果　　税率競争　　地方債　　食い逃げ効果　　地方分権 |
| ベーシックインカム　　バウチャー　　再分配の3原則 |

● 11-2節　練習問題

以下の文章の正誤を判断せよ。

1．地方交付税は地域間の税収格差を是正する効果をもっている。
2．全国レベルでのナショナル・ミニマムを供給するには，地域間の再分配が必要である。
3．公共財の地域を超えた波及効果があっても，地域間の再分配政策はつねに有効である。
4．地域間格差の問題は，効率性よりも公平性の観点から議論すべきである。
5．地方分権のメリットは，地方政府間での競争があるときに明確になる。

■ *Column 11* ピケティ理論と格差問題 ■

　フランスの経済学者，トマ・ピケティの『21世紀の資本』という大著が日本でも2015年にベストセラーになった。著者は，資本の収益率が経済成長率よりも高いという資本主義社会に内在する格差拡大傾向を歴史的視点から解説して，累進的な所得税，資本課税で格差是正の重要性を強調している。この本の主張の是非はともかく，こうした専門書が日本でも売れる背景には，格差拡大への懸念を多くの日本国民が共有しているからである。しかし，格差拡大を批判するのは簡単であるが，実際に，格差是正の政策を成長戦略と両立させるのは，厳しい。

　貧富の差が極端に拡大すれば，それを是正することが重要な政策目標になるのは，当然である。また，経済が低迷して，雇用不安，生活不安が拡大し，弱者の経済状態が悪化すれば，それに手厚い配慮が必要になる。それでも無制限に再分配政策を強化，充実させるのが望ましいともいえない。市場経済の失敗や暴走は是正する必要があるが，市場経済のメリットも十分に活用すべきである。

　そもそも格差とは自分の経済状態を他人のそれと比較するという相対的な概念である。みんなが同じ経済状態であれば，再分配する意味も効果もない。この場合，問題点は2つある。第1に，絶対的水準をどう考えるかである。たとえば，平均的な所得水準と比較して極端に低い所得の人が多ければ，相対的格差は問題となる。それでも平均的所得水準や低所得者の所得水準自体が高ければ，相対的に低い所得の人でも，それほど生活に困窮していないかもしれない。

　一般的にいえば，多くの人にとって最大の経済的関心事は，相対的格差よりも絶対的経済水準である。自分が経済的により豊かになることが最優先だろう。実際にも，わが国の高度成長期では格差の是正よりも，国民所得の倍増が最優先され，自分の所得が2倍になる夢に政治的支持が集まり，国民の多くはそれを実感した。近年の東アジアのめざましい経済成長でも，相殺的格差は拡大しているかもしれないが，ほとんどすべての国民の生活水準は格段に向上した。最近，再分配政策が注目されるようになった1つの背景は，経済水準の全体的な向上が今後あまり期待できなくなったためと思われる。

　第2は，どの範囲で相対的格差を考えるかである。たとえば，諸外国と比較して平均的な所得水準が高い国では，その国の中での格差が大きいとしても，他国と比較すれば，所得の低い人でも相当の所得を稼いでいるかもしれない。この基準からすれば，日本のほとんどの人は（世界全体でみて）平均所得以上の所得を稼いでいるので，格差是正の拡充は日本国内での再分配政策を拡充することではなく，日本から途上国への再分配政策を拡充することになる。国内での地域間格差是正ばかりを問題視すると，国際的視点を欠いてしまう。いたずらに相対的な格差拡大を否定するのではなくて，社会の連帯感を高めて，自助，共助の精神で社会全体の発展に取り組むべきだろう。

文献案内

　本書と同じく，初級レベルのテキストとしては，
1. 土居丈朗『入門 公共経済学』日本評論社，2002 年
2. 林正義・小川光・別所俊一郎『公共経済学』有斐閣，2010 年
3. 小川光・西森晃『公共経済学 ベーシック＋』中央経済社，2015 年
4. 仲林真子『財政学と公共経済学はじめの一歩』八千代出版，2015 年
5. 上村敏之『公共経済学入門』新世社，2011 年

　いずれも好書である。

　中級レベルの公共経済学のテキストとしては，
6. 柴田弘文・柴田愛子『公共経済学』東洋経済新報社，1988 年
7. 常木淳『公共経済学』新世社，2002 年
8. 奥野信宏『公共経済学（第 3 版）』岩波書店，2008 年
9. 板谷淳一・佐野博之『コア・テキスト公共経済学』新世社，2013 年

　このうち，6 はわが国を代表する公共経済学のテキストである。7 は，費用便益分析，最適課税論などの分野で有益である。8, 9 は内容的にもバランスのよいテキストである。いずれも，ある程度のミクロ経済学の理論的な知識を前提としている。

　上級レベルの公共経済学のテキストとしては，
10. 井堀利宏『公共経済の理論』有斐閣，1996 年

　財政学のテキストとしては，
11. 井堀利宏『財政学（第 4 版）』新世社，2013 年

　財政学のテキストもたくさん公刊されているが，11 は，コンパクトに理論と現実をまとめている。

　日本の政治経済を念頭において公共経済学的な分析を行っているものとして，
12. 井堀利宏・土居丈朗『日本政治の経済分析』木鐸社，1998 年

　12 は，公共経済学の理論的分析が，日本の政治の現実にどのように適用できるかを示している。

練習問題解答

●1-1節
1. 一般政府，社会保障基金，公共部門　2. 高，低，資源配分

●1-2節
1. ○　2. ×　3. ×

●2-1節
1. 個人A，B　2. 生じない

●2-2節
1. 低める　2. 低める　3. 低める　4. 低める　5. 低める

●2-3節
1. 相対多数投票ではA1票，B2票，C1票だからBが当選。是認投票ではA3票，B2票，C1票だからAが当選。
2. 有権者の効用の合計はAが8，Bが7，Cが6だから，是認投票が功利主義的効率をみたす。

●2-4節
1. リコール，直接請求，声，足　2. 圧力団体，声

●3-1節
1. ×　2. ○　3. ○　4. ×

●3-2節
1. 大きな，小さな　2. 既得権，革命的

●3-3節
1. 大きくなる　2. 小さくなる　3. 小さくなる　4. 小さくなる

●3-4節
1. 安定，小さく，小さく　2. 拒否権，圧力団体

248

練習問題解答

●4-1節
1. 規制，レント　2. 上昇，供給者，消費者

●4-2節
1. 図のように関税分だけ国内での供給価格が上昇すると，需要がその分だけ減少する。消費者は割高な価格を支払うので，損をする。

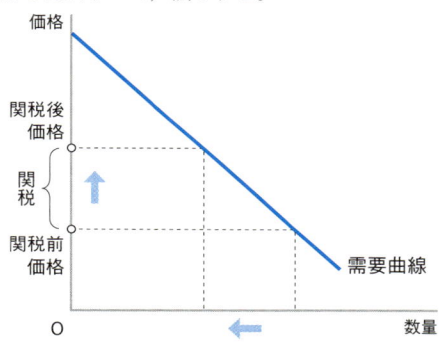

2. 関税政策では政府の税収が増加するが，輸入制限政策では，国内での生産者がいなければ，国内価格の上昇で輸入業者が得をする。

●4-3節
1. ×　2. ×　3. ○　4. ○

●5-1節
1. なし　2. なし　3. なし　4. あり

●5-2節
各生産量のもとでの企業の利潤は

生産量	1	2	3	4	5
利潤	50	70	80	70	50

となるから，$x=3$ が利潤最大の点となる。したがって，事後的には政府は何ら税金や補助金を必要とせず，社会的に最適な生産水準を実現できる。

●5-3節
1. 交渉，当事者，市場　2. 法的，資源配分，効率的

練習問題解答

●5-4節
1. ○ 2. ○ 3. × 4. ○

●6-1節
1. 非競合性, 排除不可能性 2. 高く, 適用されない

●6-2節
　2人の限界評価の合計は, $15-3Y$ であるから, これが3と一致するのが, サムエルソンのルールである。したがって, $15-3Y=3$ より, $Y=4$ が最適な公共財の水準となる。

●6-3節
1. ○ 2. × 3. ○ 4. × 5. ×

●7-1節
$$\frac{22}{1.1}+\frac{24}{1.1\times 1.1}\fallingdotseq 40$$

　したがって, 40以下の費用であれば, 総便益よりも費用が小さいので, 建設すべきである。

●7-2節
1. 限界生産, 限界生産 2. 時間選好率, 重視 3. 近視眼, 将来

●7-3節
1. ○ 2. × 3. × 4. ×

●7-4節
　たとえば,「昭和の三大バカ査定」といわれる戦艦大和, 伊勢湾干拓, 青函トンネルなど。とくに, 青函トンネルはようやく新幹線が北海道まで延伸されるが, 当初の便益推計は大誤算となった。

●8-1節
1. 直接税 2. 累進税 3. 企業 4. 生活必需品

●8-2節
1. 総合課税, 包括的所得 2. 分離課税 3. 水平的公平 4. 労働所得 5. 利子

練習問題解答

●8-3節
1. ○ 2. × 3. ○ 4. ×

●8-4節
1. マイナンバーは，住民票を有する全ての人に1人1つの番号を付して，社会保障，税，災害対策の分野で効率的に情報を管理し，複数の機関に存在する個人の情報が同一人の情報であることを確認するために活用されるものである。2015年10月から，住民票を有する国民の皆様一人ひとりに12桁のマイナンバー（個人番号）が通知される。
2. ふるさと納税とは，自分の選んだ自治体に寄附を行った場合に，寄附額のうち2000円を超える部分について，所得税と住民税から原則として全額が控除される制度である。寄付者には地域特産の礼品が送付されることが多く，寄付を受ける自治体の宣伝もあって，最近人気が出ている。ただし，本来自分の居住している自治体への納税額は減少するから，住民サービスの低下や財政赤字の増大要因になるというコストも無視できない。

●9-1節
1. 税収 2. ケインズ 3. 無税国家 4. 最適課税論

●9-2節
1. 可処分所得が増加するので，消費が増加する。GDPは増加するが，金利が上昇するので，民間投資は少しクラウド・アウトされる（押しのけられる）。
2. 可処分所得が増加しても，同額だけ貯蓄の増加に回るので，消費は増加せず，金利も上昇しない。民間投資はクラウド・アウトされないが，GDPも増加しない。

●9-3節
1. ○ 2. × 3. ○ 4. ○

●10-1節
1. 積み立て方式 2. 賦課方式 3. 賦課方式，低 4. 強制加入

●10-2節
1. 世代会計，現在価値 2. 賦課 3. 老人

●10-3節
　一度に処理すると，移行過程での青年世代に大きな負担がかかる。したがって，移行する際に，老年世代の受給水準をできるだけ抑制するとともに，段階的に，時間をかけて積み立て方式に移行すべきであろう。

練習問題解答

● 11–1 節

再分配の程度と社会厚生との関係は，以下のようになる。

| 再分配の程度 | 0 | 10 | 20 | 30 | 40 |
| 社会厚生 | 105 | 155 | 180 | 155 | 105 |

したがって，最適な再分配の程度は 20 である。

● 11–2 節

1. ○　2. ○　3. ×　4. ×　5. ○

索　引

あ　行

赤字公債　182
悪平等　230
足による投票活動　42
圧力団体　43, 81
アローの一般不可能性定理　26
安価な政府　14

遺産による世代間での自発的な再配分効果
　192
異時点間　137
　——での配分問題　141
いつ生まれたのかによる所得再分配政策
　212
一括固定税　170
一党独裁構造　64
一般政府　6
イデオロギー　50
医療保険　16
インフラ整備　154

ウィークエストリンク　131
上乗せ　104
運輸産業　73

大きな政府　52, 58
　——の弊害　177
大店法　74
大店立地法　74
汚染権　100

か　行

外生的なショック　187
外部経済　90
外部性　90, 134, 137
外部不経済　90, 93, 130
開放ルール　199
価格維持政策　80
価格規制　80
価格統制　77
価格抑制政策　76
格差是正　246
学習仮説　118
革命的な政権交代　59
攪乱税　170
過小規模内閣　66
課税　93
仮想的市場評価法　150
過大規模内閣　66
価値財の公的な供給　213
課徴金制度　101
可変費用　84
下方の面積　135
環境税　95, 105
環境の改善　95
官業の民業圧迫　189
関税　74
間接税　156
間接的　134
　——な参入規制　75
間接民主制　22, 27
官僚間での相対比較　153

253

索　引

棄権　30, 54
規制政策　81
基礎年金　210
既存政党　61
既得権　72
既得権益　72, 201
規模の経済性　62, 82
規模の利益　64
基本料金　84
給付による再分配政策　178
供給曲線　9
業種間捕捉率格差　165
強制　208
行政学　20
行政コスト　44
業績評価　153
競争可能市場　86
京都議定書　106
行列　78
ギリシャ　154, 206
均一税率で課税　174
均一の税率　174
均衡価格　78
金融産業　73

クッション　187
クッション政策　185
クラーク税　116
クラウディング・アウト　182, 188
クラブ　66, 127
クラブ財　126, 127
クリーム・スキミング　85

軽減税率　178
経済全体の安定化　16
経済的満足度　18
ケインズ経済学　16
ケインズ主義　16

ケインズ政策　184
決選投票　36
限界生産曲線の下方の面積　142
限界税率一定の原則　185
限界税率を一定　187
限界的な評価　135
限界費用価格形成原理　83
現在価値化して集計　214
建設公債　182
限界生産　141

公害　90
　——の超過負担　92
効果の経路　135
公共経済学　20
公共財　110
　——の最適供給　121, 122
公共支出の最適規模　140
公共支出の社会的便益　135
公共選択の理論　19
公共投資　137, 233
　——のあるべき基準　141
　——の割引率　144
公共部門　17
公債金　156
公債発行　182
　——を抑制　201
公共サービスの生産性の上昇　239
公定価格　78
公的　208
公的年金制度　208
購入価格　135
購入量　135
効用の和　36
功利主義的効率　36
効率性　170
声による投票　42
コース　97

254

コースの定理　97,99
国民経済全体の経済厚生　18
国民年金　210
個人勘定賦課方式　224
個人間の所得再分配　226
個人的な事情　156
個人ベースの原則　163
固定費用　62,84
雇用保険　16
混雑の緩和　84
コンドルセ効率　36
コンドルセ勝者　36

さ　行

歳出を抑制　201
最小勝利内閣　66
財政赤字　182
財政危機　197
財政金融政策　59
財政再建　201
財政投融資　6
財政における公平性の確保　177
財政の硬直化　196
財政の膨張や放漫化　183
最大限支払い意思額　150
最低賃金制　79,80
最適課税の理論　172
最適状態の特徴づけ　176
最適な限界税率　230
再販制度　80
債務不履行　197
サムエルソンの公式　121
サンクコスト　86
参入規制　72,74,80

時間選好率　144
時間の機会費用　78
資源配分機能　12

資源配分の効率性　94,174
自公政権　70
自己価格弾力性　173
　——に逆比例　173
資産価値法　148
支出税　169,175
市場価格　8,10,72
市場均衡　9
　——点　12
市場の失敗　14,92
市場メカニズム　8,76,134
市場利子率　144
市場を通じるルート　135
市場を通さない外部性をともなうルート　135
自然独占　64,82
事前評価と実際の便益との乖離　153
実験経済学　118
私的財　125
私的な貯蓄　212
私的な年金の拡充　218
社会保険料　208
社会保障　16
借金のための借金　182
集権制度　200
囚人のジレンマ　96,105
修正積み立て方式　211
住民投票　42
住民に対してインタビュー　150
従量料金　84
受益者団体　44
受益者負担の原則　126
出生率の低下　218
出店規制　74
需要曲線　9
需要の平準化　84
準公共財　44,125
　——の概念　124

255

索 引

純粋公共財　112, 125
償還　197
小集会　44
小選挙区　34
小選挙区制　40
消費者価格　80
消費者の効用　135
消費税　156
　——と労働所得税の同等性の命題　168
消費の非競合性　112
情報開示　153
将来世代への負担の転嫁　189
所得格差の程度　231
所得再分配政策　116
所得税　156
所得の再分配効果　74
所得分配の公平性　174
人為的な低価格政策　76
人口移動　234
新党　61

水平的公平の原則　165
水平的な公平性　175

生活保護　16
税金　156
税支払いのタイミング効果　169
政権獲得行動　50, 52
政権交代　58
政策　50
　——の収束　52, 54
政策決定　152
政治行動　42
政治サービス　50
政治的意思決定　22
政治的競争　50
政治的な景気循環　59
政治の経済理論　18

税収　95
　——の地方間格差問題　233
税収を増加　201
政党　50
世代会計　214
世代間での再分配　214
世代間の公正　182
世代間の不公平　215
設備投資規制　87
是認投票　39
戦略的遺産行動　195
戦略的行動　118

総合課税　162
相対多数決投票　35
総量規制　101
組織票　43
ソフトな予算制約　206

た　行

ダーバン合意　107
大規模イベント　154
代理人　27
多期間　137
多数決原理　22, 25
多数決投票制度　35
ただ乗り　45, 115
　——の誘因を排除　150
多党化　64
団塊の世代　218
単記委譲投票　36
短期的な視点　177
単独課税　164
単峰型　22, 24

地域　127
地域間再分配システム　233
地域間での配分問題　141

索　引

小さな政府　59
地価関数　148
地価の評価　129
地球環境問題　105
地方公共財　126, 127
　　――の評価　129
地方交付税　233
地方債の食い逃げ効果　240
地方債の発行　240
地方政府　126
地方分権システム　241
中位投票者　23
中位投票者定理　22, 23
中央集権的な制度　199
中間財　136
超過負担　171
超過利潤　72
長期的な視点　17
直接税　156
直接請求　42
直接民主制　22, 42
貯蓄に与える効果　169
陳情　44

積み立て方式　210, 218

定額税　170
デフォルト　197
デポジット制　104
デモ行進　44
転嫁　156

党派的行動　50
党派的な景気循環　60
党派的な政党　57
投票　22
　　――の機会費用　30
　　――のパラドックス　24

　　――のメリット　31
透明性　200
特殊利益　44
独占　81
独立採算制　83
トラベルコスト法　146

な　行

内部収益率法　138
内部補助　85
ナショナル・ミニマム　234
ナッシュ均衡　122, 123

2階建て　208
2階部分　210
二重計算の過ち　137
二重の配当　95
二重の負担　221
二大政党システム　68
2部料金制度　84

年金　16
　　――を給付　208
年齢別選挙区　48

納税義務者　157
納税者団体　44
納税者投票　179
納税者番号制度　178, 242

は　行

ハーベイ・ロード　17
排出許可証　100
　　――取引制度　100
排除不可能性　112, 125
バウチャー　242
バローの中立命題　192
範囲の経済性　62, 64

257

索　引

ピーク・ロード料金　84
非競合性　126
ピグー課税　93, 99, 104
1人あたり定額の固定税　170
非負制約　195
費用便益比率法　138
費用便益分析　134
比例税　161
比例代表制　40

付加価値税　166
賦課方式　210
不況対策　185
福祉国家　16
福祉政策　226
福祉目的税化　177
負の遺産　195
部分均衡　157
ブラック　22
分権化　126
分権制度　200
分権的な制度　199
分離課税　164

平均税率　161
平均費用　82
閉鎖ルール　199
ベーシックインカム　241
ベストショット　131
ヘドニック・アプローチ　148
ヘドニック価格関数　148
ベビーブーマーの世代　218
便益推計　152
　――の精度　153
便益評価　135
ベンサム基準　230
ベンサム的な価値判断　227

法学　20
包括的所得　162
包括的所得税　169
報酬比例年金　210
法的な拘束　203
訪問需要関数　146
ボーエン　22
補助金　83, 95
ボルダ投票　37

ま　行

埋没費用　86

民間投資との配分問題　141
民間投資の収益率　144
民主党政権　70

無条件委任　33
無税国家論　185

モラル・ハザード　16, 213, 229

や　行

夜警国家　14
野党　58

有権者　22
　――の満足度　36
輸入制限　74

良い棄権　33, 35, 40
予算編成のプロセス　198
与党　58

ら　行

ラムゼイ型の最適課税論　176
ラムゼイのルール　172

利益団体　201
リカードの中立命題　191
リサイクル　103
利潤最大化行動　83
利潤原理　134
リスク・プレミアム　198
リスクをシェアするような再分配政策　231
利他的な遺産動機　192
立地特性　148
流動性制約　194
料金規制　87
旅行費用によって評価　146
リンダール均衡点　114
リンダール方式　113

累進税　161
累進的な課税原則　163
累進的な所得課税　178
累進的な所得税　226

レント　72
連立政権　41, 65, 66, 68

労働所得税　167
ロールズ基準　231
ロールズ的な価値判断　227
ロビー活動　45, 81

わ　行

悪い棄権　40

欧　字

CVM（Contingent Valuation Method）　150
GDPの増加の大きさ　142
TCM（Travel Cost Method）　146
TPP（環太平洋パートナーシップ）　88
X非効率性　83

著者紹介

井堀　利宏（いほり　としひろ）

1952 年　岡山県に生まれる
1974 年　東京大学経済学部卒業
1980 年　ジョンズ・ホプキンス大学 Ph.D.
現　在　政策研究大学院大学教授

主要著書

『現代日本財政論』（東洋経済新報社, 1984）
『ストックの経済学』（有斐閣, 1993）
『日本の財政改革』（ちくま新書, 1997）
『経済学演習』（新世社, 1999）
『マクロ経済学演習』（新世社, 2000）
『ミクロ経済学演習』（新世社, 2001）
『経済政策』（新世社, 2003）
『課税の経済理論』（岩波書店, 2003）
『財政　第3版』（岩波書店, 2008）
『財政学　第4版』（新世社, 2013）
『演習財政学　第2版』（新世社, 2013）
『コンパクト経済学　第2版』（新世社, 2017）
『入門経済学　第3版』（新世社, 2016）
『入門ミクロ経済学　第3版』（新世社, 2019）
『入門マクロ経済学　第4版』（新世社, 2020）

■ 基礎コース［経済学］— 6 ■

基礎コース　公共経済学　第2版

1998 年 9 月 10 日 ⓒ	初 版 発 行
2012 年 2 月 25 日	初版第13刷発行
2015 年 10 月 10 日 ⓒ	第 2 版 発 行
2021 年 5 月 10 日	第2版第3刷発行

著　者　井　堀　利　宏　　発行者　森　平　敏　孝
　　　　　　　　　　　　　　印刷者　加　藤　文　男
　　　　　　　　　　　　　　製本者　小　西　惠　介

【発行】　　　　株式会社　新世社
〒151-0051 東京都渋谷区千駄ヶ谷1丁目3番25号
編集☎(03)5474-8818(代)　　サイエンスビル

【発売】　　　　株式会社　サイエンス社
〒151-0051 東京都渋谷区千駄ヶ谷1丁目3番25号
営業☎(03)5474-8500(代)　振替 00170-7-2387
FAX☎(03)5474-8900

印刷　加藤文明社　　製本　ブックアート

≪検印省略≫

本書の内容を無断で複写複製することは，著作者および出版者の権利を侵害することがありますので，その場合にはあらかじめ小社あて許諾をお求め下さい。

サイエンス社・新世社のホームページのご案内
https://www.saiensu.co.jp
ご意見・ご要望は
shin@saiensu.co.jp　まで．

ISBN978-4-88384-230-8

PRINTED IN JAPAN

新経済学ライブラリ　7

財政学
第4版

井堀利宏　著
A5判／264頁／本体2,300円（税抜き）

本書は，はじめて学ぶ人のために財政学のエッセンスをコンパクトにまとめたテキストとして定評ある書の最新版である．第4版では，最近の日本財政（歳出，税収，公債など）の変化についてデータを更新するとともに，消費税増税，社会保障改革，財政再建の政治経済学など，今日的なトピックスについて新しく説明を加えた．また，財政問題を考える上で重要と思われる理論的な概念についても，コラムを新設したり練習問題を追加したりして，新たに説明した．2色刷．

【主要目次】
政府の経済活動／日本の財政／公共財の理論／政府支出／民営化の経済分析／労働所得税／資本所得税／消費税／税制改革／公債の負担／公債発行と財政運営／財政政策の信頼性

発行　新世社　　　発売　サイエンス社

演習新経済学ライブラリ 3

演習 財政学
第2版

井堀利宏 著
A5判／280頁／本体2,250円（税抜き）

本書は，財政学の基本概念をおさえ，多くの財政問題を演習することで，財政学と日本財政を理解できる好評書の改訂版である．第2版では初版刊行後の政治・経済・財政の動向を踏まえ，よりわかりやすく，より新しい視点で改訂を行った．1990年代後半以降のわが国財政における変化――財政運営，財政再建や財政赤字の考え方，税制改革や消費税の増税，公的年金などの社会保障制度改革や地方分権など，今日的な財政問題を考える上で重要と思われる諸概念について，新たに説明を加えた．また，コラムを全面的に刷新するとともに，日本財政に関する重要なマクロ・データについても最新のものに更新の上，解説している．

【主要目次】
財政学の考え方／予算制度／公共財の理論／日本の政府支出／課税の効果／税制改革／公債／財政政策／地方財政／国際経済

発行　新世社　　発売　サイエンス社

井堀利宏〈入門／演習〉三部作

入門経済学 第3版
A5判／368頁／本体2,550円

入門マクロ経済学 第4版
A5判／440頁／本体2,980円

入門ミクロ経済学 第3版
A5判／440頁／本体2,900円

経済学演習
A5判／288頁／本体2,200円

マクロ経済学演習
A5判／312頁／本体2,200円

ミクロ経済学演習
A5判／272頁／本体2,200円

＊表示価格はすべて税抜きです。

発行　新世社　　　発売　サイエンス社